Schwester
Germanas
Einmach-Paradies

Schwester

Germanas Einmach-Paradies

Marmeladen, Obst,
Gemüse, Liköre

Ehrenwirth

CIP-Titelaufnahmen der Deutschen Bibliothek
Germana ‹Suor›:
[Einmach-Paradies]
Schwester Germanas Einmach-Paradies : Marmeladen,Obst Gemüse,Liköre / [aus d.Ital. von Susanne Vogel].-München: Ehrenwirth,1989
Einheitssacht.:Marmellate,conserve,liquori‹dt.›
ISBN 3-431-03049-1

Aus dem Italienischen von Susanne Vogel.
Titel der Originalausgabe ›*Marmellate, Conserve, Liquori*‹ bei Edizioni Piemme, Casale Monferrato.

ISBN 3-431-03049-1

Einband: Studio Aemme und Atelier Höpfner-Thoma München
Satz: FotoSatz Pfeifer, Gräfelfing
Druck: Edizioni Piemme, Casale Monferrato
Printed in Italy 1989

Inhalt

Die Rezepte

Warum wurde dieses Buch geschrieben?

In unserer heutigen hektischen Zeit ist die Kunst des Konservierens, so sollte man meinen, ausschließlich jener Industrie vorbehalten, die sich aufs Einmachen, Eindosen und Tiefgefrieren spezialisiert hat, »um uns Zeit zu sparen«. Doch wo bleibt dabei die Freude, den reich gefüllten Vorratsschrank zu öffnen und all die köstlichen Früchte unserer Arbeit mit ihren verlockenden Farben vor Augen zu haben – hier das satte Gelb der Pfirsiche, daneben das Dunkelviolett der Brombeermarmelade, das zarte Salbeigrün des Rhabarberkompotts und dort das leuchtende Rosa des Quit tengelees.

Es ist diese Farbsymphonie, die Erinnerungen an herrliche Sonnentage, an geliebte Menschen und Plätze, an kleine Ereignisse wachruft und die fehlt, wenn man die Tiefkühltruhe öffnet. Damit soll dieses Konservierungsverfahren natürlich nicht abgewertet werden, auch wenn ich persönlich meine Zweifel hege, ob die dabei verwendeten Substanzen völlig unschädlich sind, und andererseits überzeugt bin, daß Selbsteingemachtes eine viel längere »Lebensdauer« besitzt als Tiefkühlprodukte.

Den Vorratsschrank mit selbst zubereiteten Konserven zu füllen ist eines der größten Vergnügen, die man sich vorstellen kann. Es bedeutet, die Sonnenstrahlen, den Geruch der Erde und den Atem des Windes, die Farben der Jahreszeiten, die Poesie eines Ortes und den Zauber eines Augenblicks einzufangen, die dahineilende Zeit so lange wie möglich festzuhalten. Es bedeutet, an den Schätzen, die die Natur zu jeder Jahreszeit in so großer Fülle hervorbringt, nicht achtlos vorüberzugehen.

All dies möchte das Buch vermitteln. Und es will dazu anregen, vor dem Wochenende bei Freunden auf dem Land ein wenig in ihm zu blättern, herauszufinden, wann die Veilchen blühen oder ab wann man Hagebutten ernten kann. Es möchte uns auf herrlichen Sommerspaziergängen ebenso begleiten wie bei unseren Streifzügen durch die herbstlichen Wälder und uns sagen: Es ist Herbst, Zeit der Äpfel und Trauben, Zeit zum Einmachen und Mosten.

Denn zu jeder Jahreszeit können wir uns mit Früchten, Gemüsen und sogar Blüten eindecken, um daraus Marmeladen, Kompotte und vieles andere zu bereiten. Dabei werden ungeahnte Kenntnisse und Begabungen in uns wach, und wir erschließen uns ebendiese Fertigkeiten, mit denen einst unsere Großmütter und Urgroßmütter die herrlichsten Köstlichkeiten hervorbrachten.

Selbst einzuwecken bedeutet, sich zu entspannen und Abstand zum Alltag zu gewinnen. Weshalb wohl wenden sich immer mehr Männer, berühmte wie unbekannte, der Küche zu? Wohl die wenigsten tun es der Schlemmerei wegen, sondern vielmehr, weil der tägliche Streß beim Kochen und Einmachen in weite Ferne rückt.

Wer meint, die Zubereitung von Konserven, Likören, Marmeladen sei eine mühsame Angelegenheit, der irrt. Gewiß, es macht Arbeit, doch wiegt das befriedigende Gefühl, etwas Nützliches vollbracht zu haben, die Anstrengung um ein Vielfaches auf.

Und deshalb möchte dieses Buch Ihr guter Freund werden. In Gesellschaft eines Freundes fühlt man sich wohl, man möchte so oft wie möglich mit ihm zusammensein, er verbringt mit uns die unausgefüllten Stunden und gibt im rechten Augenblick den richtigen Rat. Lassen Sie sich nicht von all den »Machern« verunsichern, die diese Art von Beschäftigung kategorisch als »Zeitverschwendung« ablehnen: entweder wissen sie es nicht besser, oder aber sie beneiden Sie unbewußt um diese Ihre »Arbeit«. Vielleicht haben sie begriffen, daß Sie sich eine neue Dimension eröffnet haben, die in ihrem Leben keinen Platz hat, und machen ihrem Verdruß mit spöttischen Bemerkungen Luft.

Es mag ja weniger Zeit kosten, die Dinge fertig zu kaufen, doch entgeht Ihnen damit das Vergnügen, die Früchte im Garten der Freunde und im Wald zu sammeln oder sie auf dem Markt aufzustöbern und dabei Orte, Menschen und Augenblicke zu entdecken oder neu zu erleben.

Und von wirklicher Anstrengung kann eigentlich keine Rede sein, angesichts all der Hilfsmittel, die uns heute zur Verfügung stehen. Gewiß, Einmachen kostet eine gewisse Mühe. Doch zugleich gibt es ein beglückendes Gefühl, das nicht nur wir und unsere Familie empfinden, sondern auch auf all jene übergeht, denen wir ein Quentchen unserer Arbeit und unserer Liebe in einem kleinen Glas überreichen.

Alles über das Einmachen

Über die Geschichte des Konservierens

Bereits im Altertum bemühte man sich, Nahrungsmittel so lange wie möglich haltbar zu machen. So finden die Archäologen nicht selten Amphoren, deren Inhalt – Getreide, Datteln, Rosinen, Öl, Wein, Bier oder vielmehr das, was nach Jahrtausenden noch davon übrig ist – durch Versiegeln mit Pech, Teer oder Wachs vor dem Verderben bewahrt wurde.

Um die Haltbarkeit der Lebensmittel zu verbessern, fügte man Gewürze und aromatische Harze hinzu, die Gärprozesse und die daraus resultierende Zersetzung verhinderten.

Die Überreste der antiken Frachtschiffe, die hin und wieder zutagegefördert werden, sind beredte Zeugen dieser Praktiken. Doch bedurfte es des Franzosen Appert, um eine wirkliche Konservierung in Glas und Weißblech zu erreichen.

Später wurde das von ihm entwickelte Verfahren von den Engländern weiter verbessert, die nun industriell gefertigte Majoliken und Porzellangefäße für ihre Marmeladen und »puddings« verwendeten.

Es gibt eine Reihe von Konservierungsverfahren: *das Sterilisieren nach Appert das Einkochen* sowie *das Einlegen in Alkohol, Essig, Öl oder Salzlake. Sie alle ermöglichen die Konservierung jeglicher Nahrungsmittel im naturbelassenen Zustand.*

Nachstehend seien die verschiedenen Verfahren kurz erläutert.

Sterilisieren nach Appert

Zu Zeiten, als sich Großmächte wie Spanien, Portugal, England und Frankreich aufmachten, ferne Länder zu kolonisieren, waren die Seeleute oft monatelang unterwegs. Notgedrungen mußten sie auf den regelmäßigen Verzehr von frischem Obst, Gemüse und Fleisch verzichten und wurden dabei häufig von Skorbut heimgesucht. Ausgelöst wurde diese schlimme Krankheit, die von starken Schmerzen, Abszessen und rheumaähnlichen Anfällen begleitet war und in vielen Fällen tödlich endete, durch einen gravierenden Vitamin C-Mangel. Diesem konnte man teilweise vorbeugen, indem man den Schiffen einen Vorrat an Sauerkraut in Essig, abgefüllt in Holzfäßchen, mit auf die Reise gab. Praktisch handelte es sich hierbei um die erste überlieferte Gemüsekonservierung im heutigen Sinne. Doch suchte man weiter nach einem preiswerten Verfahren zur Haltbarmachung aller Gemüse- und auch Obstsorten, die man bis dahin nur durch Überziehen mit Zucker, eine sehr kostspielige Methode, konservieren konnte. Um die Mitte des 18. Jahrhunderts entwickelte der italienische Arzt und Naturforscher Lazzaro Spallanzani ein Konservierungsverfahren, bei dem durch Erhitzen die Keime vernichtet werden, die den Zersetzungsprozeß bei Lebensmitteln auslösen.

Allerdings wurden diese Forschungsarbeiten erst im Jahre 1810 verstärkt wiederaufgenommen, bis die Probleme schließlich gelöst waren. Einen wesentlichen Beitrag hierzu leistete Napoleon Bonaparte, der in dem Bestreben, seine in ganz Europa eingesetzten Heere mit haltbaren Lebensmitteln zu verpflegen, einen Wettbewerb ausschrieb. Diesen Wettbewerb gewann ein Pariser Koch namens François Appert mit der Erfindung des Sterilisationsverfahrens. Hierbei wurden die Nahrungsmittel in Blechdosen gefüllt, diese zugelötet und auf 100–110°C erhitzt, wodurch dem Doseninhalt der Restsauerstoff entzogen wurde.

Anstelle der Blechdosen verwendet man heutzutage Einweckgläser – die Dosen sind der Konservenindustrie vorbehalten –, doch gelten noch immer die gleichen Prinzipien.

Durch das Sterilisieren werden Aussehen, Geruch und Geschmack des Einkochgutes nicht verändert, sondern im Gegenteil seine wesentlichen Eigenschaften bewahrt.

Zum Sterilisieren von Obst und Gemüse benötigen Sie luftdicht verschließbare Gläser. Diese müssen in einwandfreiem Zustand sein und werden entweder mit einem Gummiring abgedichtet und mit einer Spange verschlossen, oder aber sie besitzen einen Schraubdeckel. Beide Versionen sind überall im Handel erhältlich. Die Gläser können Sie jahrelang verwenden, doch sollten Sie sicherheitshalber jedesmal neue Gummiringe bzw. Schraubverschlüsse benutzen.

Weiterhin brauchen Sie einen weiten, hohen Topf mit ebenem Boden. Damit die Gläser beim direkten Kontakt mit dem Metall oder der Hitze nicht zerspringen, legen Sie einen Holzrost, Strohuntersetzer oder ersatzweise einen mehrmals gefalteten Lappen in den Topf.

Die gefüllten Gläser werden sorgfältig in Tücher gewickelt, so daß sie während des Kochvorgangs nicht aneinanderstoßen. Nun stellen Sie sie mit ausreichendem Abstand in den Topf – wenn er hoch genug ist, können Sie sie auch übereinanderstapeln – und füllen so viel Wasser in den Topf, daß das höchste Glas mindestens 2 cm bedeckt ist. Sollte sich der Wasserstand während des Sterilisationsvorgangs verringern, so gießen

Sie siedendes Wasser nach; verwenden Sie auf keinen Fall kaltes Wasser, da dies den Vorgang unterbrechen würde.

Die Sterilisationsdauer, die von Fall zu Fall variiert und daher im Rezept angegeben ist, beginnt mit dem ersten Aufwallen des Wassers. Nach dem Abschalten des Herdes bleiben die Gläser bis zum völligen Erkalten im Wasser; dies ist die Phase, in der das Vakuum entsteht. Ist der gewünschte Effekt erreicht, so sitzt der Deckel trotz gelöster Spange fest auf dem Gummiring auf, Schraubdeckel weisen in der Mitte eine Vertiefung auf. Nach dem völligen Auskühlen werden die Gläser abgetrocknet und mit Etiketten unter Angabe des Inhalts und des Herstellungsdatums versehen. Die Lagerung erfolgt an einem kühlen, trockenen, zugfreien und dunklen Ort; die Haltbarkeit beträgt mehrere Jahre.

Allerdings sollten Sie das Einmachgut anfangs häufiger kritisch betrachten. Wenn Sie Bläschenbildung, eine Eintrübung der Flüssigkeit oder andere Veränderungen beobachten, so ist es ratsam, den Glasinhalt – nicht ohne vorheriges Aufkochen – unverzüglich aufzubrauchen.

Auch einwandfrei sterilisierte Konserven sollten nach dem Öffnen innerhalb weniger Tage verbraucht und im unteren Kühlschrankfach aufbewahrt werden.

Einkochen

Die Gläser werden erhitzt und mit der kochendheißen Zubereitung bis 1 cm unterhalb des Randes gefüllt. Nun werden die Gläser unverzüglich verschlossen und in Wolltücher gewickelt. Man läßt sie mindestens 36 Stunden an einem zugfreien Ort ruhen, wobei die Restluft aus den Gläsern entweicht. Dieses Konservierungsverfahren eignet sich auch für nicht besonders feste Konfitüren und Marmeladen sowie für Fruchtmus mit geringem Zuckergehalt und empfiehlt sich somit für all jene, die weniger süße Speisen bevorzugen.

Einlegen in Alkohol

Ein Konservierungsverfahren für Früchte, bei dem Sie stets hochprozentigen Alkohol (90–95prozentigen Weingeist) verwenden sollten, da die Früchte bei der sogenannten Osmose noch Flüssigkeit an den Alkohol abgeben, dessen Konzentration sich dadurch verringert.

Einige Zeit nach dem Einlegen in Alkohol wird Zuckersirup zugesetzt. Das Verhältnis Zucker/Wasser hängt von der jeweiligen Obstsorte ab und wird daher im entsprechenden Rezept genau angegeben.

Lassen Sie die Früchte vor dem Genuß einige Zeit in Ihrer Hausbar ruhen – oder vergessen Sie sie am besten. Denn je mehr Zeit Sie ihnen geben, desto besser werden sie.

Einlegen in Essig, Öl oder Salzlake

Das Einmachgut – im allgemeinen handelt es sich um Gemüse, bei einigen ungewöhnlichen Rezeptvorschlägen aber auch um Früchte – muß vollreif und makellos sein. Es wird in Salzwasser und Essig gekocht, abgeseiht, völlig getrocknet und in Gläser gefüllt. Dabei sollten möglichst wenig Lufträume bleiben, doch zugleich darf das Gemüse/Obst nicht zerdrückt werden. Nun füllen Sie die Gläser je nach Rezept mit Essig, Öl oder Salzlake (Wasser mit Salz) auf. Der Essig wird separat, unter Zugabe von Salz erhitzt und, je nach Angabe im Rezept, heiß oder kalt hinzugegeben. Für die Salzlake kocht man Wasser mit der im Rezept angegebenen Salzmenge auf und gießt die erkaltete Flüssigkeit über das Gemüse.

Einige Tage nach der Zubereitung kontrollieren Sie, ob das Einmachgut noch immer mindestens 1 cm mit der Konservierungsflüssigkeit bedeckt ist, andernfalls ergänzen Sie die erforderliche Menge. Dies wird so oft wiederholt, bis das Einmachgut »gesättigt« ist.

Bis zum Verzehr der Konserven müssen Sie sich einige Wochen gedulden.

Verwendung

In Sirup eingelegte oder bei der Konservierung naturbelassene, das heißt frischerhaltene Früchte sind vielseitig verwendbar. Zum Beispiel ersetzen sie frisches Obst. Im Winter Erdbeeren, Himbeeren, Pfirsiche, Kirschen oder Brombeeren zum Dessert zu reichen oder umgekehrt im Sommer Birnen, Mandarinen oder Apfelsinen zu servieren, bringt eine willkommene Abwechslung in den Speiseplan, und zweifellos wird die lobende Anerkennung gelungener und überraschender Kreationen für die damit verbundenen Mühen entlohnen.

Natürlich eignet sich eingemachtes Obst auch ausgezeichnet für Obsttorten, Cremes und Eis. Und zusammen mit ein paar frischen Früchten ergibt es einen köstlichen Obstsalat.

Getrocknete Früchte mit ihrem hohen Gehalt an Vitaminen, Zucker und Mineralsalzen schmecken als kleine Zwischenmahlzeit ebenso lecker wie als Beigabe zu einem ausführlichen Frühstück. Übergießt man Trokkenpflaumen mit Tee und läßt sie einige Stunden ziehen, so gewinnen sie ihre ganze Frische zurück und sind ein zuverlässiges Mittel gegen hartnäckige Verstopfung.

Naturbelassenes oder in Öl bzw. Essig konserviertes Gemüse ergibt eine ausgezeichnete Beilage zu gekochtem Fleisch, Schweine- und Rinderbraten sowie zu Suppen. Nahezu unübertrefflich ist es jedoch als Vorspeise, hübsch in Kristall- und Porzellanschüsseln angerichtet und mit gemischtem Aufschnitt gereicht. Ebenso eignet es sich für das kalte Büffet, als Pizzabelag oder Strudelfüllung.

Versuchen Sie doch einmal einen Russischen Salat nach Art des Hauses – Sie werden die Zeit, die Sie darauf verwendet haben, bestimmt nicht bereuen.

Marmeladen, Konfitüren und Gelees

- Bei einer *Marmelade* sind die Früchte praktisch zu Mus verkocht. Sie kann aus einer oder auch aus mehreren Obstsorten bestehen. Bei industriell erzeugten Produkten dürfen sich nur noch Konfitüren aus Zitrusfrüchten »Marmelade« nennen.
- Enthält die Zubereitung dagegen noch Fruchtstücke, so handelt es sich um eine *Konfitüre*.
  Im Gegensatz zur Marmelade ist sie aus einer einzigen Obstsorte hergestellt. Konfitüre mit einem hohen Anteil an Fruchtstücken trägt den Zusatz »extra«.
- Wird nur der Saft der Früchte verwendet, so bezeichnet man das Produkt als *Gelee*.

Man gewinnt den Saft durch Schleudern der Früchte im Elektroentsafter, indem man sie passiert oder die ohne Zucker gekochten Früchte durch ein Tuch seiht.

Der Begriff »Marmelade« geht auf die portugiesische Bezeichnung der Quitte, *marmelo*, zurück. Diese wiederum entwickelte sich aus dem lateinischen Wort *melimelum*, mit dem man ganz allgemein süße Konserven bezeichnete, weil zu deren Zubereitung immer auch Quitten verwendet wurden.

Höchstwahrscheinlich wurde die Marmelade von den Arabern im Mittelmeerraum eingeführt, als sie im Zuge ihrer »Heiligen Kriege« bis nach Spanien, Frankreich, Sizilien, Dalmatien und sogar bis vor die Tore Wiens drangen.

In jüngster Zeit wurde das Einkochen wiederentdeckt, da es eine gesunde und sparsame Möglichkeit darstellt, zu jeder Jahreszeit Obst- und Gemüsesorten zu genießen, die anders entweder nicht erhältlich oder sündhaft teuer wären. Zugleich aber bereitet es sehr viel Freude, selbstgemachte und ungewöhnliche Köstlichkeiten zu schenken, und nicht zuletzt können wir so gute und bekömmliche Speisen ohne Farbstoffe, Konservierungsmittel und verschiedenste andere Zusätze immer dann zubereiten, wenn die Grundzutaten überall im Angebot und damit preiswert sind.

Während wir uns mit diesen Dingen beschäftigen, stellt sich eine innere Zufriedenheit ein. Man könnte sogar sagen, daß wir zu »Lehrlingen des Hexenmeisters« werden – sofern es wahr ist, daß Nostradamus, der berühmte Schwarzkünstler, Alchimist und Seher, neben seinen »Centuries«, dem Buch der Prophezeiungen, eine Abhandlung über Konfitüren verfaßte.

Vielleicht schrieb er es seiner Königin zu Gefallen, Katharina von Medici, die bei ihrer Vermählung mit dem Thronerben Frankreichs, dem künftigen Heinrich III., mit einem ganzen Hofstaat von Parfümeuren, Astrologen, Musikern, Dienern, Hofdamen, vor allem aber Köchen und Meistern der Konfitürenherstellung aus ihrer Heimatstadt Florenz anreiste. Nachdem sie Konfitüren in dem Kloster kennengelernt hatte, in dem sie erzogen worden war, und die Nonnen offensichtlich äußerst versiert in ihrer Zubereitung waren, war sie geradezu versessen darauf.

Auch die portugiesischen, brasilianischen und mexikanischen Nonnen verstanden sich auf die Herstellung von Konfitüren mit Rohrzucker. Sie bereiteten sie in ihren schattigen Klöstern und sandten sie an die europäischen Höfe, wo der Adel sie zu hohen Preisen erwarb.

Womöglich liegt darin der Grund, weshalb noch heute viele Klöster in der ganzen Welt als Horte zahlloser Geheimrezepte für Liköre und Konfitüren gelten.

Während der gesamten Renaissance und dann wieder im 17. und im 18. Jahrhundert war Konfekt, das heißt mit Zucker überzogene Früchte, aufgrund der hohen Preise des dafür benötigten Rohrzuckers ausschließlich den Reichen vorbehalten, gewissermaßen also ein »Statussymbol«. Erst mit der Herstellung von Rübenzucker, die gegen Ende des 17. Jahrhunderts einsetzte, hielten Konfekt und Konfitüren Einzug in alle gesellschaftlichen Schichten. Dies war die Geburtsstunde vieler Rezepte, die als Familiengeheimnis gehütet und bei der Hochzeit an die Tochter weitergegeben wurden – ein Brauch, der zuweilen bis heute fortlebt. Wer von uns hat nicht schon einmal irgendwo ein kleines Büchlein oder Heft mit Angaben von Mengen, Zeiten und Methoden entdeckt, wie man »die Sonne einfängt«.

Zum Marmeladekochen ist der Zucker natürlich unerläßlich: er verleiht der Marmelade ihre Festigkeit und unterbindet Gärprozesse, dient also der Haltbarmachung. Daher ist es ratsam, die angegebenen Zuckermengen nicht zu verringern. (Wenn man es dennoch unbedingt tun möchte oder aus diätetischen Gründen tun muß, so fülle man die Marmelade kochendheiß ab, verschließe unverzüglich die Gläser und lasse sie, in Wolltücher gewickelt, mindestens 36 Stunden ruhen.) Früchte, insbesondere ihre Schalen, Kerne und Kerngehäuse, enthalten Pektin. Diese bindende Substanz, deren Anteil je nach Obstsorte schwankt, bei sauren Früchten jedoch besonders hoch ist, verleiht der Zubereitung beim Kochen ihre geleeartige Konsistenz. Durch zusätzliche Zugabe von reinem Pektin oder mit Pektin versetztem Zucker, sogenanntem Gelierzucker, kann man den Kochvorgang auf ein Minimum verkürzen und damit die wertvollen Vitamine erhalten: in 3 bis 7 Minuten erreichen Gelees, Marmeladen und Konfitüren die gewünschte Festigkeit. Auf der Verpackung dieser – absolut natürlichen – Produkte finden sich genaue Angaben zur Verwendung, Dosierung und Kochzeit. Wer Probleme mit der schlanken Linie hat oder an Diabetes leidet, auf Marmelade und Konfitüre aber nicht verzichten möchte, verwendet Fruchtzucker (Fructose, auch: Lävulose), der einen vollwertigen Ersatz für Rübenzucker (Saccharose) darstellt. Dabei sind die auf der Verpackung angegebenen Hinweise zu Mengen und Gebrauch zu beachten.

Auf Konservierungsmittel sollten Sie unbedingt verzichten, da sie einerseits überflüssig und andererseits zuweilen gar gesundheitsschädlich sind. Eine mit Sorgfalt gekochte, abgefüllte und gelagerte Marmelade hält sich jahrelang. Bei der Zubereitung müssen Sie nicht nur das Rezept befolgen, sondern zugleich Ihren gesunden Menschenverstand walten lassen. Enthalten die verwendeten Früchte bereits reichlich Wasser (wie z. B. Erdbeeren, Trauben, Rhabarber, Tomaten, Johannisbeeren), so wäre es überflüssig, wenn Sie selbst noch viel davon hinzufügten: es würde unnötig lange dauern, bis es aufgenommen oder, unter erheblichem Vitaminverlust, verdampft wäre. Eine eventuelle Zugabe von Pektin erfolgt vor dem Kochen. Zucker dagegen wird erst zugefügt, nachdem das aus den Früchten austretende Wasser verkocht ist. Die Marmelade muß häufig umgerührt werden, damit sie nicht ansetzt und dadurch den typischen Geschmack von Angebranntem annimmt. Sollte dies dennoch einmal geschehen, so füllen Sie die Marmelade unverzüglich in einen sauberen Topf um, ohne die verbrannte Schicht anzukratzen, und setzen den Kochvorgang unter fleißigem Rühren fort. Eventuell entstehender Schaum, der besonders bei stark wasserhaltigen Früchten auftritt, wird behutsam mit einer Schaumkelle entfernt. Dadurch vermeiden Sie eine Trübung, was besonders bei Gelees wichtig ist, die, ob aus Früchten oder Fleisch zubereitet, kristallklar glänzen sollen.

Um festzustellen, wann die Marmelade fertig ist, macht man eine Gelierprobe. Hierbei gibt es drei Möglichkeiten:

1. Man zieht den Löffel senkrecht aus der Marmelade. Tropft sie nur langsam herunter, so ist sie fertig.
2. In ein Glas mit kaltem Wasser gegeben, sinkt ein kleiner Klecks Marmelade, ohne sich dabei aufzulösen, nach unten.
3. Ein kleiner Klecks, auf einen schräg gehaltenen Teller getropft, darf kaum noch zerfließen.

Natürlich spielt auch die Erfahrung eine wichtige Rolle.

Die fertige Marmelade wird unverzüglich in die Gläser gefüllt. Diese müssen zuvor mit kochheißem Wasser ausgespült und dann auf ein mehrfach gefaltetes, feuchtes Tuch gestellt werden, damit sie beim Kontakt mit der heißen Marmelade nicht zerspringen.

Die Gläser werden auf jeden Fall bis zum Rand gefüllt, da das Einmachgut während des Abkühlens noch Flüssigkeit abgibt und dadurch merklich zusammensinkt.

Marmeladen, vor allem aber Gelees, müssen zunächst unverschlossen mindestens einen Tag ruhen. Dafür werden sie durch Abdecken mit einem Mulltuch vor Staub geschützt und an einen Platz gestellt, an dem sie vor Zugluft geschützt sind. Erst nach dem völligen Erkalten werden die Gläser verschlossen. Es gibt verschiedene Möglichkeiten, um den Inhalt gegen äußere Einflüsse zu schützen. Das älteste Verfahren besteht darin, Paraffin im Wasserbad zu schmelzen und etwa fingerdick über das Eingekochte zu gießen. Hierbei erübrigt sich ein Schraubverschluß; es genügt völlig, ein Stück mit Weingeist angefeuchtetes Cellophan stramm über die Öffnung zu ziehen und mit einem Faden oder Gummi zu befestigen. Beim zweiten Verfahren deckt man die Zubereitung mit passend zurechtgeschnittenem und in 90prozentigem Weingeist getränkten Pergamentpapier ab, gibt 2 bis 3 Tropfen Weingeist darauf und schraubt sofort den Deckel fest zu. Eine Abwandlung dieser Methode besteht darin, 1 Teelöffel 90prozentigen Weingeist direkt auf die Marmelade zu geben, mit einem Streichholz anzuzünden und das Glas sofort fest zu verschrauben; der brennende Alkohol zieht sämtlichen Restsauerstoff aus dem Zwischenraum zwischen Marmelade und Deckel und schafft damit ein steriles Vakuum. Allerdings erfordert diese Methode eine gewisse Fingerfertigkeit. Die verschlossenen Gläser werden beschriftet und an einem kühlen, trockenen und möglichst dunklen Ort gelagert.

Nach dem Öffnen wird die Marmelade im unteren Fach des Kühlschranks aufbewahrt.

Wenn Sie alle Regeln befolgt und nur makellose, frische Früchte verwendet haben, erhalten Sie wertvolle Marmeladen, die noch einen Großteil der in den Rohwaren enthaltenen Nährstoffe und Vitamine aufweisen.

Durch den Zuckergehalt der Rohfrüchte einerseits und den zugefügten Zucker andererseits sind sie bedeutende Energielieferanten und darüber hinaus aufgrund des verringerten Wasseranteils leichter verdaulich als frische Früchte.

Wer gegen bestimmte Obstsorten, beispielsweise Erdbeeren oder Kirschen, allergisch ist, kann die daraus bereiteten Marmeladen und Gelees unbesorgt genießen.

Eine gute Freundin von mir, die leider seit zehn Jahren dialysiert werden muß, erhielt von ihrem Arzt den Rat, Marmeladen, Gelees und Obstkonserven zu essen, die jedoch der Güte- und Reinheitsgarantie wegen unbedingt selbst hergestellt sein müßten. Bei Überproduktion von Magensäure und bei Leberleiden wird Marmelade ebenso empfohlen wie in der Kinderheilkunde bei Azetonämie. Auch enthält Marmelade reichlich Kalium, Mineralsalze und Zellulose.

Verwenden Sie zum Einmachen grundsätzlich Kristallzucker. Auch Rohrzucker eignet sich vorzüglich, doch verändert er leicht Farbe und Geschmack der Zubereitung. Außerdem gewährleistet er nur eine kurze Haltbarkeit der Produkte (2 bis 3 Monate) und ist überdies erheblich teurer. Daher verwendet man ihn am besten zum Süßen von Tee, Kaffee, Milch oder Kräutertees.

Auch mit Honig lassen sich Marmeladen herstellen, doch geraten sie dadurch etwas flüssig und sind, nebenbei bemerkt, auch recht teuer.

Soviel Mühe wir uns auch geben, bisweilen kann trotzdem etwas schiefgehen:

- *Die Marmelade kristallisiert.* Erhitzen Sie die Gläser im Wasserbad und fügen Sie pro Glas den Saft einer halben Zitrone hinzu.
- *Die Marmelade wird nicht fest.* Fügen Sie während des Kochvorgangs einen geschälten und in dünne Scheiben geschnittenen Apfel sowie den Saft einer Zitrone hinzu. Schalen, Kerne und Kerngehäuse werden in ein Mullsäckchen gefüllt und ebenfalls in den Topf gegeben. Verlängern Sie die Kochzeit um 10 Minuten. Das Säckchen herausnehmen, die Marmelade heiß in sterile Gläser füllen und wie üblich am folgenden Tag verschließen.
- *Die Marmelade setzt sich am Topfboden fest.* Um Ihren Topf zu reinigen, müssen Sie lediglich Tierfett darin erhitzen, das Sie sich vom Metzger geben lassen. Nachdem Sie es bei milder Hitze zerlassen haben, läßt sich die angebrannte Schicht wie ein Film abziehen, ohne daß ein Rest in Ihrem Topf zurückbleibt.

Marmeladen und Gelees zu sterilisieren ist überflüssig. Es genügt, die – nicht zu großen – Gläser mit einigen Tropfen reinem Alkohol keimfrei zu machen.

Im Handel sind die unterschiedlichsten Gläser erhältlich, wobei glattwandige Gläser mit Schraubverschluß sich als besonders vorteilhaft erweisen. Für eine mittelgroße Familie empfehlen sich Gläser mit einem Fassungsvermögen entsprechend 400 g Marmelade. Doch auch 50g-Gläschen haben ihre praktischen Seiten, da sie sich für Einzelportionen eignen. So verbraucht jeder sein Glas, ohne daß etwas übrigbleibt. Sie benötigen lediglich etwas mehr Geduld und Zeit beim Abfüllen, aber dafür kann nichts verderben.

Marmeladen genießt man zum Frühstück und zum Nachmittagskaffee, sie kommen bei der Herstellung von Konfekt und beim Backen – für Obstkuchen und Blätterteiggebäck, als Füllung für Brioches, Krapfen, Strudel und die verschiedensten Torten sowie als Grundlage für Glasuren – zur Verwendung. Herbere Sorten, wie Berberitzen- oder Johannisbeergelee und Marmeladen aus Heidelbeeren, Mispeln, Kornelkirschen, Preisel- und Stachelbeeren, sind eine geschätzte Beilage zu Braten, gekochtem Fleisch und Wildgerichten.

Und wem liefe nicht das Wasser im Munde zusammen bei der Vorstellung eines lockeren *Omelette confiture* oder einer zarten Crêpe mit Marmeladenfüllung. Niemals werde ich jene Tante vergessen, die mich mit den köstlichsten Crêpes verwöhnte und mich jedesmal ermahnte, sie nicht mit dem Messer, sondern mit der Gabel zu zerteilen.

Mit Marmelade lassen sich auch ausgezeichnete Milchmixgetränke herstellen. 2 EL mit 1 Glas Milch verquirlt, ergeben – zur Abwechslung – eine nahrhafte Zwischenmahlzeit für Kinder.

Vergessen wir nicht die zahlreichen Verwendungsmöglichkeiten bei Desserts. Besonders im Winter ersetzt Marmelade das frische Obst: Mit etwas Fruchtsauce oder Gelee wird selbst ein einfacher Pudding zum Hochgenuß; Schlagsahne kann mit ein wenig Fruchtsirup, 2 EL Marmelade oder Früchten in Weingeist aromatisiert werden; ein üppiger Eisbecher mit Sahne erhält oftmals durch einen Klecks Johannisbeer- oder Brombeermarmelade, durch Erdbeeren, Himbeeren, Kirschen oder Trauben den letzten Pfiff.

Schließlich erhält man aus 1 EL Marmelade, in einem Glas Wasser verrührt und mit ein paar Eiswürfeln ergänzt, ein erfrischendes und vitaminreiches Getränk. Eine der Marmelade ähnliche Zubereitung, der aus Traubenmost, Früchten und Senfmehl hergestellte Senfsirup (ital. »Mostarda«), ist eine vorzügliche Ergänzung zu Polenta. Die Piemonteser Bauern wissen dies nur zu gut, denn es gab Zeiten, da die Vorratskammern leer waren und nur die Mostarda blieb, um den knurrenden Magen zu besänftigen. Aus der Not heraus entstanden, ist diese Zubereitung inzwischen zur begehrten Spezialität avanciert.

Wie serviert man nun Marmeladen und Gelees? Am schönsten wirken sie natürlich in hübschen Glasschalen. Sind diese nicht vorhanden, so versieht man die Gläser jeweils mit einem Löffel (möglichst aus Silber) und stellt sie einfach auf ein Tablett.

Einige Grundregeln

Verwenden Sie nur vollreifes, makelloses Obst und Gemüse.

Bei der Zubereitung von Fruchtgelees hingegen sollte im Hinblick auf die gewünschte Festigkeit ein Teil der Früchte noch unreif sein.

Obst und Gemüse müssen stets gründlich gewaschen werden. Danach läßt man es, am besten an der frischen Luft auf einem Tuch ausgebreitet, ebenso gründlich trocknen.

Wenn anzunehmen ist, daß es mit Pflanzenschutzmitteln oder ähnlichem behandelt wurde, sind dem Waschwasser einige EL Natron beizufügen.

Ideal ist es natürlich, wenn Sie derartige Vorsichtsmaßnahmen nicht treffen müssen. In dem Fall reiben Sie Obst bzw. Gemüse nur behutsam mit einem feuchten Tuch ab.

Sämtliche Gefäße (zum Sammeln, Kochen und Aufbewahren) und Geräte müssen sauber, trocken und steril sein.

Benutzen Sie auf keinen Fall Kochgeschirr aus Aluminium, da dieses mit bestimmten Bestandteilen der Früchte reagieren und somit Reiz- oder in manchen Fällen auch Giftstoffe an die Zubereitung abgeben könnte. Mit Edelstahl- oder Emailtöpfen (letztere sind nur brauchbar, wenn sie keine Haarrisse oder gar Sprünge aufweisen) sowie mit Kochgeschirr aus Steingut oder feuerfestem Porzellan können Sie dagegen nichts falsch machen.

Optimal wäre ein Topf aus verzinntem Kupfer, der die Wärme gleichmäßig leitet und gut hält. Allerdings darf man in einem solchen Topf Speisen nicht aufbewahren.

Die Töpfe müssen weit und so hoch sein, daß das Einmachgut bis höchstens 10 cm unter den Rand reicht. Dadurch kann nichts überkochen und auf der Herdplatte anbrennen oder die Gasflamme löschen.

Wenn Sie zum erstenmal eine Zubereitung ausprobieren, beschränken Sie sich auf eine kleinere Menge.

Verarbeiten Sie zunächst ein Kilogramm. Sagt Ihnen das Ergebnis zu, dann machen Sie sich erneut ans Werk, wobei Sie aber niemals mehr als drei Kilogramm Früchte verarbeiten sollten. Denn so läßt sich die Zubereitung besser kochen, leichter umrühren, problemloser unterbringen und nimmt nur einen Teil Ihrer täglichen Arbeitszeit in Anspruch. Beginnen Sie lieber am nächsten Tag von vorn, so daß Ihnen noch genügend Zeit für Ihre übrigen Aufgaben bleibt.

Falls Sie Kinder haben, lassen Sie sie mithelfen. Sie werden überrascht sein, mit wieviel Interesse und Freude sie bei der Sache sind.

Die Löffel zum Umrühren sollten möglichst aus Holz und langstielig sein. Sie benötigen jeweils einen für helle und einen für dunkle Marmeladen und Gelees sowie einen weiteren für Gemüse.

Bevor Sie beginnen, legen Sie sich alles griffbereit zurecht (Töpfe, Löffel, Messer, Sieb, Zucker, Salz, Essig, Öl, Kräuter, Gewürze, Mixer, Tücher). So vermeiden Sie, daß Sie im entscheidenden Augenblick suchen müssen und dadurch eventuell die Kochzeiten überschreiten.

Absolut präzise Kochzeiten lassen sich nicht angeben, da viel vom Topf, vom Herd (Elektro- oder Gasherd, Holz- oder Kohleofen) und sogar vom verwendeten Wasser abhängt.

Doch angesichts der Kalkablagerungen in unseren Töpfen wissen wir ja selbst am besten, ob das Wasser hart oder eher weich ist. Bei hartem Wasser fügen wir dem Kochwasser etwas Salz zu. Auf keinen Fall darf man dafür jedoch Natron nehmen, da dieses beim Kochen die Vitamine weitgehend zerstört.

Bei den Zeitangaben in den Rezepten handelt es sich um die optimalen Werte. Sie gelten also als Richtlinie, es sei denn, eine Verlängerung oder Verkürzung erweist sich bei zunehmender Erfahrung als angebracht.

Sollte beim Abfüllen etwas übrigbleiben, bewahren Sie es im Kühlschrank auf und genießen es bei nächster Gelegenheit: dadurch bekommen Sie einen Vorgeschmack auf Ihr Werk.

Beim Verschließen müssen die Gläser (sofern sie nicht sterilisiert werden) absolut ausgekühlt sein. Stellen Sie sie so lange an einen Ort, der vor Zug und Staub geschützt ist, und vergessen Sie nicht, die Gläser mit einem Tuch abzudecken.

Während des Abkühlens entweicht die restliche Feuchtigkeit, die ansonsten später eine Schimmelbildung begünstigen könnte.

Sollten dennoch einmal kleinere Bereiche schimmeln, so läßt sich die Konserve oft noch retten:

- Bei festen Marmeladen und Gelees mit beginnender Schimmelbildung großzügig eine dicke Schicht abtragen; den Rest unverzüglich aufbrauchen.
- Bei großflächigerer Schimmelbildung sollte der gesamte Inhalt weggeworfen werden. Auch Kochen zerstört nicht die Pilzgifte!

Oftmals ist Schimmelbildung nur auf eine zu kurze Kochzeit zurückzuführen.

Versehen Sie die Gläser grundsätzlich mit Etiketten unter Angabe des Inhalts und des Herstellungsdatums. Falls Sie dieselbe Konservenart an verschiedenen Tagen zubereitet haben, verbrauchen Sie stets die älteren Gläser zuerst.

Lagern Sie Ihre Konserven an einem kühlen und trockenen Ort, der vor Wärme, Luftzug oder intensivem Lichteinfall geschützt ist.

Das notwendige Zubehör

Scharfes Messer mit kurzer rostfreier Klinge
Kartoffelschäler, Apfelausstecher, Kirschenentkerner
Plastikreibe
Passierstab aus Stahl
Mixer / Entsafter (nützlich, aber nicht unersetzlich)
feines Sieb
Seiher
Papierfilter
langstielige Holzlöffel und -gabeln
unzerbrechlicher Meßbecher
Waage
Schaumkelle
Schöpfkelle (mit oder ohne Schnabel)
Filter
großes Mulltuch
weite, hohe Töpfe
Kalender

Botulismus

In seltenen Fällen können selbsteingemachte Konserven, bei deren Herstellung die grundlegenden Hygieneregeln mißachtet und ausreichende Erhitzungszeiten nicht eingehalten wurden, eine schwere Vergiftung hervorrufen, die unter dem Namen »Botulismus« bekannt ist. Mir persönlich ist allerdings bis heute unter meinen Verwandten, Freunden und Bekannten kein Fall von Botulismus zu Ohren gekommen.

Der Begriff leitet sich von dem lateinischen Wort »botulus« ab, das »Wurst« bedeutet. Tatsächlich sind die wirklich bedenklichen Fälle von Botulismus auf den Genuß von verdorbenen Wurstwaren zurückzuführen, doch sind derartige Lebensmittelvergiftungen auch schon infolge des Verzehrs von verdorbenem Eingemachtem (insbesondere Erbsen und Bohnen) aufgetreten.

Der Grund für den Verderb der Konserven ist in schadhaften Rohwaren oder unzureichend gesäubertem Obst bzw. Gemüse zu suchen. Daher immer wieder der Ratschlag, unbedingt frisches und einwandfreies Obst und Gemüse zu verwenden und es sorgfältig, am besten in Natron- oder Essigwasser, zu waschen. Denn gerade Essig zerstört den ursächlichen Bazillus, weshalb auch im Zusammenhang mit Gemüse, das zumindest für kurze Zeit in Essig gebrüht wurde, von dieser Lebensmittelvergiftung nie die Rede ist. Botulismus darf jedoch nicht mit Schimmel verwechselt werden, der durch zu kurze Kochzeiten, zuviel Feuchtigkeit im Glas oder durch eindringende Luft entsteht. Verursacher des Botulismus sind giftstoffbildende Bakterien, die das Aussehen der Nahrungsmittel in keiner Weise verändern und somit völlig unerkannt bleiben. Im Unterschied zu anderen Vergiftungen, die den Magen-Darm-Bereich in Mitleidenschaft ziehen, greift der Botulismus das Nervensystem an, wobei die Inkubationszeit im Durchschnitt 24 Stunden beträgt. Zu den Symptomen zählen Sehstörungen (z. B. Doppelsehen, Schluckbeschwerden, Lähmungen) und hartnäckige Verstopfung bei gleichzeitiger Mundtrockenheit und verminderter Harnausscheidung, nicht jedoch Fieber. Treten diese Symptome nach dem Genuß von Wurstwaren oder Konserven auf, die womöglich noch einen ranzigen Geschmack aufwiesen, so besteht an der Diagnose kein Zweifel. Suchen Sie umgehend einen Arzt auf, denn die Behandlung – subkutan injiziertes Botulismusserum – ist um so wirksamer, je früher sie erfolgt.

Weine und Liköre aus eigener Herstellung

Wie schön ist es doch, wenn sich nach einem guten Essen im Familien- oder Freundeskreis alle behaglich zurücklehnen und das Geplauder beginnt. Dies ist der rechte Augenblick für Kaffee und einen guten Tropfen. Die Auswahl an Spirituosen aus aller Herren Länder – Italien, Frankreich, Deutschland, Irland, Schottland, Spanien und anderen – ist groß.

Doch warum nicht einen Likör oder auch köstliche Früchte in Alkohol anbieten, die nach einem »geheimen Familienrezept« selbst zubereitet und somit vielleicht um ein Quentchen reizvoller sind als die, gewiß auch nicht zu verachtenden, gekauften Produkte?

Selbstgemachte Liköre werden durch die gängige Meinung, sie seien zu süß und würden von den Gästen daher nicht besonders geschätzt, allzu leicht in eine Außenseiterposition gedrängt. Dabei können sie, entsprechend gemixt und kredenzt, wahrhaft Furore machen.

Ein richtiger Likör ist aus Früchten bzw. Kräutern und Alkohol hergestellt. Sein jeweils charakteristisches Aroma entsteht durch das ausgewogene Verhältnis der verschiedenen Ingredienzen – oftmals ein wohlgehütetes Geheimnis. Bei manchen Herstellern werden beispielsweise bestimmte Zutaten vom Betriebsinhaber höchstpersönlich zugemischt, damit die Rezeptur garantiert nicht bekannt wird.

Wir wollen hier nicht in den 130 Würz- und Heilkräutern eines »Chartreuse« oder »Bénédictine« schwelgen, sondern das Beste aus dem machen, was Natur, Garten und Kräuterhandlung uns bieten. Das Ergebnis wird dem industriell hergestellten Produkt in nichts nachstehen, wenn wir uns mit Begeisterung, Liebe und Phantasie an die Sache machen. Und durch Zugabe von Wasser und Eiswürfeln werden wir aus unserem »Fabrikat der Marke Eigenbau« die vorzüglichsten Drinks zaubern.

Doch nun zur eigentlichen Arbeit, die allerdings nicht unter Zeitdruck geschehen darf, denn sie erfordert zwar keine übermäßige Anstrengung, aber eine gute Weile.

Der Begriff »Alkohol« umfaßt folgende Gruppen: Erstens die durch Vergären und Brennen von Getreide produzierten Branntweine, beispielsweise Whisky, Wodka und Korn; zweitens den durch Destillation von Wein hergestellten Weinbrand wie Cognac, Grappa, Armagnac und Brandy; und drittens schließlich den Äthylalkohol oder »Weingeist«, der, sofern keine anderweitigen Angaben gemacht werden, in den nachfolgenden Rezepten verwendet wird.

Selbstgemachte Liköre basieren auf bereits destilliertem Alkohol: ihre Herstellung erfordert somit keine Wärmeeinwirkung mehr.

Auch wenn Sie sich mit Kräutern auszukennen glauben, sollten Sie sie doch lieber von der Kräuterhandlung beziehen. Denn die dort angebotene Ware wurde mit Sicherheit zur richtigen Zeit geerntet, garantiert nicht mit Pestiziden und ähnlichen Substanzen behandelt und fachmännisch gesäubert. Sie bekommen aber nicht nur ausgesuchte Qualität, sondern auch exakt die benötigten Mengen, da die dort verwendeten Waagen genau geeicht sind. Sind Sie dagegen absolut firm auf dem Gebiet, so sammeln Sie Ihren Kräutervorrat ruhig selbst. Bewahren Sie Ihre Schätze aber nicht jahrelang auf, sondern ergänzen Sie sie lieber jedes Jahr zur jeweiligen Erntezeit.

Natürlich sollten die Blätter und Blüten makellos und auf keinen Fall fleckig oder schadhaft sein – und selbstverständlich nicht von Pflanzen stammen, die unmittelbar an einer vielbefahrenen Straße stehen.

Die Ernte wird an einem schattigen, staubfreien Platz getrocknet und jeden Abend ins Haus geholt, damit die nächtliche Feuchtigkeit ihr nicht zusetzt.

Der für die Zubereitungen verwendete Alkohol muß von hochwertiger Qualität sein; dasselbe gilt für den Zucker.

Vor dem Abfüllen werden die vorgesehenen Flaschen gründlich gespült, völlig getrocknet und mit neuen Korken versehen. Stellen Sie Ihre Liköre an einen dunklen, trockenen Ort und lassen Sie sie dort mindestens zwei Monate ruhen. Wenn Sie die Köstlichkeiten vor dem Servieren in eine Kristallkaraffe umfüllen, machen Sie bei Ihren Gästen doppelt soviel Eindruck.

Erscheint die Flüssigkeit nach dem ersten Durchseihen durch einen Papierfilter noch trüb, so nehmen Sie eine neue Filtertüte, legen sie mit einer – nicht zu dünnen und nicht zu dicken – Watteschicht aus und filtern ein zweites Mal.

Vergessen Sie niemals das Etikett mit genauen Angaben zur Wirkungsweise des Inhalts (verdauungsfördernd, stärkend, gegen Erkältung, Husten usw.).

Tips zum Abfüllen

Haben Sie keine oder für ein größeres Vorhaben nicht genügend schöne Flaschen zur Hand, fragen Sie doch in einem Lokal in der Nachbarschaft nach. Bestimmt bewahrt der Wirt gerne die schönsten der vielen Flaschen, die in seinem Lokal tagtäglich geleert werden, für Sie auf. Sie werden sonst ohnehin nur weggeworfen.

Waschen Sie die Flaschen mit heißem Wasser unter Zugabe von Spülmittel, spülen sie gut aus und lassen sie gründlich trocknen. Da die meisten Flaschen wohl keinen Verschluß mehr haben, besorgen Sie sich passende Korken, die in Drogerien oder Weinhandlungen erhältlich sind; dazu kaufen Sie im Schreibwarenladen Siegellack.

Drücken Sie die Korken fest in die Flaschen und markieren Sie mit einem Bleistift, wie weit sie hineinreichen. Bringen Sie den Siegellack in einem alten Topf oder Glas zum Schmelzen und tauchen Sie die obere Korkhälfte bis zur Markierung ein- oder mehrmals ein. Wenn Sie die Korken noch individueller gestalten möchten, drücken Sie eine Münze oder ein Siegel in den noch weichen Lack – und schon hat Ihr Likör eine höchst persönliche Note.

Frühling

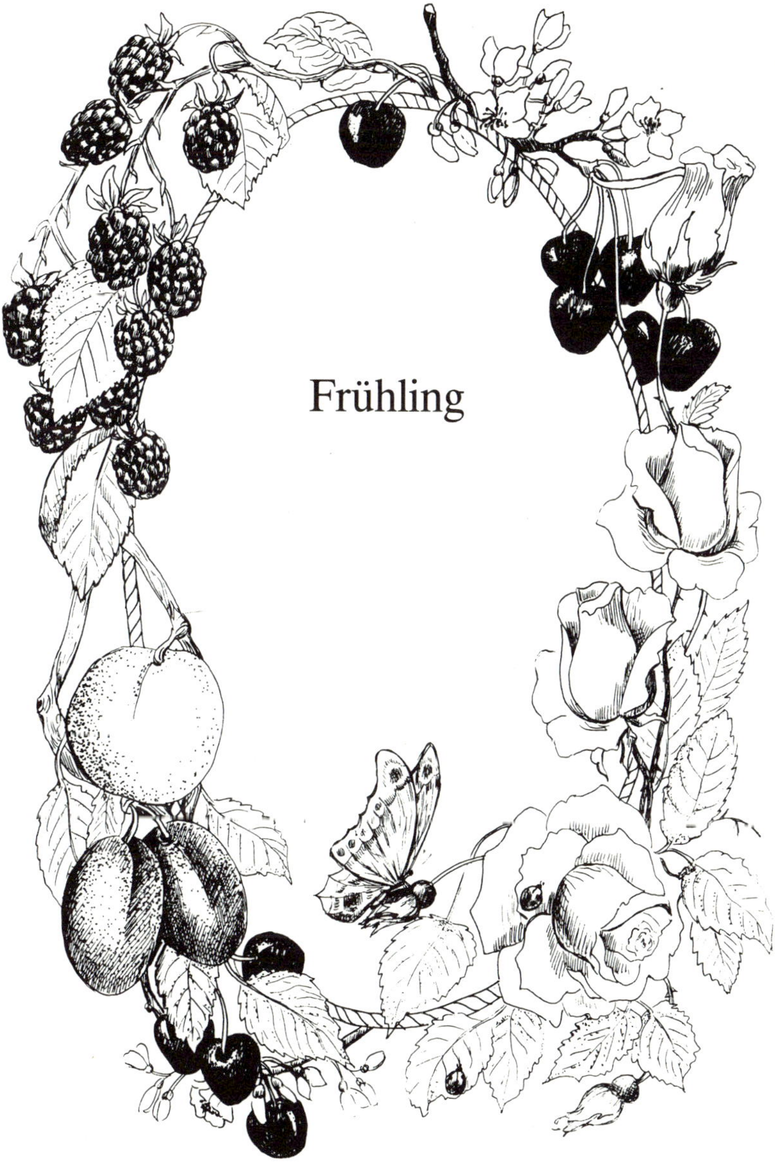

Artischocken

Etwa seit dem 15. Jahrhundert ist die Artischocke als Kulturpflanze im gesamten Mittelmeerraum heimisch und wurde seither von so manchem Dichter mit Lob bedacht. Galt sie anfangs als ein äußerst seltenes und kostbares Gemüse, so breitete sie sich im Lauf der Zeit in Gebieten mit milden Wintern immer weiter aus.

In den letzten Jahrhunderten schätzte man sie vor allem wegen ihrer entwässernden und aphrodisischen Eigenschaften, im 17. Jahrhundert dagegen verwendete man sie gegen Gelbsucht.

Doch erst zu Beginn dieses Jahrhunderts wurde die Heilkraft dieser Pflanze insbesondere bei Leber- und Gallenleiden erkannt und untersucht.

In der Medizin werden die Pflanzenblätter verwendet, allerdings besitzen Blütenboden und -hüllblätter, jene Teile also, die zu äußerst exquisiten Gerichten verarbeitet werden, dieselben heilenden Eigenschaften, wenn auch in geringerem Maße.

Das reinigende, entwässernde, stärkende und blutzuckersenkende Gemüse ist auch Diabetikern zu empfehlen.

Ganze Artischocken in Öl

Artischocken; etwas Zitronensaft; 1½ l Weißweinessig; ½ l Wasser; 1 EL Salz; 1 unbehandelte Zitrone; 3 Gewürznelken; 3 Pfefferkörner; 3 Lorbeerblätter; Öl.

Besonders kleine Artischocken auswählen. Von den Stielen und allen harten, holzigen Außenblättern befreien. Sofort in leicht mit Zitronensaft gesäuertes Wasser legen, damit sie sich nicht dunkel verfärben.

Gleichzeitig den Essig mit dem Wasser, dem Salz, der in Scheiben geschnittenen Zitrone und den Gewürzen aufkochen. Die Artischocken in die sprudelnde Flüssigkeit geben und so lange kochen, bis sie gar sind, aber noch Biß haben. Abtropfen lassen und in Tücher einschlagen, um sie völlig zu trocknen. Anschließend vorsichtig und möglichst dicht nebeneinander in Gläser füllen und mit hochwertigem Öl bedecken.

Nach 2 bis 3 Tagen kontrollieren und, falls nötig, Öl nachgießen: die Artischocken müssen mit einer 1 cm dicken Schicht bedeckt sein.

Artischockenviertel in Öl

Die Zubereitung erfolgt auf die gleiche Weise wie zuvor beschrieben. Allerdings werden Artischocken normaler Größe verwendet. Die harten und faserigen Außenblätter sowie die Stiele abbrechen und die übrigen Blätter kräftig stutzen, damit die stacheligen Spitzen entfernt werden. Die Artischocken längs vierteln, »Heu« (Blütenfäden) entfernen und verarbeiten.

Artischockenwein

10 g Artischockenblätter; 5 g Pomeranzenschale; 5 g Rhabarberwurzel; 3 g Kardamom; 1 l guter, trockener Weißwein.

Die seit dem Altertum für ihre harntreibende und verdauungsfördernde Wirkung bekannte Artischocke ist äußerst vielseitig verwendbar. Doch läßt sie sich nicht nur auf verschiedene Weise zubereiten, sondern dient ebenso als Grundlage für Spirituosen, wie der berühmte Cynar und auch nachstehendes Rezept beweisen.

Hier können Sie auch die bei der Artischockenzubereitung abgezupften harten Außenblätter verwerten.

Artischockenblätter, Pomeranzenschalen, Rhabarberwurzel und Kardamom in ein fest verschließbares Glas geben. Mit dem Wein übergießen und schütteln. 10 Tage ziehen lassen und dabei einmal täglich schütteln.

Am 11. Tag abseihen, die Zutaten kräftig ausdrücken und die Flüssigkeit einen weiteren Tag ruhen lassen. Anschließend filtern, in Flaschen füllen und diese gut zukorken.

Erbsen

Archäologischen Funden und anderen historischen Quellen zufolge wurden Erbsen bereits in vorgeschichtlicher Zeit angebaut. Seit jeher dienen sie als wichtige Nahrungsquelle: da sie wie alle andern Hülsenfrüchte getrocknet werden können, standen sie auch im Winter, wenn es kaum anderes Gemüse gab, zur Verfügung. Erst im Mittelalter ging man dazu über, sie auch frisch zu verwenden.

Erbsen sind sehr nahrhaft und werden von fast allen Menschen gut vertragen. Aufgrund ihres hohen Anteils an Zucker, Fetten, Phosphor und Vitaminen bieten sie sich insbesondere bei schwerer körperlicher Tätigkeit, Anämie und in der Rekonvaleszenz an.

Darüber hinaus sind sie, wie auch Bohnen und Linsen, eine wichtige Nervennahrung, beugen also nervösen Erschöpfungszuständen vor.

Erbsen nature

Erbsen; Wasser; Salz (1 gestr. EL pro Liter).

Für diese Zubereitung nur Erbsen gleicher Größe verwenden. Diese aushülsen, waschen, abtropfen lassen und in sprudelndes, leicht gesalzenes Wasser werfen. Nach dem erneuten Aufwallen 4 Minuten kochen – auf keinen Fall aber länger, denn sie sollen noch Biß haben.

Gleichzeitig in einem zweiten Topf Wasser unter Zugabe von Salz aufkochen.

Die Erbsen abtropfen lassen und abschrecken. Erneut abtropfen lassen und in dicht verschließbare Gläser bis unterhalb des Randes füllen. (Selbstverständlich müssen die Gläser absolut sauber, trocken und, falls sie mit Spangen verschlossen werden, mit neuen Gummiringen versehen sein.) Mit der erkalteten Salzlake aufgießen.

Die Gläser fest verschließen. In Tücher wickeln, in einen Topf stellen und mit Wasser bedecken. Aufsetzen und 1 Stunde kochend sterilisieren.

Den Topf vom Herd nehmen und die Gläser im Wasser erkalten lassen. Am nächsten Tag herausnehmen, abtrocknen, beschriften und in den Vorratsschrank stellen.

Eingekochte Erbsen

Erbsen; Wasser; Salz (10 g pro Liter).

Die Erbsen aushülsen und nur die zarten, etwa gleich großen verwenden.

Unverzüglich Wasser aufkochen und die Erbsen hineingeben. 5 Minuten kochen, auf keinen Fall aber länger, da sie knackig bleiben sollen. Abseihen und sofort mit kaltem Wasser abbrausen.

Erneut in sprudelndes Salzwasser (10 g Salz pro Liter) geben und 5 Minuten kochen. Gut abtropfen lassen, in Gläser füllen und 2 Stunden sterilisieren. Erkalten lassen und nach 2 Tagen erneut ½ Stunde lang sterilisieren. Die Gläser wieder im Wasser abkühlen lassen, etikettieren und an einem kühlen, trockenen Ort lagern.

Erdbeeren

Wohl jeder von uns hat schon einmal die roten, saftigen Früchte der Zucht- oder auch der Walderdbeere gekostet.

Seit alters sind diese Beeren wegen ihres unverwechselbaren Geschmacks und Aromas äußerst beliebt, werden von Poeten besungen und gepriesen.

Doch auch die Mediziner und Naturwissenschaftler wissen sie zu schätzen, und nicht nur wegen ihres ansprechenden Äußeren: Einem Bericht zufolge konnte sich der berühmte schwedische Naturforscher Linné, dem wir die (für die damalige Zeit umfassende) Systematik der seinerzeit bekannten Arten des Tier- und Pflanzenreiches verdanken, von einer schmerzhaften, der Gicht ähnlichen Krankheit mit Erdbeeren kurieren.

Erdbeeren sind reich an Vitamin C, Mineralsalzen, Kohlenhydraten und Proteinen.

Aufgrund ihrer vielfältigen Heilkräfte werden sie u. a. für Genesende empfohlen, weiterhin zum Entwässern und zur Verschönerung der Haut.

Die relativ häufige Allergie gegen frische Erdbeeren tritt nicht beim Genuß der Früchte als Saft, Gelee oder Marmelade auf.

Erdbeermarmelade

2 kg frische, aromatische Erdbeeren; 1½ kg Zucker; 3 Glas Wasser; 600 g Äpfel (mögl. Renetten); 300 g flüssiger Fruchtzucker.

Die Äpfel schälen und vom Kerngehäuse befreien. In Scheiben schneiden und diese mit 1 Glas Wasser zu Mus kochen. Durch ein Passiersieb streichen und beiseite stellen.

Die Erdbeeren mit dem Mixer oder Passierstab fein pürieren.

Das restliche Wasser mit dem Zucker bei niedriger Temperatur zu einem dicken Sirup verkochen. Sobald sich an der Oberfläche große Blasen bilden, die Fruchtpürees zufügen.

Gut durchmischen und den Kochvorgang unter ständigem Rühren fortsetzen, bis die Marmelade die richtige Konsistenz erreicht hat: wenn Sie einen kleinen Löffel Marmelade auf einen Teller geben und diesen schräg halten, darf die Marmelade kaum noch fließen.

Nun den Fruchtzucker unterziehen und ein letztes Mal alles gründlich verrühren. Die kochendheiße Marmelade in die Gläser füllen. Am darauffolgenden Tag, wenn sie völlig erkaltet ist, jeweils ein passendes, mit 90prozentigem Weingeist getränktes Stück Pergamentpapier darüberlegen und die Gläser fest verschließen.

Da Erdbeeren den pflanzlichen Gelierstoff Pektin nicht enthalten, werden bei dieser Zubereitung zusätzlich Äpfel verwendet.

Fruchtzucker bekommen Sie im Reformhaus, in der Apotheke, oft auch in gut bestückten Supermärkten.

Erdbeerkonfitüre

2 kg Erdbeeren; 2 kg Zucker; 2 Glas Wasser;
300 g flüssiger Fruchtzucker.

In einem großen Topf (Edelstahl oder Email) aus Zucker und Wasser einen dicken Sirup bereiten. Bei milder Hitze kochen und, falls erforderlich, abschäumen.

Sobald sich große Blasen bilden, die Erdbeeren dazugeben und gründlich untermischen.

Den Kochvorgang fortsetzen, bis die Konfitüre so stark eingedickt ist, daß sie kaum noch fließt (geben Sie zur Probe einen Löffel Konfitüre auf einen schräg gehaltenen Teller).

Den Fruchtzucker unterziehen, erneut umrühren und die heiße Konfitüre in Gläser füllen. Am nächsten Tag, wenn sie völlig erkaltet ist, Pergamentpapier zurechtschneiden, mit 90prozentigem Weingeist tränken und über die Konfitüre legen. Die Gläser fest verschließen.

Walderdbeerkonfitüre

1 kg Walderdbeeren; Saft von 1 großen Zitrone; 1 kg Zucker; 1 EL Butter.

Die Früchte kurz waschen. Mit dem Zitronensaft in einen geschmacksneutralen Topf (Edelstahl oder Email) geben und bei milder Hitze kochen, bis die Menge sich auf zwei Drittel reduziert hat.

Den Zucker gründlich unterziehen und den Kochvorgang bei niedriger Temperatur fortsetzen, bis der Zucker völlig geschmolzen ist.

Nun bei starker Hitze die Konfitüre so lange kochen, bis sie dickflüssig ist (geben Sie zur Probe einen kleinen Löffel Konfitüre auf eine schräge Fläche: sie darf kaum fließen).

Die Butter zugeben, erneut durchmischen und die Konfitüre im Topf auskühlen lassen. Sobald sie nur noch lauwarm ist, in Gläser füllen. Am folgenden Tag mit entsprechend zurechtgeschnittenem und in 90prozentigem Weingeist eingeweichten Pergamentpapier abdecken und gut verschließen.

Erdbeergelee

Erdbeeren; Zucker; Wasser.

Wählen Sie mittelgroße Erdbeeren (die ganz großen schmecken weniger intensiv), verwenden Sie aber keine überreifen Früchte.

Verzichten Sie, wenn möglich, auf das Waschen oder verwenden Sie Eiswasser, denn dieses dringt weniger in die Früchte ein.

Die Erdbeeren zügig säubern und zugedeckt etwa 10 Minuten kochen. Anschließend im Mixer pürieren und danach durch ein Haarsieb oder ein feines Tuch streichen.

Den erhaltenen Saft wiegen. Dieselbe Menge Zucker mit ½ Glas Wasser pro kg Zucker in einen Topf geben und langsam aufkochen. Sobald der Sirup große Blasen wirft, den Fruchtsaft zufügen.

Den Kochvorgang fortsetzen, bis das Gelee stark eindickt, dabei immer wieder rühren und nötigenfalls abschäumen. Das Gelee ist dickflüssig genug, wenn ein Löffel davon auf einem schräg gehaltenen Teller kaum noch fließt.

Das heiße Gelee abfüllen und bis zum nächsten Tag ruhen lassen, damit es völlig erstarrt und auskühlt. Nun mit entsprechend zurechtgeschnittenem und in 90prozentigem Weingeist getränkten Pergamentpapier abdecken und die Gläser verschließen.

Frischerhaltene Erdbeeren

Erdbeeren; Zucker; Wasser.

Die Erdbeeren sorgfältig putzen und dicht nebeneinander in Einmachgläser füllen, jedoch ohne die Früchte zu zerdrücken. Mit 2 EL Zucker pro Glas bestreuen und die Gläser gut verschließen.

In Tücher wickeln, in einen großen Topf stellen und mit Wasser bedekken. Erhitzen und den Kochvorgang nach dem Aufsprudeln des Wassers 10 Minuten fortsetzen.

Den Topf vom Herd nehmen und die Gläser im Wasser völlig auskühlen lassen.

Herausnehmen, abtrocknen, beschriften und an einem kühlen, trockenen Ort lagern.

Sie werden glauben, erntefrische Früchte zu genießen, und haben stets für die verschiedensten Zubereitungen einen Vorrat im Haus.

Ganze Erdbeeren in Sirup

1½ kg frische, aromatische Erdbeeren; 750 g Zucker, 1 l Wasser.

Die Erdbeeren putzen und, falls unbedingt erforderlich, in Eiswasser waschen. Trockentupfen und bis 2 cm unterhalb des Randes in die vorbereiteten Gläser füllen.

Zucker und Wasser erhitzen, 3 Minuten kochen lassen und die Früchte mit dem Sirup übergießen, so daß sie ganz bedeckt sind. Die Gläser sofort verschließen, in Tücher wickeln und in einen Topf stellen. Soviel Wasser einfüllen, bis die Höhe des Einkochgutes erreicht ist, und zum Kochen bringen. Den Sterilisationsvorgang nach 10 Minuten beenden.

Die Gläser im Wasser auskühlen lassen. Beschriften und an einen kühlen, trockenen Ort stellen.

Erdbeerlikör

1 kg frische, aromatische Erdbeeren; 1 l Weingeist (90% Vol.); 1 kg Zucker; ½ l Wasser.

Die Erdbeeren gründlich zerdrücken oder im Mixer pürieren. Fruchtfleisch und Saft mit dem Weingeist in ein dicht verschließbares Gefäß füllen und 10 Tage ziehen lassen.

Am 11. Tag aus Zucker und Wasser einen Sirup bereiten und diesen 5 Minuten kochen. Völlig erkalten lassen und zum Gefäßinhalt geben. Gut umrühren und weitere 20 Tage ziehen lassen, dabei mindestens einmal täglich schütteln.

Schließlich alles durch ein Tuch seihen, in Flaschen füllen und diese gut zukorken.

Rumtopf

Erdbeeren; Süß- und Sauerkirschen; Aprikosen; Pfirsiche; Himbeeren; Pflaumen und Zwetschgen; Feigen; Trauben; Kiwis; Birnen; Rosinen; Zucker; Weingeist (90% Vol.) bzw. guter Rum.

Mit dieser Zubereitung beginnen Sie im Frühjahr. Zunächst benötigen Sie einen großen, innen glasierten Tontopf; Sie können auch ein hermetisch verschließbares Gefäß verwenden.

Einige EL Zucker in das Gefäß geben und darüber eine Lage geputzter, aber nicht gewaschener Erdbeeren schichten. Mit Weingeist übergießen und das Gefäß verschließen. Hin und wieder umrühren, damit sich der Zucker löst.

Vor dem Einfüllen einer weiteren Obstsorte müssen Sie stets die vorbereiteten und entsteinten Früchte wiegen, um die benötigte Zuckermenge (Verhältnis 1:1) zu ermitteln.

Auf die Erdbeeren folgen die entsteinten und entstielten Kirschen unter Zugabe von weiterem Zucker und Alkohol.

Danach kommen die Aprikosen, abgerieben (aber ungewaschen) oder abgezogen, entsteint und geviertelt. Ebenso werden die Pfirsiche behandelt. Im Laufe des Jahres füllt sich der Topf mit den übrigen Obstsorten, zum Schluß mit den vom Kerngehäuse befreiten und in Scheiben geschnittenen Birnen.

Zuletzt wird alles mit Zucker bestreut und mit so viel Alkohol aufgegossen, daß die Früchte bedeckt sind. Das Gefäß dicht verschließen und den Inhalt mindestens 2 Monate ziehen lassen.

Vor dem Genuß behutsam mit einem Holzlöffel durchmischen.

Jasmin

Wer kennt sie nicht, die schwelgenden Beschreibungen des Jasmins, der in südlichen Ländern Balkone und Gärten ziert und die lauen Nächte mit seinem betörenden Duft erfüllt? Im 15. Jahrhundert wurde er aus Indien mitgebracht und konnte sich dank seiner anmutigen und stark duftenden Blüten schnell ausbreiten. Insbesondere in Kalabrien und Südfrankreich wird das Ölbaumgewächs großflächig angebaut, da seine Blüten einen Grundstoff für die Parfumherstellung liefern. Durch Einlegen der Blüten in Olivenöl »extra vergine« erhält man ein wirksames Einreibemittel gegen Neuralgien, und aus den getrockneten Blüten bereitet man einen Tee, der Schlaflosigkeit und Kopfschmerz nimmt.

Jasminblütenpaste

300 g Jasminblüten; 900 g Zucker; 1 Glas Wasser.

Sollten Sie, zum Beispiel auf einer Urlaubsreise, auf Jasmin stoßen, lassen Sie sich diese Gelegenheit nicht entgehen. Sammeln Sie die Blüten gegen 10 Uhr morgens, wenn die Sonne den Tau bereits getrocknet, die Blüten aber noch nicht erwärmt hat.

Die grünen Teile entfernen und 300 g Blütenblätter abwiegen. Mit 1 EL Zucker im Mixer oder Mörser zu einer Paste verarbeiten.

Den Zucker mit dem Wasser zu Sirup verkochen und den Topf vom Herd nehmen, sobald sich große Blasen bilden. Die Jasminpaste gründlich unterziehen und den Topf wieder auf den Herd stellen. Den Kochvorgang nach dem Aufwallen noch 1 Minute fortsetzen. Die Mischung heiß in Gläser füllen. Am nächsten Tag mit passend zurechtgeschnittenem und in 90prozentigem Weingeist getränkten Pergamentpapier abdecken, die Gläser verschließen, kühl und dunkel lagern.

Kapuzinerkresse

Diese ursprünglich in Peru beheimatete Pflanze mit ihren kapuzenförmigen Blüten und den dichten Blättern ist heute überall in den Gärten zu finden. Nach Europa gelangte sie im 17. Jahrhundert.

Blätter und Blüten der Kapuzinerkresse sind eine beliebte Zutat in gemischten Salaten, die Blütenknospen werden in Essig eingelegt und als Kapernersatz verwendet. Aufgrund ihres Gehalts an Schwefelglykosid, ätherischem Öl und Vitamin C haben sie einen recht pikanten Geschmack. Kapuzinerkresse wirkt appetitanregend, verdauungs- und schlaffördernd.

Kapuzinerkresseblüten in Essig

Kapuzinerkresseblüten; Wasser; Salz; Küchenkräuter; ein Stückchen Chilischote; Essig.

Die gewaschenen Blüten in leicht gesalzenes, siedendes Wasser tauchen. Nach 4 Minuten herausnehmen, auf einem Tuch ausbreiten und im Schatten trocknen lassen.

Anschließend zusammen mit Kräutern Ihrer Wahl und einem Stückchen Chilischote in Gläser füllen. Den Essig aufkochen und noch heiß in die Gläser gießen.

Den Inhalt völlig erkalten lassen und die Gläser verschließen.

Klatschmohn

Unkrautvernichtungsmittel haben den Klatschmohn von den Kornfeldern vertrieben, so daß er heute nur noch auf Wiesen und unbewirtschaftetem Grund wächst. Dabei war es einst der Getreideanbau, der ihm den Weg aus dem östlichen Mittelmeerraum in unsere Breiten ebnete.

Man verwendet ausschließlich die Blütenblätter und bereitet daraus Tees und Marmeladen. Dabei werden nur makellose und intensiv leuchtende Blätter von Blüten mit voll ausgereifter Fruchtkapsel verwendet. Klatschmohn besitzt eine krampflösende, erweichende und beruhigende Wirkung.

Klatschmohnmarmelade

300 g frisch gesammelte Klatschmohnblütenblätter;
3 Äpfel (mögl. Renetten); 1 kg Zucker; 2 Glas Wasser; Saft von ½ Zitrone.

Die Äpfel schälen und vom Kerngehäuse befreien. In feine Scheiben schneiden, musig kochen und anschließend passieren.

Aus Zucker und Wasser bei milder Hitze einen dicken Sirup bereiten. Sobald er aufkocht, das Apfelmus und den Zitronensaft zufügen. Den Kochvorgang fortsetzen; inzwischen die Blütenblätter im Mörser oder Mixer zu einer Paste verarbeiten. Zum Sirup geben, gründlich umrühren und die Marmelade etwa 15 Minuten kochen, bis sie stark eindickt.

Heiß abfüllen und völlig erkalten lassen. Mit passend zurechtgeschnittenem und in 90prozentigem Weingeist getauchten Pergamentpapier abdecken und die Gläser fest verschließen.

Klatschmohnsirup

500 g ganz frische Klatschmohnblütenblätter; ½ l Wasser; ½ kg Zucker.

Die Blütenblätter in einer Glas- oder Porzellanschüssel mit kochendem Wasser übergießen. Abdecken, in eine mehrfach gefaltete Wolldecke wickeln und 24 Stunden ruhen lassen.

Aus 1 Glas Wasser und dem Zucker bei milder Hitze einen Sirup bereiten.

Den Aufguß durch ein feines Sieb seihen und zum Sirup geben, sobald dieser aufkocht. Den Kochvorgang fortsetzen, bis der Sirup große Blasen wirft. Heiß abfüllen und am nächsten Tag fest zukorken.

Es lohnt sich wirklich, diese exotisch anmutende Zubereitung auszuprobieren!

Linde

Diese herrlichen Bäume erreichen zuweilen beeindruckende Ausmaße. Berühmt wurden jene, die in Viererreihen die Berliner Prachtallee zierten, der sie auch den Namen verliehen: Unter den Linden.

Die Bäume können sehr alt werden: manche, so heißt es, hätten bereits ein Jahrtausend überdauert.

Während der Blütezeit (Juni) verströmen sie weithin ihren charakteristischen Duft.

Vor allem werden die jungen Blüten verwendet, doch kommen in der Pharmazie auch die Rinde, der Saft und das Holz zum Einsatz, die sich durch ein breites Wirkungsspektrum auszeichnen. Ihr Gehalt an ätherischen Ölen, Mineral- und Gerbstoffen verleiht der Linde krampflösende, beruhigende, einschläfernde, erweichende und schweißtreibende Eigenschaften.

Lindenlikör

80 g frische (bzw. 40 g getrocknete) Lindenblüten; 10 g guter, nicht aromatisierter schwarzer Tee; ½ Vanilleschote; 1 g Muskatnuß; 10 g abgeriebene Orangenschale (falls vorrätig); ½ l Weingeist (90% Vol.); 1 l abgekochtes kaltes Wasser.

Sämtliche Zutaten mit Ausnahme des Wassers in einem fest verschlossenen Gefäß 2 Tage ziehen lassen. Am 3. Tag das Wasser hinzufügen, das Gefäß schütteln und an einem kühlen, trockenen Ort weitere 10 Tage ruhen lassen. Durch ein Tuch filtern und in Flaschen füllen.

Pur genossen, entfaltet der Likör seine kräftigende und verdauungsfördernde Wirkung. Ein Gläschen davon mit 1 EL Honig in einer Tasse heißem Wasser verrührt, ergibt ein ausgezeichnetes Vorbeugungs- und Heilmittel gegen Erkältung und Grippe.

Getrocknete Lindenblüten

Zu Beginn der Blütezeit die jungen Knospen sammeln. Entstielen und an einem schattigen, staubfreien Ort auf einem sauberen Tuch zum Trocknen ausbreiten; über Nacht im Haus aufbewahren. Die völlig getrockneten Blüten in fest verschließbaren Gläsern aufbewahren. Sie ergeben einen ausgezeichneten Tee gegen Nervosität und Schlaflosigkeit.

Loquats (Japanische Mispeln)

Sie gehören zur selben Familie wie unsere hiesigen Mispeln, sind allerdings ursprünglich, wie schon der Name verrät, im Fernen Osten, insbesondere in Japan und China heimisch.

Etwa zu Beginn des 18. Jahrhunderts gelangte die Pflanze, vielleicht infolge der wachsenden Beliebtheit von Chinoiserien, nach Europa, wo sie heute in milden Klimazonen gedeiht. Ihre Blütezeit fällt mitten in den Winter, und im April sind ihre großen, lederschaligen Steinfrüchte erntereif.

Die aprikosengelben, süßen Loquats sind reich an Mineral- und Gerbstoffen. Sie wirken regulierend auf die Darmtätigkeit.

Loquatmarmelade

1 kg entsteinte Loquats; ca. 1 kg Zucker.

Verarbeiten Sie nur vollreife Früchte. Diese säubern, entsteinen und in einen Topf füllen. Aufkochen und den Vorgang unter häufigem Rühren 15 Minuten fortsetzen.

Durch ein feines Sieb streichen und wiegen. Dieselbe Menge Zucker zufügen und den Topf wieder auf den Herd stellen. Gründlich umrühren und die Marmelade kochend eindicken lassen; sie besitzt die richtige Konsistenz, wenn eine kleine Menge auf einem schräg gehaltenen Teller kaum noch fließt.

Heiß in Gläser füllen und am folgenden Tag, wenn sie völlig ausgekühlt ist, mit passend zurechtgeschnittenem und in 90prozentigem Weingeist getränkten Pergamentpapier abdecken. Die Gläser fest verschließen.

Loquatlikör

12 frische Loquats; 12 Loquatkerne; 1 l Weingeist (90% Vol.);
600 g Zucker; 400 ml Wasser.

Die ganzen Früchte waschen und trockenreiben. Die Kerne zu einer Paste zerstoßen; zusammen mit den Früchten und dem Weingeist in ein fest verschließbares Gefäß geben und 2 Tage ziehen lassen. Am 3. Tag das

Wasser aufkochen; den Zucker einrühren, den Herd abschalten und den Zucker unter häufigem Rühren schmelzen. Den erkalteten Sirup zu den übrigen Zutaten gießen, das Gefäß wieder verschließen, schütteln und weitere 2 Tage ruhen lassen. Den Inhalt durch ein Tuch seihen und die Früchte fest ausdrücken; einen weiteren Tag ruhen lassen.

Den Likör durch einen Papierfilter gießen und in Flaschen füllen. Sorgfältig zukorken und erst nach 2 Monaten genießen.

Primeln

Die Primel verdankt ihren Namen der Tatsache, daß ihre Blüten fast als erste die Wiesen zieren und damit den Frühling ankündigen (lat. primus = erster).

Die Blüten stehen in Dolden auf Schäften; Wildformen erreichen eine maximale Höhe von 20 cm.

Aus den im Schatten getrockneten Blüten bereitet man einen wohlschmeckenden und duftenden Tee ohne jede Reizwirkung. Kandiert ergeben sie ein apartes Konfekt. Primelblüten enthalten reichlich Vitamin C, Mineralsalze, Enzyme und Zucker; sie zeichnen sich durch krampflösende, beruhigende, entwässernde und fiebersenkende Eigenschaften aus.

Primelblütenpaste

300 g Primelblüten; 900 g Zucker; 1 Glas Wasser.

Blüten sorgfältig von grünen Teilen befreien. Anschließend unter Zugabe von 1 EL Zucker im Mörser oder Mixer zu einer Paste verarbeiten.

In einem geschmacksneutralen Topf aus Zucker und Wasser einen Sirup bereiten und diesen kochen, bis er dicke Blasen wirft. Den Topf vom Herd ziehen und die Paste, nach Belieben auch einige ganze Blüten, unter den Sirup ziehen. Bei milder Hitze erneut aufwallen lassen und 5 Minuten kochen. Durch Zugabe entsprechender Lebensmittelfarbe können Sie die Farbe des Sirups intensivieren.

Den noch heißen Sirup in Gläser füllen. Am folgenden Tag mit passend zurechtgeschnittenen Pergamentstücken, die zuvor in 90prozentigen Weingeist getaucht wurden, abdecken. Die Gläser luftdicht verschließen.

Kandierte Primeln

200 g Primelblüten; 300 g Zucker.

Die Blüten von grünen Teilen (Kelch und Stiel) befreien. In einem möglichst flachen und weiten Topf den Zucker bei milder Hitze schmelzen. Jeweils ein paar Blüten eintauchen, wenden und mit Hilfe einer Gabel herausnehmen. Nebeneinander ausbreiten und völlig erkalten lassen. In Blech- oder Porzellandosen aufbewahren. Mit kandierten Primeln lassen sich Torten und Desserts hübsch dekorieren.

Puffbohnen

Diese Hülsenfrucht kann auf eine lange Geschichte zurückblicken: Bereits in der Bronzezeit wurde die im gesamten Mittelmeergebiet wildwachsende Pflanze kultiviert. Damals schon war sie als ausgezeichnetes Nahrungsmittel bekannt und beliebt, doch wurde ihr in der Antike nachgesagt, sie rufe böse Träume hervor und beherberge die Seelen der Toten.

Wie alle Hülsenfrüchte besitzen auch die Puffbohnen einen hohen Nährwert. Jung und zart lassen sie sich roh essen; ansonsten werden sie gekocht. Man kann sie auch durch Einlegen in Öl oder durch Trocknen konservieren. Besonders gern werden sie in Suppen und zu Püree verarbeitet.

Getrocknete Puffbohnen werden zunächst mindestens 12 Stunden in Wasser eingeweicht und anschließend enthäutet.

In seltenen Fällen können Puffbohnen bei überempfindlichen Menschen eine allergische Reaktion, Fabismus genannt, auslösen.

Frische Puffbohnen in Öl

1 kg frische, ausgehülste Puffbohnen; ¾ l Wein; ¼ l Essig; Salz; Olivenöl.

Wählen Sie die schönsten und zartesten Bohnen aus, die Sie auf dem Markt finden können.

Falls Sie die Bohnen noch selbst aushülsen müssen, gehen Sie behutsam vor, damit die Kerne nicht beschädigt werden.

Wein und Essig mit 1 Prise Salz aufkochen. Unmittelbar nach dem Aufwallen die Bohnen hineingeben und genau 2 Minuten – auf keinen Fall länger! – kochen. Anschließend gut abtropfen lassen und zum Trocknen auf ein sauberes Tuch breiten, dabei mehrmals wenden.

Sobald sie völlig trocken sind, in die vorbereiteten Gläser füllen und dabei möglichst wenig Zwischenräume lassen. Die Gläser bis zum Rand mit hochwertigem Olivenöl füllen (für diese Zubereitung, die sich jahrelang hält, dürfen Sie nur Olivenöl verwenden).

Dieses Rezept wurde mir freundlicherweise von Frau Chiara Poletti aus Riva Trigoso (Genua) überlassen.

Radieschen

Bereits die alten Ägypter wußten Radieschen mit Knoblauch sehr zu schätzen – ein Beweis für die lange Vergangenheit dieser Nutzpflanze, zu deren Familie auch der Rettich zählt und von der keine Wildformen bekannt sind. Die zahlreichen Unterarten dieser Familie unterscheiden sich lediglich in der Form ihrer Wurzel. In der Gastronomie werden sie alle auf ähnliche Weise verarbeitet; die Medizin dagegen verwendet vorrangig den schwarzen Rettich, der aufgrund seines höheren Anteils an ätherischen Ölen eine größere Heilwirkung besitzt.

Zwar sind die Wurzeln roh nicht ganz leicht verdaulich, doch als Mineralstofflieferant sowie als appetitanregendes und kräftigendes Gemüse sind sie nicht zu unterschätzen.

Radieschen in Essig

Radieschen; Salz; guter Weißweinessig; 2 Lorbeerblätter; 1 Thymianzweig; 2 Gewürznelken.

Makellose, knackige Radieschen auswählen. Von den Blättern befreien, waschen und sorgfältig trockentupfen. Mit Salz bestreuen und 6 Stunden ruhen lassen.

Die Radieschen abbrausen und trockenreiben. Den Essig mit Salz (20 g pro Liter) und den Gewürzen (die angegebenen Mengen beziehen sich ebenfalls auf 1 Liter) aufkochen. Die Radieschen hineinwerfen und nach dem erneuten Aufwallen 1 Minute kochen. Mit dem Schaumlöffel herausnehmen und in Gläser füllen.

Den Essig weitere 5 Minuten kochen, dann den Herd abschalten. Die Gläser mit dem erkalteten Essig auffüllen und sorgfältig verschließen. Beschriften und kühl und trocken lagern.

Rosen

Es gibt so viele verschiedene Rosen, daß eine Aufzählung und Beschreibung sämtlicher Arten, von den uralten Spezies wie der Rosa Gallica oder Essigrose und der Damaszenerrose bis hin zu den modernen Züchtungen, beispielsweise der blauen und der schwarzen Rose, ein ganzes Buch füllen würde.

Die schönen, in allen erdenklichen Farbnuancen vorkommenden, stark riechenden oder auch zart duftenden, großblütigen oder, wie die Zwergrosen, winzige Knospen bildenden Rosen sind so alt wie die Menschheit selbst und seit jeher äußerst beliebt.

Zahllos die Lieder, die sie besingen, die kirchlichen und weltlichen Bücher, die sie erwähnen. In der Heraldik ist die Rose nach der Lilie die am häufigsten verwendete Blume. Die weiße und die rote Rose waren die Symbole der rivalisierenden Häuser York und Lancaster und wurden in den »Rosenkriegen« (1455–1485) zu den jeweiligen Wahrzeichen der gegnerischen Truppen.

Doch wird die Rose nicht allein aufgrund ihrer Schönheit geschätzt, sondern ebenso wegen ihres Nutzens für den Menschen. Aus ihren Blüten gewinnt man Essenzen für Parfums und Süßspeisen, Rosenwasser für die Haut und Adstringenzien, die sich bei Aphthen, kleinen Verletzungen, Verbrennungen und Blutungen bewähren.

Rosenkonfitüre

½ kg stark duftende Rosenblütenblätter beliebiger Farbe; 2 kg Äpfel; 1 unbehandelte Zitrone; ¼ l Wasser; 1,4 kg Zucker.

Die Äpfel schälen, vom Kerngehäuse befreien und in feine Scheiben schneiden. Die Rosenblätter waschen (falls unbedingt notwendig).

Äpfel, Rosenblätter, den Zitronensaft und die dünn abgeschälte, kleingeschnittene Zitronenschale in einen geschmacksneutralen Topf geben. Das Wasser zufügen und alles bei mittlerer Temperatur kochen. Behutsam durchmischen und, wenn nötig, abschäumen.

Den Topf vom Herd nehmen, sobald die Äpfel gar sind, und alles durch ein sehr feines Sieb streichen.

Unter Zugabe des Zuckers erneut aufkochen. Die Konfitüre hat die richtige Konsistenz erreicht, wenn ein kleiner Klecks davon auf einem schräg gehaltenen Teller kaum noch fließt.

Heiß abfüllen und die Gläser am folgenden Tag verschließen, wenn die Konfitüre völlig erkaltet ist. Zuvor mit passend zurechtgeschnittenem und in 90prozentigem Weingeist getränkten Pergamentpapier abdecken.

Rosenblütenpaste

Erste Variante

1 kg Rosenblütenblätter; 1 kg Zucker; 4 Gläschen Kirschgeist; ¼ l Wasser.

Die Rosenblüten gegen neun Uhr morgens sammeln, wenn sie am frischesten sind und am stärksten duften. Die Farbe spielt keine Rolle.

Zucker und Wasser bei milder Hitze zu einem dicken Sirup verkochen. Sobald er große Blasen wirft, die Rosenblätter hineingeben und zugedeckt 8 Minuten kochen.

Erkalten lassen und durch ein Sieb streichen. Den Kirschgeist kräftig unterrühren. Die Paste abfüllen und die Gläser sorgfältig verschließen. Am folgenden Tag die Paste mit entsprechend zurechtgeschnittenem und in 90prozentigem Weingeist getränkten Pergamentpapier abdecken und die Gläser endgültig verschließen.

Zweite Variante

200 g Rosenblütenblätter; 600 g Zucker; Saft von ½ Zitrone; 6 cl Wasser.

Die Rosenblätter fein hacken. In einer Schüssel mit 200 g Zucker und dem Zitronensaft vermengen und gründlich verarbeiten, bis eine Paste entsteht.

Das Wasser aufkochen. Den restlichen Zucker mit der Paste ins sprudelnde Wasser geben und bei ganz milder Hitze aufkochen. Ständig rühren, bis die Mischung dickflüssig wird. Nun sofort vom Herd nehmen, abfüllen und völlig erkalten lassen. Mit passend zurechtgeschnittenem und in 90prozentigem Weingeist getränkten Pergamentpapier abdecken und gut verschließen.

Rosensirup

200 g frisch gesammelte Rosenblütenblätter; 5 cl Weingeist (90% Vol.); 900 g Zucker; 1 Glas Wasser.

Den Zucker im Wasser bei milder Hitze schmelzen, so daß sich ein dicker Sirup bildet; 20 Minuten kochen.

Die Blütenblätter mit dem Weingeist im Mörser oder Mixer zu einer geschmeidigen Mischung verarbeiten. Durch ein Haarsieb oder Tuch streichen und zum Sirup geben. Umrühren und ein paar Minuten weiterkochen. Heiß abfüllen und unmittelbar nach dem Erkalten verschließen.

Rosensirup mit Wasser und Eis ergibt ein erfrischendes Getränk; man verwendet ihn aber auch zum Parfümieren von Torten und als Grundlage für Rosensorbet.

Rosen-Ratafia

150 g frische und stark duftende Rosenblätter beliebiger Farbe; ½ l Wasser; ½ l Weinbrand; 250 g Zucker; 1 Zimtstange; 1 Prise Koriander.

Das Wasser erhitzen. Kurz vor dem Aufwallen die Blütenblätter hineingeben. Den Herd abschalten und die Blütenblätter zugedeckt 2 Tage ruhen lassen. Durch ein Tuch seihen und gut ausdrücken.

Die Flüssigkeit zusammen mit Weinbrand, Zucker, Zimt und Koriander in ein dicht verschließbares Gefäß geben. 15 Tage an einem kühlen, dunklen Ort ziehen lassen, dabei einmal täglich schütteln.

Durchseihen, abfüllen und dicht verschlossen lagern.

Rosenlikör (Rosolio*)

200 g stark duftende rote Rosenblütenblätter; 700 ml Weingeist (90% Vol.); 800 g Zucker; 600 ml Wasser.

Die Blütenblätter im Mörser oder Mixer zu einer Paste verarbeiten. Mit dem Weingeist in ein fest verschließbares Gefäß geben und 10 Tage ziehen lassen.

Den Zucker im leicht erhitzten Wasser schmelzen und gründlich umrühren. Den Sirup erkalten lassen und ebenfalls in das Gefäß geben. Dicht verschlossen 40 Tage ziehen lassen, dabei einmal täglich schütteln.

Durch ein Tuch seihen, die festen Bestandteile kräftig ausdrücken und den Likör in gut zugekorkten Flaschen aufbewahren.

Rosenessig

100 g Rosenblütenblätter; 1 l guter Weißweinessig.

Die Blütenblätter 10 Tage im Essig ziehen lassen.

Den Essig durchseihen und in lichtundurchlässige, gut verschließbare Flaschen oder Gläser füllen.

Mit frischem Wasser und Eis gemixt, ergibt dieser Essig ein durststillendes Getränk; rohem oder gekochtem Fleisch sowie raffinierten Salaten verleiht er einen aparten Geschmack. Außerdem verwendet man ihn zum Desinfizieren kleiner Wunden.

Rosenhonig

100 g frische, duftende rote Rosenblütenblätter; ½ l Wasser; 800 g Bienenhonig.

Das Wasser zum Kochen bringen und, sobald es aufsprudelt, die Blütenblätter hineingeben. Bei milder Hitze 10 Minuten kochen, anschließend

* Dieser Name bezeichnet einen sehr süßen Likör und leitet sich ab aus den Worten *rosa* und *olio* = Öl, da man früher einem Likör Rosenöl und -wasser zusetzte.

den Herd abschalten. Die Blätter im Wasser weitere 10 Minuten ziehen lassen. Durch ein Sieb streichen oder im Mixer pürieren und gründlich unter den Honig mischen.

In Gläser füllen, dicht verschließen und kühl lagern.

Rosenhonig dient zum Süßen von Milch oder Tee, er macht aufgesprungene Lippen wieder geschmeidig und hilft gegen kleine Aphthen. Man verwendet ihn auch zum Gurgeln, wobei man 1 EL Rosenhonig in einer Tasse aufgekochtem Wasser verrührt.

Rosensalz

Sehr frische und aromatische Rosenblütenblätter beliebiger Farbe; Meersalz.

Die Zutaten abwechselnd, beginnend mit Salz, in ein dicht verschließbares Glas mit weiter Öffnung schichten. Die einzelnen Lagen gut zusammendrücken und das Ganze mit Salz bedecken. Fest verschließen und ein paar Tage in die Sonne stellen.

2 EL dieser Zubereitung bescheren Ihnen ein herrlich duftendes Vollbad. Sie können das Glas auch jedesmal wieder auffüllen, wenn Sie neue Rosenblüten gesammelt haben. Am besten geeignet sind Moschusrosen, da sie am intensivsten duften.

Getrocknete Rosenblüten

Sammeln Sie so viele Rosenblütenblätter, wie Sie können. Die Farbe spielt keine Rolle, sie müssen nur stark duften (Moschusrosen besitzen das stärkste Aroma). Zum Trocknen *im Schatten* auf einem weißen Tuch ausbreiten, während der Nacht und der frühen Morgenstunden im Haus aufbewahren.

Die völlig getrockneten Blätter in möglichst undurchsichtigen Gläsern aufbewahren. Sie verleihen dem Badewasser einen zarten Duft.

Auf dieselbe Weise lassen sich Jasmin- und Geißblattblüten trocknen und verwenden. Am besten sammeln Sie sie im Juni gegen sieben Uhr abends, weil sie dann den intensivsten Duft entfalten.

Getrocknete Heckenrosenblüten

Für diese Zubereitung verwenden Sie die Knospen und jungen Blütenblätter der Heckenrose. Im Schatten trocknen lassen; nachts ins Haus holen, um sie vor Feuchtigkeit zu schützen.

Die völlig getrockneten Blütenblätter und Knospen in hermetisch dichte (lichtundurchlässige) Gefäße füllen. Man bereitet daraus Tees mit entwässernder, abführender und kräftigender Wirkung.

Spargel

Spargel ist fast überall zu finden, so daß die eigentliche Herkunft dieses schmackhaften Gemüses kaum zu bestimmen ist.

In der Antike wurde er im gesamten europäischen Mittelmeerraum kultiviert. Im übrigen Europa setzte der Anbau vermutlich zur Zeit der römischen Republik ein.

Julius Caesar berichtet in seinem Werk »De bello Gallico«, daß er auf der Rückkehr von Gallien in Mailand sein Lager aufschlug, wo ihm Spargel mit zerlassener Butter vorgesetzt wurde, ein Gericht, das bis heute fester Bestandteil der Mailänder Küche ist.

Bei Spargel handelt es sich eigentlich um die jungen Triebe (Sprossen) der über 1 m hohen Spargelpflanze. Das Gemüse regt die Nierentätigkeit an, ist allerdings bei Gicht, Steinen und Rheuma zu meiden.

Eingelegter Spargel

Erste Art
Spargel; Wasser; Salz (25 g pro Liter).

Möglichst Stangen mit bläulichgrünen Köpfen und von etwa gleicher Dicke auswählen und auf dieselbe Länge stutzen.

Zu Bündeln schnüren, mit den Köpfen nach oben in einen hohen Topf stellen und zu drei Vierteln mit Wasser bedecken. Aufwallen lassen und 3 Minuten in sprudelndem Wasser kochen.

So viel kochendes Wasser zugießen, daß die Köpfe nur knapp bedeckt sind, und weitere 2 Minuten kochen. Das Wasser abgießen und die Spargelstangen in fest verschließbare Gläser geben.

Gleichzeitig in einem zweiten Topf reichlich Wasser unter Zugabe von Salz (25 g pro Liter) aufkochen. Die Gläser mit der kochendheißen Salzlake auffüllen. Verschließen, sofort in Wolltücher einwickeln und ungestört auskühlen lassen.

Zweite Art

Spargel; Wasser; Salz (1 EL pro Liter); Öl.

Am besten eignet sich Spargel mit blaugrünen Köpfen und von annähernd gleicher Stärke. Die sorgfältig gewaschenen und geputzten Spargelstangen mit den Köpfen nach unten in ein Einweckglas geben. Das Glas in einen Topf stellen und diesen so weit mit Wasser füllen, daß das Glas zu drei Vierteln bedeckt ist. 15 Minuten kochen. In einem zweiten Topf Wasser mit Salz im oben angegebenen Verhältnis erhitzen.

Das Glas mit der sprudelnden Salzlake auffüllen und den Kochvorgang so lange fortsetzen, bis sich die Spargelspitzen leicht biegen. Falls der Wasserpegel im Topf merklich absinkt, heißes Wasser nachfüllen.

Das Glas aus dem Wasserbad nehmen und in lauwarmes Wasser stellen. Erkalten lassen und anschließend eine etwa 1 cm dicke Ölschicht auf das Wasser gießen, um den Inhalt luftdicht zu versiegeln. Das Glas verschließen und an einem kühlen, trockenen Ort aufbewahren.

Den Spargel vor der Verwendung ¼ Stunde in frisches Wasser legen, anschließend in sprudelndes Wasser geben und 2–3 Minuten kochen.

Veilchen

Im Volksmund ist das Veilchen Symbol der Bescheidenheit, da die Blüten zwar einen starken Duft verströmen, sich aber häufig den Blicken entziehen. Gewiß, es gibt eine Vielzahl von Veilchenarten, die absolut geruchlos sind. Das Märzveilchen dagegen ist gerade an seinem angenehmen und anhaltenden Duft zu erkennen.

Bereits die alten Griechen gewannen aus Blüten, insbesondere von Veilchen, Rosen, Lavendel und Melisse, köstliche Parfums.

Märzveilchen blühen in allen Farbnuancen zwischen Weiß und Tiefviolett, Himmelblau und fast Schwarz. Unter anderem enthalten ihre Blüten Methylsalizylat sowie Vitamin C und bekämpfen somit wirksam Husten, Halsschmerzen und Bronchitis.

Veilchenpaste

125 g frisch gesammelte Märzveilchenblüten ohne Stiele; 1 kg Zucker; 1 Glas Wasser.

Zucker und Wasser zu einem sehr dicken Sirup verkochen. Unterdessen die Veilchenblüten mit 1 EL Zucker im Mörser zu einer Paste verreiben. Sobald der Sirup aufkocht, den Topf vom Herd nehmen und die Veilchenpaste einrühren. Den Kochvorgang fortsetzen, bis der Sirup dicke Blasen wirft. Die Paste heiß abfüllen. Nach Belieben können Sie die Farbe der Veilchenpaste durch etwas Lebensmittelfarbe noch verstärken.

Veilchensirup

100 g frisch gepflückte Märzveilchenblüten; 5 cl Weingeist (90% Vol.); 900 g Zucker; 1 kleineres Glas Wasser.

Diese Zubereitung ist bereits seit dem 16. Jahrhundert bekannt.

Aus Zucker und Wasser einen dicken Sirup bereiten und diesen bei milder Hitze 20 Minuten kochen.

Gleichzeitig die verlesenen Veilchenblüten mit dem Weingeist im Mörser zerreiben. Die Paste durch ein Sieb streichen oder im Mixer pürieren und zum Sirup geben, der dadurch eine schöne violette Färbung und einen intensiven Duft erhält. Abfüllen oder gleich genießen.

Kandierte Veilchen

200 g Märzveilchenblüten; 300 g Zucker.

Die Blüten entstielen. In einer hochrandigen Pfanne den Zucker schmelzen und die Blüten in kleinen Portionen hineingeben. Die einzelnen Blüten im Zucker wenden, mit einer Gabel herausnehmen und auf einem Holz- oder Marmorbrett erkalten lassen.

Man verwendet kandierte Veilchen zum Garnieren von Torten und Süßspeisen. In einem dunklen oder undurchsichtigen Glas oder einer geschmacksneutralen Schachtel halten sie sich am besten. Eine leuchtendere Färbung erhalten sie, indem man etwas Lebensmittelfarbe zum Zucker gibt.

Veilchenlikör

200 g frisch gepflückte Märzveilchenblüten; 800 g Zucker; 1 l Wasser; 150 ml Weingeist (90% Vol.).

Den Zucker mit dem Wasser erhitzen und 5 Minuten kochen, so daß sich der Zucker völlig auflöst.

Die Veilchen in einem gut verschlossenen Gefäß 4–5 Stunden im Alkohol ziehen lassen. Wenn sie ihre gesamte Farbe abgegeben haben, abtropfen lassen, pürieren und zum Zuckersirup geben.

Gründlich durchmischen und zugedeckt 1 Tag ruhen lassen. Am folgenden Tag durch ein Tuch seihen und die festen Bestandteile gut ausdrücken. Den Weingeist zum Sirup gießen und umrühren. Den Likör am nächsten Tag abfüllen. Besonders hübsch sehen Glas- oder Kristallkaraffen aus, möglichst solche, die noch von Ihrer Großmutter stammen.

Wein

Die Ursprünge des Weinbaus reichen zurück bis zum Anfang der Menschheitsgeschichte. Nach der Bibel war es Noah, der als erster Weinstöcke kultivierte und aus den Trauben Wein bereitete, nachdem er mit der Arche im Gebiet des Berges Ararat in der heutigen Türkei (Armenien) gelandet war. Tatsächlich siedeln die Botaniker diese Pflanze ursprünglich in Kleinasien an.

Die alten Ägypter bauten Wein im Nildelta an; die Hebräer stießen in Palästina auf Weinpflanzungen, als sie nach ihrem Exodus aus Ägypten das Gelobte Land erreichten; die Griechen preßten und kelterten die Trauben bereits um 1500 v. Chr. Archäologische Funde in Italien belegen erste Weinvorkommen schon im Quartär.

Trauben enthalten Zucker, Mineralsalze, Kalium, Vitamine und Proteine. Da der Zucker vom Körper sofort umgesetzt wird, sind Trauben bei körperlicher Entkräftung und erhöhtem Energiebedarf besonders angeraten. Sie erfrischen und besitzen eine entwässernde Wirkung.

Aus frischen Trauben lassen sich die unterschiedlichsten leckeren Konserven bereiten, getrocknet kommen sie beim Kochen und Backen zur Verwendung. Der Wein selbst schließlich, der mit den verschiedensten Kräutern und Blüten angesetzt wird, bildet die Grundlage für eine Vielzahl medizinischer Zubereitungen. Und sogar Pflanzenteile des Rebstocks lassen sich verarbeiten.

Weinblätter in Öl

Weinblätter; Wasser; Salz; Öl.

Weinblätter werden in der Küche vielseitig verwendet: Kleinwild, Fisch und Pilze erhalten durch Einwickeln in Weinblätter ein apartes Aroma. Nachstehend eine einfache Konservierungsmethode für diejenigen, die nicht immer ohne weiteres Zugang zu frischen Weinblättern haben und sich einen Vorrat anlegen möchten.

Große, zarte und vor allem makellose Blätter auswählen. Wasser unter Zugabe von Salz (1 EL pro Liter) aufkochen. Die Blätter ins sprudelnde Wasser geben und nach dem erneuten Aufwallen sofort abseihen. Zum Trocknen auf einem Tuch ausbreiten.

In niedrige Gläser mit weiter Öffnung schichten. Fest zusammendrükken, um eventuelle Lufteinschlüsse zu beseitigen, und mit Öl bedecken. Nach einigen Tagen, falls nötig, erneut Öl nachgießen, damit die Blätter völlig vom Öl bedeckt sind.

Weinranken in Essig

Weinranken; Wasser; Salz; Kräuter; ein Stückchen Chilischote; Essig.

Zarte Weinranken auswählen. Gründlich waschen, um alle Spuren von Pflanzenschutzmitteln zu beseitigen. In leicht gesalzenes, kochendes Wasser geben. Nach 4 Minuten herausnehmen, auf einem Tuch ausbreiten und im Schatten völlig trocknen lassen.

Mit Kräutern Ihrer Wahl und einem Stückchen Chilischote in Gläser füllen. Essig aufkochen und heiß in die Gläser gießen. Völlig erkalten lassen und gut verschließen.

Sommer

Aprikosen

Bereits vor 5000 Jahren waren die Früchte des – damals noch wildwachsenden – Aprikosenbaumes im gesamten Orient bekannt und beliebt. Später wanderte die Aprikose in Richtung Europa, und zu Zeiten Alexanders des Großen war sie in Armenien bereits heimisch geworden. Die Römer, die sie im Mittelmeerraum einführten, nannten sie »Apfel aus Armenien«. Der Aprikosenbaum ist einer der weitestverbreiteten Obstbäume in Europa.

Seine Früchte schmecken frisch ebenso gut wie als Marmelade. Sie besitzen einen hohen Gehalt an Zucker, Mineralsalzen und Vitaminen. Frisch verzehrt kurieren sie Durchfall, getrocknet dagegen sind sie ein zuverlässiges Abführmittel.

Die Aprikosenkerne werden, sofern sie süß sind, wie Mandeln verwendet. Bittere Kerne dürfen jedoch auf keinen Fall verarbeitet werden, da sie aufgrund der darin enthaltenen Blausäure Vergiftungen hervorrufen.

Aprikosenkonfitüre

1 kg Aprikosen (entsteint); 1 kg Zucker; 1 Glas Wasser.

Die Aprikosen gründlich waschen, trockenreiben und entsteinen. Sie benötigen 1 kg fertig vorbereitete Früchte. 2 bis 3 Steine aufbrechen, die darin enthaltenen Kerne abziehen und fein hacken. Zucker und Wasser bei mittlerer Temperatur zu einem Sirup verkochen. Sobald er aufwallt, die Aprikosen und gehackten Kerne gründlich unterziehen. Nach dem erneuten Aufwallen 20 Minuten lang kochen. Die Aprikosen mit dem Schaumlöffel herausnehmen, abtropfen lassen und die Gläser zu drei Vierteln damit füllen.

Den Sirup wieder auf den Herd stellen und weiterkochen, bis er eindickt. Er hat die richtige Konsistenz erreicht, wenn ein paar Tropfen, auf einen schräg gehaltenen Teller gegeben, kaum noch fließen. Den heißen Sirup in die Gläser gießen und die Konfitüre völlig erkalten lassen.

Vor dem Verschließen Pergamentpapier entsprechend dem Glasdurchmesser zurechtschneiden, in 90prozentigem Weingeist tränken und direkt auf die Konfitüre legen.

Aprikosenmarmelade

1 kg Aprikosen (entsteint); 800 g Zucker; 1 Glas Wasser.

So viele Aprikosen entsteinen, daß Sie genau 1 kg erhalten. Natürlich werden die Früchte zuvor gewaschen und sorgfältig mit einem sauberen Tuch trockengerieben. Mit dem Wasser in einen Topf geben und bei mittlerer Temperatur unter häufigem Rühren aufkochen. Nach 10 Minuten den Herd abschalten und die Marmelade erkalten lassen.

Durch ein feines Sieb streichen und pro kg Fruchtfleisch 800 g Zucker zufügen. Bei mittlerer Hitze eindicken lassen; dabei fleißig rühren. Sobald ein kleiner Löffel Marmelade auf einem schräg gehaltenen Teller kaum noch zerläuft, wird sie unverzüglich in die vorbereiteten Gläser gefüllt. Erst nach dem völligen Erkalten verschließen. Zuvor mit passend zurechtgeschnittenem und in 90prozentigem Weingeist getränkten Pergamentpapier abdecken.

Aprikosenmark

Die nicht zu reifen Früchte gründlich waschen, trockenreiben und entsteinen. Durchpassieren oder im Mixer pürieren. In dickwandige Flaschen füllen (gut geeignet sind Sektflaschen, die natürlich sorgfältig ausgespült werden).

Die bis zum Halsansatz gefüllten Flaschen fest zukorken. In Tücher wickeln und nebeneinander in den Einkochtopf stellen. So viel Wasser zugießen, daß es bis zum Flaschenhals reicht. Bei mittlerer Hitze zum Kochen bringen und das Einkochgut 1 Stunde sterilisieren. Die Flaschen im Wasser völlig erkalten lassen. Herausnehmen, abtrocknen und die Korken mit Siegellack abdichten. Kühl und trocken lagern.

Frischerhaltene Aprikosen

Aprikosen; Zucker.

Makellose, feste und vollreife Früchte auswählen und einzeln sorgfältig mit einem sauberen Tuch abreiben. An der »Naht« aufschneiden und entsteinen.

Mit der Innenfläche nach unten in Gläser schichten. Jeweils etwas Zukker darüberstreuen, dabei insgesamt höchstens 2 EL Zucker pro 750 g-Glas verwenden. Die Früchte fest zusammendrücken und die Gläser verschließen. In Tücher einschlagen und in einen großen Topf stellen. Kaltes Wasser zugießen, bis die Gläser völlig bedeckt sind. Nach dem Aufsprudeln 45 Minuten sterilisieren, anschließend den Herd abschalten und die Gläser im Wasser abkühlen lassen. Herausnehmen, abtrocknen und an einem kühlen, trockenen Standort aufbewahren.

Ganze Aprikosen in Sirup

Aprikosen; Zucker.

Schöne, aber nicht völlig ausgereifte Früchte mit einem sauberen Tuch abreiben. Mit einer Stopfnadel am Stielansatz einstechen.

Aus Wasser und Zucker im Verhältnis 1 : 1 (1 l Wasser auf 1 kg Zukker) bei milder Hitze einen Sirup bereiten. Nach dem Aufwallen 2 Minuten kochen lassen, anschließend den Herd ausschalten und den Sirup erkalten lassen. In einem zweiten Topf reichlich Wasser aufkochen; sobald es aufsprudelt, die Aprikosen hineingeben. So lange kochen, bis die Früchte an die Wasseroberfläche steigen. Dann sofort abtropfen lassen und 10 Minuten in kaltes Wasser legen.

In einem Sieb oder auf einem Tuch kurze Zeit trocknen lassen. Mit dem Stielansatz nach oben in Einweckgläser füllen und bis 2 cm unterhalb des Randes mit dem Sirup übergießen. Die Gläser verschließen, in Tücher wickeln und in den Einkochtopf stellen. Soviel Wasser zugießen, bis die Früchte völlig im Wasser stehen. Erhitzen und nach dem Aufsprudeln des Wassers ½ Stunde sterilisieren. Die Konserven im Wasser erkalten lassen. Herausnehmen, abtrocknen und an einen kühlen, trockenen Platz stellen.

Aprikosen in Branntwein

1 kg Aprikosen; 750 g Zucker; ¾ l Branntwein (45% Vol.); ¾ l Wasser.

Nur absolut makellose, nicht zu reife Früchte verwenden. Mit einer langen, dünnen Nadel fünf- bis sechsmal ringsum bis zum Stein einstechen. Waschen und gut trocknen.

Wasser sprudelnd aufkochen und die Aprikosen hineingeben; nach 3 Minuten mit der Schaumkelle herausnehmen. In einem zweiten großen Topf aus Zucker und Wasser einen Sirup bereiten. Die Aprikosen hineingeben und aufkochen. Sobald der Sirup aufwallt, den Herd abschalten. Die Aprikosen mit der Schaumkelle herausheben und in eine Schüssel füllen. Zugedeckt 24 Stunden ruhen lassen.

Nach Ablauf dieser Zeit den Sirup noch einmal aufkochen. Dann die Aprikosen hineingeben und wiederum aufkochen. Die Früchte mit dem Schaumlöffel aus dem Sirup nehmen, in Einweckgläser füllen und verschließen. Den Sirup bis zum folgenden Tag ruhen lassen.

Nun behutsam den Branntwein untermischen, ohne den eventuell vorhandenen Bodensatz aufzurühren, und die Mischung – ohne den Bodensatz! – über die Aprikosen gießen. Sollte der Sirup nicht ausreichen, um die Früchte völlig zu bedecken, gießen Sie reinen Branntwein nach.

Die Gläser verschließen und bis zum Verzehr der Aprikosen mindestens 2 Monate warten.

Aprikosenlikör

30 Aprikosen; 4 l guter, trockener Weißwein; 1 l Weinbrand; 10 g Zimtpulver; 1 kg Zucker.

Die schönsten und reifsten Früchte auswählen. Gründlich mit einem Lappen abreiben und unzerteilt mit dem Weißwein aufsetzen. Nach dem ersten Aufwallen die restlichen Zutaten dazugeben. Alles noch dreimal aufkochen lassen und dann heiß in ein luftdicht verschließbares Gefäß oder den Schnellkochtopf füllen.

Dicht verschließen und 5 Tage ruhen lassen. Durch ein feines Sieb streichen, in Flaschen abfüllen und diese fest zukorken. Lassen Sie den Likör noch einige Wochen ziehen, bevor Sie ihn Ihren Gästen kredenzen.

Aprikosenkernlikör

100 Aprikosenkerne; 2 l Weingeist (90% Vol.); 2 l Wasser; 1 ½ kg Zucker.

Wann immer Sie Aprikosen zu Marmelade oder in anderer Form verarbeiten, sammeln Sie die Steine.

Die Steine aufbrechen, die Kerne herausnehmen und sorgfältig häuten. Zusammen mit den zertrümmerten Schalen in ein Einmachglas füllen. Mit dem Weingeist übergießen, dicht verschließen und 2 Monate an einem dunklen Ort ruhen lassen.

Nun die Flüssigkeit durch ein feines Sieb gießen. Aus Wasser und Zucker kalt, d. h. allein durch Rühren, einen Sirup bereiten. Nachdem der Zucker sich aufgelöst hat, den Alkohol dazugießen und gründlich umrühren. Erneut filtern, in Flaschen füllen und zukorken. Kühl und trocken aufbewahren und erst im Winter servieren.

Aprikosen-Ratafia

25 reife Aprikosen; 3 Gewürznelken; 5 g Zimtpulver; ½ Vanilleschote; 2 l Branntwein; 100 g Zucker.

Wählen Sie makellose Früchte aus, die gerade voll ausgereift sind. Sorgfältig mit einem feuchten Tuch abreiben und an der frischen Luft trocknen lassen. Entsteinen und die Steine aufbrechen. Die darin enthaltenen Kerne blanchieren, häuten und hacken.

Die Aprikosen in Stückchen schneiden und mit den gehackten Kernen, den Gewürznelken, dem Zimt und der Vanilleschote in ein Einmachglas mit weiter Öffnung geben. Mit dem Branntwein übergießen und die Mischung fest verschlossen 20 Tage ruhen lassen.

Am 21. Tag den Zucker zufügen, umrühren und weitere 2 Tage ruhen lassen. Durchseihen und in Flaschen füllen. Fest zukorken, beschriften und an einem kühlen, dunklen Platz aufbewahren. Erst nach 2 Monaten öffnen.

Getrocknete Aprikosen

Bei günstigem Wetter mit trockener Wärme können Sie versuchen, Aprikosen zu trocknen.

Man verwendet hierfür schöne, feste und vollreife Früchte. Diese werden halbiert und entsteint, auf einem weißen Tuch zum Trocknen in die Sonne gelegt und dabei gelegentlich gewendet.

Nachts holt man sie ins Haus, damit die Feuchtigkeit den Trocknungsprozeß nicht vereitelt. Sie werden so lange der Sonne ausgesetzt, bis sie runzlig werden und völlig ausgetrocknet sind. Aufbewahrt werden sie in fest verschließbaren Gläsern oder rostfreien Blechdosen.

Läßt das Wetter die beschriebene Vorgehensweise nicht zu, so können Sie die Früchte auch im Ofen auf dem Rost bei ganz milder Hitze trocknen.

Getrocknete Aprikosen sind aufgrund ihres hohen Gehalts an Mineralsalzen, Vitaminen und Zucker äußerst nahrhaft.

Auberginen

Bereits vor Jahrtausenden war dieses Gemüse bei den arabischen Völkern sehr beliebt. Und sie waren es auch, die zu seiner Verbreitung in Europa beitrugen, allerdings erst durch den Islam und seine Heiligen Kriege. Heutzutage erfreuen sich die Auberginen auch in weniger warmen Ländern großer Beliebtheit und werden dort im Gewächshaus angebaut.

Zwar sind sie kein sehr nahrhaftes Gemüse, doch hat sich der Genuß von ungeschält gekochten Auberginen bei gewissen Leber- und Gallenbeschwerden bewährt. Darüber hinaus besitzen sie eine harntreibende, erweichende und abführende Wirkung.

Auberginenmarmelade

1 kg schöne, reife Auberginen; 1 kg Zucker; 200 g Pistazienkerne (ersatzweise Walnüsse); Saft von 1 Orange.

Die gründlich gewaschenen und abgetrockneten Auberginen in Stückchen schneiden. Mit dem Zucker in einen Topf geben und auf kleiner Flamme kochen; gelegentlich umrühren.

Nach etwa 2 Stunden Kochzeit, wenn die Auberginen allmählich eine sirupartige Konsistenz annehmen, die zerkleinerten Pistazien unterziehen. Behutsam umrühren und den Kochvorgang noch eine kurze Weile fortsetzen. Dann den Orangensaft unterziehen. Die Marmelade so lange kochen, bis ein kleiner Klecks auf einem schräg gehaltenen Teller kaum noch zerläuft.

Erkalten lassen und anschließend in Gläser füllen. Mit passend zurechtgeschnittenem und in 90prozentigem Weingeist getränkten Pergamentpapier abdecken und die Gläser fest verschließen. Am besten hält sich die Marmelade an einem kühlen, trockenen Ort.

Eine sehr ähnliche Marmelade wird anläßlich des jüdischen Purimfestes zubereitet, das zur Erinnerung an die jüdischen Gefangenen des Perserkönigs Ahasver gefeiert wird, die ihrer Vernichtung knapp entgingen.

Dieses Rezept wurde mir freundlicherweise von Frau Roselma Norzi aus Moncalvo überlassen.

Roh marinierte Auberginen

Auberginen; Salz; Origano; Chilischoten; Essig; Öl.

Schöne, nicht zu reife Auberginen schälen und in Scheiben schneiden. In ein Gefäß aus geschmacksneutralem Material (Glas, Steingut, Porzellan) geben und einsalzen. Mit einem Teller abdecken, mit einem Gewicht beschweren und 24 Stunden entwässern.

Mit einem Tuch trockentupfen und lageweise in Einweckgläser füllen. Zwischen die einzelnen Lagen Origano, Stückchen von Chilischoten und ein paar Tropfen Öl und Essig geben. Die fast bis zum Rand aufgeschichteten Auberginen mit Öl übergießen. Darauf achten, daß das Öl bis auf den Boden der Gläser fließt, die Auberginen völlig damit bedeckt sind und keine Luftblasen in den Gläsern bleiben.

Am nächsten Tag, falls nötig, noch einmal Öl nachgießen und die Gläser verschließen. In die Vorratskammer stellen und anfangs gelegentlich kontrollieren, ob die Auberginen noch immer ganz bedeckt sind; andernfalls Öl zufügen.

Eingelegte Auberginen

Auberginen; Essig; Salz; Petersilie; Pfefferkörner; Pfefferschoten; Öl.

Nicht zu reife Auberginen waschen, abtrocknen und in Scheiben schneiden, auf keinen Fall jedoch schälen.

3 Teile Wasser mit 1 Teil Essig und etwas Salz (z. B. ¾ l Wasser mit ¼ l Essig und 1 TL Salz) erhitzen. Die Auberginenscheiben in die sprudelnde Flüssigkeit geben und etwa 10 Minuten kochen. Abgießen und 1 ganzen Tag, auf einem Tuch ausgebreitet, trocknen; dabei des öfteren wenden.

Am nächsten Tag in ein Einweckglas schichten. Zwischen die einzelnen Lagen Stückchen von Pfefferschoten, einige Pfefferkörner und die gehackte Petersilie geben. Fest zusammendrük-ken, damit keine Hohlräume bleiben, und mit hochwertigem Olivenöl bedecken. Die Gläser unverschlossen 12 Stunden ruhen lassen. Eventuell Öl nachgießen, die Gläser fest verschließen und an einem kühlen, trockenen Platz für den Winter aufbewahren.

Auberginen in Öl

Auberginen; Essig; Pfefferschoten; Thymian; Basilikum; Knoblauch (nach Geschmack); gutes Olivenöl.

Kleine, möglichst kernlose und nicht zu reife Auberginen verwenden. Längs vierteln und auf einem Holzbrett einige Stunden in der Sonne trocknen. In einen Topf aus Steingut oder einem anderen geschmacksneutralen Material geben, mit Essig bedecken und genau 5 Minuten kochen.

Mit dem Schaumlöffel herausnehmen und, auf einem Tuch ausgebreitet, unter häufigem Wenden völlig trocknen lassen. Anschließend zusammen mit ein wenig kleingeschnittener Pfefferschote, ein paar Lorbeerblättern und einem Thymianzweig in ein Einweckglas füllen. Nach Belieben können Sie auch eine geschälte Knoblauchzehe dazugeben. Die Auberginen mit reichlich Olivenöl bedecken und vor der Verwendung mindestens 40 Tage ziehen lassen.

Gebratene Auberginen in Tomatensauce

2 kg Auberginen; Salz; Öl zum Braten; 2 kg Tomaten; Thymian; Pfeffer; Basilikum; Knoblauch; Lorbeerblätter.

Aus den gehäuteten und entkernten Tomaten unter Zugabe von Gewürzen Ihrer Wahl eine Tomatensauce bereiten. Durchpassieren, eindicken und anschließend beiseitestellen.

Die Auberginen schälen und in fingerdicke Scheiben schneiden. Auf einem Holzbrett ausbreiten, mit Salz bestreuen und, mit Tellern beschwert, 1 Stunde entwässern; danach gründlich trockentupfen.

Gutes Öl in einer Pfanne erhitzen und die Auberginen portionsweise braten. Zum Abtropfen auf Küchenkrepp legen. Mit einigen Thymian- und Basilikumblättern in Einmachgläser füllen, mit der Tomatensauce bedecken und die Gläser verschließen.

In Tücher wickeln und in einen großen Topf stellen, der mit kaltem Wasser gefüllt wird. Erhitzen und nach dem ersten Aufwallen 40 Minuten sterilisieren. Die Gläser im Wasser auskühlen lassen; abtrocknen und die Auberginen an einem kühlen, trockenen Platz aufbewahren.

Getrocknete Auberginen

Die Auberginen in fingerdicke Scheiben schneiden, nebeneinander auf ein Holzbrett legen und zum Trocknen in die pralle Sonne stellen. Regelmäßig wenden, damit die Auberginen gleichmäßig trocknen. Wenn sie völlig ausgedörrt sind, werden sie in lichtundurchlässige Gläser (möglichst mit Korkverschluß) gefüllt.

Sie können die Stücke auch auffädeln, in Papiertüten füllen und diese an einer luftigen, trockenen Stelle aufhängen.

Basilikum

Die uralte Pflanze stammt zweifellos aus Afrika und Indien, doch wurde sie im Lauf der Zeit auch in Europa heimisch, insbesondere in Regionen mit mildem Winter.

In erster Linie bekannt für seine vielseitige Verwendung in der Küche, besitzt Basilikum darüber hinaus krampflösende, beruhigende und anre-

gende Eigenschaften, die jedoch nur beim frischen Kraut zur Geltung kommen. In getrockneter Form dient es lediglich zum Würzen von Fleisch- und Fischgerichten sowie Gemüsesuppen.

Basilikum in Öl

Basilikum; Meersalz; Olivenöl.

Es werden nur wirklich schöne Pflanzen verwendet. Die Blätter werden einzeln vom Stengel gelöst und behutsam mit einem Tuch abgerieben.

Kleinere Gläser mit weiter Öffnung mit Salz ausstreuen. Danach eine Lage Basilikumblätter und wieder eine dünne Schicht Salz einfüllen und gut zusammendrücken. Auf diese Weise die Gläser füllen und mit einer Salzschicht abschließen. Hochwertiges Olivenöl darübergießen und warten, bis es auch in die untersten Schichten vorgedrungen ist. So lange Öl nachgießen, bis es schließlich bis zum Glasrand steht. Die Gläser fest verschließen und im Kühlschrank aufbewahren.

Nehmen Sie das Basilikum mit einer sauberen Gabel heraus und wischen Sie dann den Glasrand mit Küchenkrepp ab. Anschließend füllen Sie wieder soviel Öl nach, bis die Blätter völlig bedeckt sind.

Getrocknetes Basilikum

Wie jedes andere Küchenkraut läßt sich auch Basilikum trocknen und ersetzt im Winter das frische Kraut. Man sammelt die zarten Pflänzchen, sobald sich die ersten Blüten entwickeln.

Die Wurzeln abschneiden und die Pflanzen zu Bündeln zusammenfassen. An einem warmen, trockenen, jedoch schattigen Ort zum Trocknen aufhängen und mit einem Stück Tüll oder Gaze abdecken. Abends ins Haus holen, damit die nächtliche Feuchtigkeit den Trocknungsprozeß nicht zunichte macht.

Basilikum benötigt zum Trocknen nur wenige Tage. Anschließend wird es, wie bei getrockneten Kräutern üblich, in Gläser mit Korkverschluß gefüllt.

Bohnen

Lange vor der Entdeckung der Neuen Welt durch Christoph Kolumbus bildeten Bohnen zusammen mit Mais die Ernährungsgrundlage der dort lebenden Menschen. Zu Beginn des 16. Jahrhunderts wurden sie von den »conquistadores« aus Mexiko nach Europa gebracht.

Seither züchtete man eine Vielzahl von Arten. Waren die Hülsenfrüchte zunächst in erster Linie deshalb geschätzt, weil sie sich trocknen und somit lange aufbewahren ließen, so gelangten die grünen Bohnen inzwischen auch als Frischgemüse zu großer Beliebtheit.

Neben ihrer harntreibenden und reinigenden Wirkung zeichnen sie sich durch ihren hohen Nährwert und ihre Leichtverdaulichkeit aus.

Weiße Bohnen nature

Weiße Bohnen; Wasser; Salz.

Verwenden Sie die Bohnensorte, die Ihrem Geschmack und der vorgesehenen Verwendung am meisten zusagt.

Die frischen Bohnenkerne aus den Schoten lösen, gequetschte Samen oder solche mit zerrissener Haut aussortieren. Die Kerne in reichlich kaltem Wasser aufsetzen. Nach dem Aufwallen 3 EL Salz zufügen und das Gemüse 25 Minuten kochen. Abseihen und kalt abbrausen, danach mit einem weichen Tuch gründlich trockentupfen.

Aus Wasser und 50 g Salz pro Liter eine Salzlake bereiten und diese 5 Minuten kochen, anschließend erkalten lassen. Die Bohnen in Einweckgläser füllen und mit der Salzlake bedecken. Zwischen Flüssigkeit und Glasrand müssen 2 cm Abstand bleiben.

Die fest verschlossenen Gläser in Tücher wickeln und in einen großen Topf stellen. Mit kaltem Wasser bedecken und 2 Stunden durch Kochen sterilisieren. Den Herd ausschalten und die Gläser im Wasser stehenlassen. Am nächsten Tag erneut 1 Stunde sterilisieren und im Wasser völlig auskühlen lassen. Herausnehmen, abtrocknen und an einem kühlen, trockenen Ort für den Winter aufbewahren.

Grüne Bohnen in Salz

Grüne Bohnen; Wasser nach Bedarf; Salz nach Bedarf.

Ganz frische grüne Bohnen etwa gleicher Größe verwenden. Waschen und die Spitzen abschneiden.

Wasser erhitzen; sobald es zu sprudeln beginnt, die Bohnen 3 Minuten darin kochen. Abtropfen lassen und mit einem Tuch trockentupfen.

Die vorbereiteten Gläser mit einer Schicht Salz ausstreuen. Anschließend eine Lage Bohnen hineingeben, dann wieder Salz. Auf diese Weise die Gläser füllen und mit einer Salzschicht abschließen.

Die fest verschlossenen Gläser kühl und trocken lagern. Vor der Verwendung die Bohnen mehrmals abspülen, 1 Stunde in lauwarmes Wasser legen und bei der Zubereitung kein weiteres Salz zugeben.

Grüne Bohnen nature

Grüne Bohnen; Wasser; Salz (10 g pro Liter beim ersten Kochen, 20 g pro Liter für die Salzlake).

Makellose, frische Bohnen annähernd gleicher Größe waschen und von den Spitzen befreien.

Wasser unter Zugabe von 10 g Salz pro Liter aufkochen. Die Bohnen hineinwerfen und nach dem erneuten Aufwallen 5 Minuten garen. Abtropfen lassen und unverzüglich kalt abspülen. Auf einem Tuch ausgebreitet völlig trocknen lassen.

Inzwischen aus Wasser und 20 g Salz pro Liter eine Salzlake bereiten: Einige Minuten kochen, anschließend den Herd abschalten und die Flüssigkeit völlig erkalten lassen.

Die Bohnen, ohne sie zu beschädigen, in Einmachgläser füllen und mit der Salzlake bedecken; zwischen Flüssigkeit und Glasrand 2 cm Zwischenraum lassen.

Die Gläser verschließen, in Tücher einschlagen und in einen großen Topf stellen. Bis zum Glashals kaltes Wasser zugießen. Aufkochen und, beginnend mit dem ersten Aufsprudeln, 45 Minuten sterilisieren.

Die Gläser auf der abgeschalteten Herdplatte im Wasser auskühlen lassen. Herausnehmen, abtrocknen und an einen kühlen, trockenen Ort stellen.

Brombeeren

Jene schwarzen, leckeren, bei groß und klein sehr begehrten Beeren sind die Früchte des Brombeerstrauches.

Er kommt in mehr als hundert verschiedenen Arten vor, aus denen über tausend Kreuzungen hervorgingen. Neuere Züchtungen sind dornenlos und liefern besonders große Früchte.

Neben den Beeren, die zu ausgezeichneten Marmeladen verarbeitet werden, kommen die Blätter, Blütenknospen und jungen Triebe der Pflanze in der Kräuterheilkunde zur Verwendung.

Die Brombeere ist bei Diabetes angezeigt, sie wirkt zusammenziehend, reinigend und tonisierend.

Brombeermarmelade

1 kg Brombeeren; 1 Glas Wasser; 300 g Zucker.

Die Brombeeren kurz in eiskaltem Wasser waschen. Gut abgetropft mit 1 Glas Wasser in einen geschmacksneutralen Topf geben. 20 Minuten kochen und dabei mit einem langstieligen Holzlöffel zerdrücken.

Durch ein feines Sieb streichen und zurück in den Topf geben. Den Zucker zufügen und den Topf wieder auf den Herd stellen. Die Fruchtmasse unter häufigem Rühren stark eindicken lassen. Geben Sie, um die Konsistenz zu überprüfen, einen Klecks auf einen schiefen Teller: Wenn er kaum zerläuft, ist die Marmelade fertig.

Sofort heiß abfüllen. Am folgenden Tag mit passend zurechtgeschnittenem Pergamentpapier, das mit 90prozentigem Weingeist befeuchtet wurde, abdecken und die Gläser verschließen.

Brombeergelee

1 kg Brombeeren; Wasser nach Bedarf; 700 g Zucker pro Liter Saft.

Feste und aromatische, jedoch nicht überreife Beeren verarbeiten. Zügig in kaltem Wasser säubern, abtropfen lassen und in einen Topf geben. Mit Wasser bedecken und kochen, bis sie zerfallen.

Ein Mulltuch über einen hohen Topf legen und die Ecken mit Gewichten beschweren, damit das Tuch gestrafft bleibt. Die Brombeeren daraufgeben und über Nacht abtropfen lassen.

Am nächsten Morgen kräftig ausdrücken, um möglichst den ganzen Saft zu gewinnen. Diesen wiegen und Zucker in der angegebenen Menge zufügen. Bei mittlerer Hitze kochen, bis das Gelee eindickt; dabei gelegentlich umrühren und, falls nötig, abschäumen. Das Gelee ist fertig, sobald ein Tropfen davon, zwischen zwei Fingern zerrieben, Fäden zieht.

Das heiß abgefüllte Gelee mindestens 24 Stunden offen auskühlen lassen. Dann mit einem Stück Pergamentpapier, das mit 90prozentigem Weingeist angefeuchtet wurde, abdecken und die Gläser verschließen.

Frischerhaltene Brombeeren

1 kg Brombeeren; Zucker nach Bedarf.

Die Brombeeren kurz in kaltem Wasser waschen. In ein Tuch einschlagen und behutsam trockentupfen, ohne sie zu zerdrücken; anschließend an der frischen Luft völlig trocknen.

In Einweckgläser füllen und leicht zusammendrücken, damit möglichst keine Zwischenräume bleiben. 2 EL Zucker darüberstreuen und die Gläser verschließen. Die Gläser werden bis zum Rand gefüllt, da die Brombeeren beim Sterilisieren merklich zusammenfallen.

Die in Tücher gewickelten Gläser in einen großen Topf stellen und mit kaltem Wasser bedecken. Erhitzen und nach dem ersten Aufsprudeln 20 Minuten sterilisieren. Vom Herd nehmen und im Wasser erkalten lassen. Am folgenden Tag herausnehmen, abtrocknen und für den Winter beiseite stellen.

Eingemachte Maulbeeren

Maulbeeren, die allerdings immer seltener zu finden sind, lassen sich in der gleichen Weise verarbeiten wie Brombeeren.

Der schwarze Maulbeerbaum, der schon seit Urzeiten in wärmeren Gegenden angepflanzt wird, trägt dunkle, aromatisch süße, brombeerähnliche Früchte. Da diese jedoch sehr leicht verderben, verliert der

Maulbeerbaum zunehmend an Bedeutung. Wenn Sie das Glück haben, Maulbeeren angeboten zu bekommen, so greifen Sie unbedingt zu: Gelee, Marmelade und Saft aus diesen Früchten schmecken ausgezeichnet.

Eine andere Art, der weiße Maulbeerbaum, hat weiße, weniger süße Früchte. Er wird hauptsächlich als Laubfutter für Seidenraupen angepflanzt.

Unsere Großmütter kurierten mit Maulbeermarmelade Halsschmerzen. Es lohnt sich, dieses alte Hausmittel auszuprobieren.

Estragon

Die Heimat des mehrjährigen Strauchgewächses aus der Familie der Korbblütler liegt in den weiten Steppen Sibiriens und Südrußlands. Daß die Pflanze auch den Arabern wohlbekannt war, beweist eine Schrift aus dem 11. Jahrhundert des islamischen Arztes und Philosophen Avicenna, der dem Estragon eine immunisierende Wirkung gegen die Pest zuschrieb.

Nach Europa gelangte die Pflanze durch die einfallenden Mongolen und im Gefolge der Kreuzfahrer, die aus dem Heiligen Land heimkehrten.

Estragon dient zum Würzen vieler verschiedener Speisen. Das frische Kraut paßt unter anderem zu Salaten und diversen Fleischgerichten. Da es die Magensaftproduktion anregt, wird es bei Appetitlosigkeit und Verdauungsstörungen empfohlen. Aufgrund seines pikanten Geschmacks verwendet man es auch gerne zum Abschmecken salzloser Schonkost.

Estragon in Essig

Estragon; Weißweinessig; Salz.

Die Estragonzweige waschen. Genau 2 Minuten in kochendes Wasser tauchen und anschließend sofort kalt abbrausen. Auf einem Tuch ausgebreitet an der frischen Luft trocknen.

Essig unter Zugabe von etwas Salz aufkochen. Nach dem ersten Aufsprudeln vom Herd nehmen und völlig erkalten lassen.

Den Estragon in Gläschen füllen und mit dem Essig übergießen. Verschließen und erst nach 1 Monat öffnen.

Wenn ein Glas aufgebraucht ist, können Sie den pikant aromatisierten Essig zum Abschmecken reizvoller Salate verwerten.

Getrockneter Estragon

Die Zweige auf einem Tuch im Schatten ausbreiten, nachts jedoch ins Haus nehmen. Nach einigen Tagen, wenn das Kraut völlig ausgetrocknet ist, in ein Glasgefäß (möglichst mit Korkverschluß) füllen.

Feigen

Bei den alten Griechen war die Feige der Göttin Ceres geweiht. Auch schützte sie den häuslichen Herd, und man glaubte, sie sei dazu bestimmt, den Menschen bis ans Ende der Welt zu ernähren.

Wild wächst die Feige in felsigen und sonnigen Gebieten des gesamten Mittelmeerraumes, doch sind die kleinen, dornigen Früchte ungenießbar.

Die Kulturform der Feige stammt vermutlich aus Westasien. Schon den Ägyptern bekannt und in der Bibel als eines der Symbole für den Reichtum des Gelobten Landes genannt, zählt die Feige zu den ältesten Früchten. Seit jeher nimmt sie in der Mittelmeerküche eine wichtige Stellung ein.

Feigen sind nahrhaft und gut bekömmlich; neben den Vitaminen A, B und C enthalten sie reichlich Zucker, Proteine, Fette, Phosphor, Kalzium und Spurenelemente.

Die Samen der Feige haben abführende Wirkung.

Feigenmarmelade

Erste Variante

3 kg Feigen; 1 ½ kg Zucker; 1 Glas Wasser; Saft von 1 Zitrone.

Die Feigen so gut wie möglich schälen und in Stücke schneiden. Das Wasser mit dem Zucker in einem großen Topf 5 Minuten kochen. Die Feigen dazugeben und aufkochen. Den Zitronensaft unterrühren und die Marmelade bei milder Hitze kochen, bis sie die gewünschte Konsistenz erreicht: eine kleine Menge, auf einen schief gehaltenen Teller getropft, darf kaum noch fließen.

Die heiße Marmelade in Gläser füllen und unverschlossen erkalten lassen. Mit passend zurechtgeschnittenem und mit 90prozentigem Weingeist angefeuchteten Pergamentpapier abdecken und die Gläser verschließen.

Zweite Variante

1 ½ kg Feigen; ½ kg Zucker; Saft von 1 Zitrone; 1 Gläschen Rum.

Die ungeschälten Feigen einzeln mit einem Tuch abreiben und die Stiele abschneiden.

Die Früchte je nach Größe in zwei oder mehr Stücke teilen. Mit Zucker und Zitronensaft in einen Topf geben und bei milder Hitze aufkochen. Den Vorgang 2 Stunden beziehungsweise so lange fortsetzen, bis die Marmelade die richtige Beschaffenheit angenommen hat. Machen Sie die Gelierprobe: Geben Sie einen kleinen Löffel Marmelade auf einen schräg gehaltenen Teller. Wenn sie kaum noch läuft, ist die Marmelade fertig.

Gleich anschließend durch ein Sieb streichen (so wird die Marmelade feiner) und zur Geschmacksintensivierung den Rum hinzufügen. Völlig abkühlen lassen und dann in die Gläser füllen. Dabei die Gläser wiederholt auf ein mehrmals gefaltetes Tuch klopfen, damit keine Luftblasen bleiben.

Pergamentpapier dem Glasdurchmesser entsprechend zurechtschneiden und mit 90prozentigem Weingeist tränken. Die Marmelade damit abdecken, die Gläser verschließen und an einen kühlen, trockenen Platz stellen.

Kandierte Feigen

1 kg Feigen; 300 g Zucker; ½ Glas Weißweinessig.

Schöne, nicht zu große Feigen auswählen und behutsam schälen.

In einem weiten Topf aus Zucker und Essig einen Sirup bereiten und diesen kochen, bis er dicke Blasen wirft.

Die Feigen in größerem Abstand hineinlegen und, ohne sie zu berühren oder zu wenden, kochen, bis sie ganz mit Zucker überzogen sind.

Abkühlen lassen; sobald sie lauwarm sind, der Zucker aber noch weich ist, einzeln herausnehmen. Auf einer Holz- oder Marmorfläche völlig erkalten lassen.

In einer luftdichten Blechdose oder einem fest verschließbaren Glas aufbewahren.

Dieses Rezept wurde mir freundlicherweise von Frau Graziella Nebiolo aus Portacomaro überlassen.

Gurken

Vermutlich entwickelte sich die heute verbreitete Kulturpflanze aus einer Wildform, die am Fuße des Himalaja wächst.

Im Mittelmeerraum werden Gurken seit mindestens vier Jahrtausenden angepflanzt und sind seit jeher sehr geschätzt, allerdings wohl eher wegen der ihnen zugeschriebenen Heilwirkung als wegen ihres Nährwerts. Denn sie bestehen zu etwa 97% aus Wasser, wobei die restlichen 3% jedoch die Vitamine A und C, Eisen und andere Mineralstoffe enthalten.

Gurken erfrischen und wirken harntreibend, sind aber roh schwer verdaulich.

Essiggürkchen

Kleine Einlegegurken; grobes Salz; 4 Gewürznelken; einige Lorbeerblätter; Weißweinessig.

Gurken annähernd gleicher Größe auswählen, einzeln mit einem Tuch abreiben. 2 Tage an der frischen Luft im Schatten trocknen. Am 3. Tag in ein Gefäß schichten, mit Salz bedecken und 24 Stunden ruhen lassen.

Das Salz abschütteln und die Gurken einzeln mit einem Tuch trockenreiben. Zusammen mit den Gewürzen in Gläser füllen und mit Essig bedecken.

Gürkchen in Salzlake

Einlegegurken; Wasser; Salz; Zucker; Gewürznelken; Lorbeerblätter; Knoblauch; Pfefferkörner.

Etwa gleich große Gurken waschen, gründlich trockenreiben und in Einweckgläser schichten.

1 l Wasser mit ½ kg Salz, 1 Glas Zucker und den angegebenen Gewürzen etwa ½ Stunde lang kochen. Die Gläser mit der warmen Salzlake auffüllen, verschließen und kühl lagern.

Heidelbeeren

Hierbei handelt es sich um Früchte eines Heidekrautgewächses, dessen Wildformen über ganz Europa, Nordasien und Nordamerika verbreitet sind.

Die Pflanze an sich ist nicht besonders auffällig und doch wegen ihrer schwarzblauen, aromatischen und saftigen Beeren weithin bekannt.

Heidelbeeren bilden die Grundlage für Säfte, Gelees und Marmeladen und lassen sich einfrieren, ohne sich dabei auch nur im geringsten zu verändern. In Osteuropa bereitet man aus ihnen sogar einen Likör. Volks- wie auch Schulmedizin empfehlen Heidelbeeren gegen Durchfall.

Ebenfalls wildwachsend ist die selbst in großen Höhen heimische Preiselbeere mit ihren erbsengroßen, scharlachroten Früchten. Diese werden zu Marmelade verarbeitet, die man aufgrund ihres charakteristischen herben Geschmacks bevorzugt zu Wildgerichten reicht. Preiselbeeren enthalten neben Vitamin A und C organische Säuren und Gerbstoffe.

Heidelbeermarmelade

1 kg Heidelbeeren; ½ kg Zucker; Saft und abgeriebene Schale von 1 unbehandelten Zitrone.

Die Heidelbeeren in einer Schüssel mit dem Zitronensaft beträufeln, mit dem Zucker bestreuen und über Nacht ziehen lassen.

Am folgenden Morgen die Zitronenschale dünn abreiben und unter die Beeren ziehen. Den ausgetretenen Saft abgießen und in einem Topf auf kleiner Flamme erhitzen. Einige Minuten sprudelnd kochen, dann die Heidelberen einrühren. Die Marmelade kochend eindicken und gelegentlich abschäumen. Wann der Kochvorgang beendet ist, erkennen Sie daran, daß ein kleiner Löffel Marmelade auf einem schräg gehaltenen Teller kaum noch zerfließt.

Die fertige Marmelade kochendheiß abfüllen und erst am folgenden Tag verschließen. Unmittelbar zuvor in jedes Glas ein passendes Stück Pergamentpapier legen, das mit 90prozentigem Weingeist getränkt wurde.

Heidelbeerkonfitüre

1 kg Heidelbeeren; ½ Glas Wasser; 1 kg Zucker.

Die Heidelbeeren kurz waschen und mit ½ Glas Wasser in einen geschmacksneutralen Topf füllen.

Erhitzen und nach dem ersten Aufwallen ¼ Stunde kochen.

Nun den Zucker gründlich unterziehen und die Konfitüre noch ½ Stunde kochen. Sie ist fertig, wenn ein kleiner Klecks auf einem schräg gehaltenen Teller kaum noch zerläuft.

Die heiße Konfitüre in Gläser füllen. Am folgenden Tag Pergamentpapier im Durchmesser der Gläser zurechtschneiden, in 90prozentigem Weingeist tränken und über die Konfitüre legen. Die Gläser schnell verschließen und wie alle Konserven an einem kühlen, trockenen Ort lagern.

Frischerhaltene Heidelbeeren

Heidelbeeren; Zucker nach Bedarf.

Überreife oder zerdrückte Beeren aussortieren. Die übrigen in kaltem Wasser waschen, an der frischen Luft trocknen und in Einweckgläser füllen. Jedes Glas mit 2 EL Zucker bestreuen und fest verschließen.

Die Gläser in Tücher wickeln, in einen großen Topf stellen und mit kaltem Wasser bedecken. (Wenn das Einkochgut, wie beispielsweise Heidelbeeren, zu leicht ist, kann es vorkommen, daß die Gläser schwimmen. Beschweren Sie sie in diesem Fall mit einem massiven Gegenstand.)

Erhitzen und die Heidelbeeren nach dem ersten Aufwallen des Wassers 20 Minuten kochend sterilisieren. Vom Herd nehmen und die Gläser im Wasser auskühlen lassen.

Anschließend abtrocknen und an einen kühlen, trockenen Platz stellen.

Himbeeren

Der zur selben Gattung wie die Brombeere gehörende Himbeerstrauch ist wildwachsend in den Wäldern der nördlichen gemäßigten Zone heimisch und wird häufig auch in Gärten kultiviert.

Seine süßen, aromatischen Früchte sind seit jeher bei großen und kleinen Naschmäulern äußerst beliebt. Aufgrund ihres Wohlgeschmacks spielen sie auch in der Pharmazie, insbesondere bei Zubereitungen für die kleinen Patienten, eine wichtige Rolle.

Frische Himbeeren besitzen dank ihres Gehaltes an Zucker, Mineralsalzen und Vitamin C eine erfrischende und harntreibende Wirkung.

Himbeermarmelade

Erste Art

2 kg Himbeeren; 2 kg Zucker.

Die Himbeeren, falls erforderlich, kurz in Eiswasser waschen und an der frischen Luft trocknen lassen. In ein Gefäß füllen und mit dem Zucker bestreuen. An einem kühlen Ort über Nacht ziehen lassen.

Am nächsten Tag den Saft abgießen. In einem Topf erhitzen und auf lebhafter Flamme 10 Minuten sprudelnd kochen. Die Himbeeren hinzufügen und das Ganze bei reduzierter Temperatur kochen, bis die Marmelade stark eindickt.

Sie muß schließlich so beschaffen sein, daß ein Klecks davon auf einem schiefgehaltenen Teller kaum zerläuft.

Nötigenfalls abschäumen und kochendheiß in Gläser füllen. Erst am folgenden Tag, wenn sie völlig ausgekühlt ist, verschließen. Zuvor mit passend zurechtgeschnittenem Pergamentpapier, das mit 90prozentigem Weingeist angefeuchtet wurde, abdecken.

Zweite Art

1½ kg Himbeeren; 800 g Zucker pro kg gekochte Frucht; 1 Päckchen Vanillinzucker.

Die Himbeeren kurz in kaltem Wasser waschen und an der Luft trocknen lassen. In einem geschmacksneutralen Topf musig kochen.

Anschließend wiegen und Zucker im angegebenen Mengenverhältnis sowie den Vanillinzucker zufügen. Das Ganze kochen, bis sich eine dickflüssige Marmelade ergibt. Die richtige Konsistenz ist erreicht, wenn ein kleiner Löffel Marmelade, auf einen schräg gehaltenen Teller gegeben, kaum noch fließt.

Heiß in die vorbereiteten Gläser füllen und bis zum nächsten Tag abkühlen lassen. Pergamentpapier in der Größe des Glasdurchmessers zurechtschneiden, mit 90prozentigem Weingeist tränken und über die Marmelade legen. Die Gläser fest verschließen.

Himbeergelee

1 kg Himbeeren; Zucker nach Bedarf.

Die Früchte waschen und an der frischen Luft trocknen. In einen Topf füllen und bei mittlerer Temperatur kochen, bis sie zerfallen; gleichzeitig mit einem Holzlöffel zerdrücken.

Durch ein Tuch seihen und kräftig ausdrücken, damit möglichst kein Saft verlorengeht. Den Saft wiegen und dieselbe Menge Zucker hinzufügen.

Erneut auf den Herd stellen und bei großer Hitze kochen, dabei fleißig rühren und, falls nötig, abschäumen. Zum Überprüfen der Konsistenz einen Tropfen Gelee zwischen zwei Fingern zerreiben: zieht er Fäden, so ist das Gelee fertig.

Kochendheiß abfüllen und vor dem Verschließen völlig erkalten lassen. Zuvor, wie üblich, mit Pergamentpapier abdecken, das dem Glasdurchmesser entsprechend zurechtgeschnitten und mit 90prozentigem Weingeist angefeuchtet wurde. Die Gläser an einen kühlen, trockenen Platz stellen.

Frischerhaltene Himbeeren

Himbeeren; Zucker nach Bedarf.

Die Himbeeren zügig in kaltem Wasser waschen und entstielen; behutsam behandeln, um sie nicht zu zerdrücken. Mit Küchenkrepp trockentupfen und in Einweckgläser füllen, dabei ab und zu 1 EL Zucker darüberstreuen.

Die gefüllten Gläser 3 Stunden an einen kühlen Ort stellen. Sollten sich die Himbeeren in dieser Zeit etwas gesetzt haben, die Gläser erneut bis zum Rand füllen und verschließen.

In Tücher wickeln und in einen großen Topf stellen. Mit kaltem Wasser auffüllen und erhitzen. Ab dem ersten Aufsprudeln 10 Minuten kochend sterilisieren.

Den Topf vom Herd nehmen und die Gläser im Wasser erkalten lassen. Abtrocknen und an einen trockenen, kühlen Ort stellen.

Himbeersirup mit Geist

1 kg Himbeeren; 1 kg Zucker; 1 Päckchen Vanillinzucker; 2 Glas Branntwein.

Die in kaltem Wasser gewaschenen und an der Luft getrockneten Himbeeren in einen geschmacksneutralen Topf füllen. Zucker und Vanillinzucker zufügen und die Himbeeren kochen; gleichzeitig mit einem Holzlöffel zerdrücken, bis sie zerfallen.

Den Kochvorgang beenden, sobald die Mischung stark eindickt: Nehmen Sie zur Probe einen Tropfen zwischen zwei Finger. Zieht er Fäden, so füllen Sie den Sirup unverzüglich in ein Einweckglas und rühren den Branntwein unter.

Sofort verschließen und, in ein Wolltuch eingeschlagen, mindestens 1 Tag ruhen lassen. An den folgenden 4 Tagen das Gefäß gelegentlich schütteln. Nach 2 Wochen kann der Sirup serviert werden.

Himbeersirup mit Wein

600 g reife Himbeeren; 1 l guter, kräftiger Rotwein; 1 kg Zucker.

Die Früchte kurz in kaltem Wasser waschen und an der Luft trocknen lassen. In einer Schüssel mit den Händen zu Brei zerdrücken. Diesen in ein großes Einmachglas füllen und mit dem Wein (z. B. Barbera) übergießen.

Nach 12 Stunden die Mischung durch ein feines Tuch seihen und kräftig ausdrücken, damit keine Flüssigkeit verlorengeht. Diese zusammen mit dem Zucker in einen geschmacksneutralen Topf geben. Bei mäßiger Hitze unter ständigem Rühren kochen.

Den Vorgang 4 Minuten nach dem ersten Aufsprudeln beenden. Den

Sirup sofort abfüllen und die Gefäße fest verschließen. In Wolltücher wickeln und 36 Stunden ruhen lassen. Anschließend kühl und trocken aufbewahren.

An schwülen Sommertagen ist der Sirup, mit Wasser und Eis verdünnt, eine willkommene Erfrischung. Wenn Sie bei der Zubereitung mehr Wasser verwenden, können auch Ihre Kinder ihn genießen.

Himbeerlikör

1½ kg Himbeeren; 1 l Weingeist (90% Vol.); 1 kg Zucker; 1 Glas Wasser.

Die Früchte in einem Einweckglas mit dem Weingeist übergießen und fest verschlossen an einen kühlen, schattigen Platz stellen. 2 Monate ziehen lassen; währenddessen hin und wieder schütteln.

Nach Ablauf dieser Zeit aus Zucker und Wasser einen dicken Sirup bereiten und einige Minuten kochen. Den Herd abschalten und den Sirup völlig erkalten lassen.

Die Himbeeren durch ein Sieb oder Tuch seihen und ausdrücken, um möglichst viel Flüssigkeit zu gewinnen. Den Sirup behutsam unter die Flüssigkeit rühren und den fertigen Likör abfüllen.

Himbeeressig

Erste Art

½ kg Himbeeren; 1 l Essig; Zucker nach Belieben.

Die Himbeeren gründlich zerdrücken und mit dem Essig in ein Einmachglas füllen. Einige Minuten ruhen lassen. Anschließend mit dem Schneebesen energisch durchrühren. Das Glas verschließen und 2 Wochen in die Sonne stellen; über Nacht unbedingt ins Haus nehmen.

Durchseihen, den Himbeeressig nach Geschmack mit Zucker abrunden und in Flaschen füllen. Sorgfältig verschließen, in Tücher wickeln und in einen großen Topf stellen.

Wasser zugießen, erhitzen und den Essig nach dem ersten Aufwallen 1 Stunde kochend sterilisieren. Dann den Herd abschalten und die Flaschen im Wasser erkalten lassen. Abtrocknen und an einen kühlen, trokkenen, möglichst dunklen Platz stellen.

Mit kaltem Wasser verlängert, ergibt Himbeeressig ein durstlöschendes Getränk.

Zweite Art
500 g frischer Himbeersaft; 200 ml Wasser; 800 g Zucker; ½ l Weißweinessig.

Den Zucker in das sprudelnde Wasser einrühren und den Sirup so lange kochen, bis er glasklar wird. Im Topf erkalten lassen.

Unterdessen frische, reife Himbeeren im Mixer pürieren und durchseihen; insgesamt müssen Sie 500 g Saft erhalten.

Essig und Himbeersaft zum kalten Sirup geben und gründlich umrühren. Bei milder Hitze aufkochen und den Vorgang genau 1 Minute nach dem ersten Aufwallen beenden. Den Himbeeressig abfüllen und zukorken. In Wolltücher einschlagen und mindestens 36 Stunden ruhen lassen, bis er völlig ausgekühlt ist.

Wenn Sie 2 bis 3 EL dieses Himbeeressigs in kaltem Wasser verrühren, erhalten Sie ein erfrischendes Getränk mit harntreibender Wirkung, das auch bei Fieber äußerst wohltuend wirkt.

Holunder

Der Holunderbusch, auch als Flieder bekannt, ist fast überall in Europa zu Hause. Man sammelt seine violettschwarzen Beeren, um unter anderem Marmelade oder Saft daraus zu bereiten.

Beim Ernten ist unbedingt darauf zu achten, daß die üppigen Rispen nach unten gebogen sind. Zeigen sie dagegen starr nach oben und sind sie lichter, dann heißt es Hände weg: hierbei handelt es sich um den giftigen Zwergholunder.

Holunderbeeren müssen bei der Verarbeitung auf jeden Fall voll ausgereift sein. Dies ist an der roten Färbung der Stiele und an den dunkel glänzenden Beeren zu erkennen. Unreife, noch rötliche Holunderbeeren reizen die Magen- und Darmschleimhäute.

Holundermarmelade

1 kg Holunderbeeren; 1 Glas Wasser; 600 g Zucker.

Die gründlich gewaschenen Beeren unter Zugabe von 1 Glas Wasser etwa ½ Stunde kochen. Durchpassieren und wieder in den Topf geben. Den Zucker zufügen und erneut kochen; dabei fleißig rühren, damit die Marmelade nicht ansetzt.

Der Kochvorgang ist beendet, sobald ein kleiner Klecks Marmelade, auf einen schräg gehaltenen Teller getropft, kaum noch zerläuft.

Die Marmelade heiß in die vorbereiteten Gläser füllen und mit dem Verschließen bis zum nächsten Tag warten. Zuvor wie üblich mit einem Stück Pergamentpapier abdecken, das Sie in 90prozentigem Weingeist getränkt haben. Mit Wasser und Eis gemixt, ergibt die Marmelade ein erfrischendes Getränk. Holundermarmelade wirkt leicht abführend.

Holundergelee

1 kg Holunderbeeren; 1 Glas Wasser; 1 säuerlicher Apfel (möglichst Renette); 800 g Zucker; Saft von 1 Zitrone.

Die Beeren sorgfältig waschen. Mit 1 Glas Wasser in einen Topf geben und ½ Stunde kochen, dabei gründlich umrühren. Durch ein feines Sieb streichen und den ganzen Saft auffangen.

Den Apfel schälen und in dünne Scheiben schneiden. Mit dem Holundersaft, dem Zucker und dem Zitronensaft in den Topf geben und das Ganze unter Rühren aufkochen. Stark eindicken lassen, so daß ein Tropfen Gelee zwischen zwei Fingern Fäden zieht.

Das fertige Gelee kochendheiß abfüllen und völlig erkalten lassen. In jedes Glas ein passendes Stück Pergamentpapier legen, das mit 90prozentigem Weingeist befeuchtet wurde, und die Gläser fest verschließen.

Holundersirup

1 kg Holunderbeeren; 1 kg Zucker.

Die reifen Beeren gründlich waschen und durch ein Sieb pressen. Den

Saft über Nacht im Kühlschrank ruhen lassen. Filtern, wiegen und mit derselben Menge Zucker süßen.

In einen Topf füllen und bei mittlerer Temperatur erhitzen. Nach dem Aufwallen 40 Minuten kochen. Heiß in Flaschen füllen und unverzüglich zukorken. In Wolltücher einschlagen und an einem ruhigen Standort mindestens 36 Stunden auskühlen lassen.

Pur ist der Sirup ebenso lecker wie mit Wasser und Eis verdünnt. Auch diese Zubereitung besitzt eine leicht abführende Wirkung.

Holunderlikör

600 g sehr reife Holunderbeeren; ¼ kg Zucker; ¼ l Wasser;
1 l Branntwein (60% Vol.).

Die reifen, prallen Beeren (falls nötig) kurz in kaltem Wasser waschen und abstreifen. Auf einem Tuch an der frischen Luft trocknen lassen.

Mit dem Branntwein in ein Einweckglas geben und verschlossen 15 Tage ziehen lassen. Gelegentlich das Glas schütteln.

Nach Ablauf dieser Zeit das Wasser in einem Topf auf kleiner Flamme erhitzen. Sobald es aufsprudelt, den Zucker hineinschütten und verrühren; den Sirup 3 Minuten kochen.

Heiß zu den Holunderbeeren gießen, energisch umrühren und das Glas wieder verschließen. Weitere 10 Tage ruhen lassen.

Den Inhalt durch ein feines Sieb gießen und die Flüssigkeit in ein sauberes Einweckglas laufen lassen. Bis zum nächsten Tag verschließen, dann durch ein feines Tuch filtern und in Flaschen füllen. Endgültig verschließen und den Likör 1 Monat reifen lassen.

Getrocknete Holunderblüten

Der Holunder ist eine äußerst nützliche und vielseitig verwertbare Pflanze: Die Beeren ergeben eine ausgezeichnete Marmelade, die Rinde wird in der Pharmazie verwendet, aus den frischen fritierten Blüten läßt sich eine lek-kere Mahlzeit bereiten und mit den getrockneten Blüten schließlich ein äußerst bekömmlicher Tee aufbrühen.

Die Holunderblüten mit der Schere abschneiden und im Schatten trocknen; über Nacht ins Haus nehmen. Nach einigen Tagen, wenn sie absolut trocken sind, in dunkle Gläser füllen, die im Idealfall einen Korkverschluß aufweisen sollten. Insbesondere bei Erkältungen gilt Holundertee, mit Rohrzucker oder Honig gesüßt, als bewährtes Hausmittel.

Wenn Sie sich nach einem Winterspaziergang oder Regenguß innerlich aufwärmen möchten, runden sie den Tee mit 1 EL Weinbrand oder Cognac ab.

Johannisbeeren

Der aus Wildformen gezüchtete Johannisbeerstrauch trägt je nach Art rote, weiße oder schwarze glänzende Beeren, die kleine Trauben bilden.

Dabei zeichnen sich die schwarzen Beeren des in feuchten Laubwäldern noch heute wildwachsenden Johannisbeerstrauchs durch einen charakteristischen strengwürzigen Geschmack aus, während die weißen Beeren den mildesten Geschmack und das schwächste Aroma besitzen.

Johannisbeeren sind für Diabetiker sehr geeignet, da sie extrem wenig Zucker enthalten. Ob frisch oder konserviert genossen, zeichnen sie sich durch eine äußerst beruhigende Wirkung aus. Außerdem regen sie den Appetit und die Verdauung an, entwässern und sind reich an Vitamin C.

Johannisbeergelee

Erste Art

Johannisbeeren; Zucker.

Johannisbeergelee ist von allen Gelees am schnellsten zubereitet, denn diese Früchte enthalten im allgemeinen viel Pektin, einen pflanzlichen Gelierstoff, der den Saft binnen kurzer Zeit zum Erstarren bringt.

Für das hier in zwei Varianten vorgestellte Rezept können Sie nach Belieben schwarze, rote oder weiße Johannisbeeren verwenden.

Die Johannisbeeren kurz waschen und an der frischen Luft trocknen. Von den Stielen streifen und unter Zugabe derselben Menge Zucker aufsetzen. Auf ziemlich lebhafter Flamme kochen, dabei häufig umrühren und abschäumen.

Sobald ein kleiner Löffel Gelee, auf einen schräggehaltenen Teller getropft, kaum noch zerfließt, ist das Gelee fertig.

Durchseihen und dabei unmittelbar in die Gläser laufen lassen. Frühestens nach 24 Stunden verschließen und zuvor die Oberfläche wie gewohnt mit Pergamentpapier abdecken, das passend ausgeschnitten und in 90prozentigem Weingeist getränkt wurde. Die Gläser an einen kühlen, trockenen Platz stellen.

Zweite Art
Johannisbeersaft; Zucker.

Die in kaltem Wasser gespülten Johannisbeeren an der frischen Luft trocknen. Von den Stielen befreien und in den Elektroentsafter geben. (Wenn Sie nicht über ein solches Gerät verfügen, so gewinnen Sie den Saft folgendermaßen: Ein dicht gewebtes Tuch anfeuchten, eine Portion Johannisbeeren in die Mitte geben, das Tuch zusammenschlagen und kräftig drehen, bis der ganze Saft aus den Früchten gepreßt ist. Auf diese Weise fortfahren, bis alle Beeren verarbeitet sind.)

Den Saft wiegen und mit derselben Menge Zucker in einen geschmacksneutralen Topf geben. Auf ziemlich lebhafter Flamme unter Rühren aufkochen und, wenn nötig, abschäumen.

Nach etwa 20minütiger Kochzeit ist das Gelee fertig. Machen Sie die Gelierprobe (indem Sie einen Klecks auf einen Teller geben oder einen Tropfen zwischen den Fingern zerreiben).

Nach Beendigung des Kochvorgangs das Gelee sofort abfüllen. Erst wenn es völlig ausgekühlt ist, mit einem in 90prozentigem Weingeist getränkten Stück Pergamentpapier abdecken und verschließen. An einem kühlen Ort aufbewahren.

Gelee von weißen Johannisbeeren

Weiße Johannisbeeren; Zucker.

Die Beeren rasch in kaltem Wasser waschen und, nachdem sie an der Luft völlig getrocknet sind, sorgfältig von den Stielen streifen. Eine Handvoll Beeren beiseite legen, den Rest auspressen, so daß möglichst kein Saft verlorengeht.

Den Saft wiegen und mit derselben Zuckermenge in einem Topf aufsetzen. Auf lebhafter Flamme unter Rühren kochen und gelegentlich abschäumen. Den Kochvorgang beenden, sobald der eingetauchte Holzlöffel beim Herausziehen mit einer Geleeschicht überzogen ist. Nun die ganzen Beeren unterrühren und kurz mitkochen.

Das Gelee unverzüglich in nicht zu große Gläser füllen und offen mindestens 24 Stunden erkalten lassen. Pergamentpapier in der Größe des Glasdurchmessers ausschneiden, mit 90prozentigem Weingeist anfeuchten und das Gelee damit bedecken. Die Gläser sofort verschließen.

Wenn Sie genau die Anleitung befolgt haben, sieht es so aus, als schwebten die ganzen Beeren in den Gläsern. Diese Zubereitung ist nicht nur äußerst dekorativ, sondern schmeckt auch vorzüglich.

Leider sind weiße Johannisbeeren nicht sehr verbreitet, doch wenn Sie ein wenig auf dem Markt suchen oder Freunde auf dem Land besuchen, finden Sie sie bestimmt.

Johannisbeersirup

3 kg Johannisbeeren; Saft von 1 Zitrone; 2,6 kg Zucker.

Frische, vollreife Johannisbeeren waschen und in einen geschmacksneutralen Topf (z. B. aus Steingut) geben. Mit den Händen zerdrücken und die Früchte 4 Tage an einem kühlen Ort gären lassen. Sobald der Gärprozeß einsetzt, die an die Oberfläche steigenden Beeren mit Hilfe einer Schaumkelle nach unten drücken; dies zweimal täglich. Am 5. Tag die Früchte portionsweise durch ein Tuch seihen und kräftig ausdrücken, so daß der ganze Saft austritt.

Nun den Saft durch einen Papierfilter gießen, den Zitronensaft zufügen und die Mischung auf lebhafter Flamme erhitzen. Sobald sie aufwallt, den Zucker hineinschütten und den Kochvorgang bei mittlerer Temperatur unter Rühren fortsetzen, bis der Saft eindickt.

Den Sirup erkalten lassen, in Flaschen füllen und zukorken. An einem kühlen, trockenen Ort aufbewahren.

Dieser Sirup läßt sich nach Belieben aus schwarzen, weißen oder roten Johannisbeeren herstellen.

Johannisbeergrappa

½ kg Johannisbeeren; 1 l Grappa (75% Vol.); ¼ l Wasser; ¼ kg Zucker.

Für diesen Likör können Sie ganz nach Geschmack schwarze, rote oder weiße Beeren verwenden, auch beliebig gemischt.

Die gesäuberten Beeren mit dem Grappa in ein Einmachglas geben und verschlossen 10 Tage ziehen lassen.

Das Wasser aufkochen, den Zucker darin verrühren und den Sirup einige Minuten sprudelnd kochen. Heiß über die Früchte und den Alkohol gießen.

Weitere 10 Tage ziehen lassen. Durch ein Tuch seihen und die Früchte kräftig ausdrücken. Den Likör ein paar Tage ruhen lassen, damit er sich setzt. Danach in Flaschen füllen und zukorken. Nach 40 Tagen kann der Likör serviert werden.

Kaktusfeigen

Wie die gewöhnlichen Feigen lassen sich auch Kaktusfeigen für den Winter konservieren. Zu diesem Zweck entfernt man mit einem sehr scharfen Messer zuerst die Stacheln und schält die Früchte. Danach werden sie zunächst einige Tage auf Rosten ausgebreitet und anschließend auf dünne Bambusstöcke gespießt, bis sie vollends getrocknet sind. In manchen Gegenden Siziliens bereitet man aus Kaktusfeigen ein delikates Gebäck, das in der heißen sizilianischen Sonne getrocknet wird. Sollten Sie also Ihre Ferien einmal dort verbringen, probieren Sie unbedingt diese köstliche Spezialität!

Kaktusfeigen nature

Kaktusfeigen; Wasser nach Bedarf; Zucker (½ kg pro Liter).

Bewaffnen Sie sich mit dicken Handschuhen und befreien Sie die Früchte von Stacheln und Schalen.

Anschließend Wasser erhitzen und, sobald es aufsprudelt, die Früchte 5 Minuten darin kochen. Mit dem Schaumlöffel herausheben, gut abtropfen lassen und zum Trocknen auf ein Tuch legen.

Aus dem Kochwasser unter Zugabe von ½ kg Zucker pro Liter einen Sirup bereiten. Bei milder Hitze 5 Minuten kochen und erkalten lassen. Die Kaktusfeigen in ein Einweckglas schichten und den Sirup durch ein feines Sieb darübergießen, so daß die Früchte ganz bedeckt sind. Das Glas verschließen, in ein Tuch wickeln und in einen Topf stellen. Mit Wasser auffüllen und erhitzen. Nach dem Aufsprudeln ¼ Stunde sterilisieren. Vom Herd nehmen und im Wasser völlig erkalten lassen. Herausnehmen, abtrocknen und an einen kühlen, trockenen Platz stellen.

Als ganze Früchte zum Abschluß einer Mahlzeit sind Kaktusfeigen ebenso schmackhaft wie in einem Obstsalat, als Grundlage für Sorbet und Eis oder als Tortenfüllung.

Kamille

In der Natur trifft man auf die verschiedensten Kamillearten. Die echte Kamille, die auf Wiesen und Feldern wächst und somit einfach zu sammeln ist, verfügt über die stärksten Heilkräfte. Sie wirkt krampflösend, beruhigend und verdauungsfördernd. Kamille erweist sich in zahlreichen Fällen als hilfreich und kann als Tee ebenso verwendet werden wie als Tinktur oder Likör, als Packung für ermüdete Augen, ja selbst zum Aufhellen der Haare.

Kamillenlikör

800 g Kamillenblüten; 400 ml Weingeist (90% Vol.); 200 ml Wasser; 200 g Zucker.

Die Kamillenblüten in einem Einmachglas mit dem Weingeist übergießen. Verschließen und etwa 40 Tage ziehen lassen; nach Möglichkeit in die Sonne stellen und unbedingt mindestens einmal täglich schütteln.

Nach Ablauf der Zeit den Alkohol filtern, wobei keine festen Partikel mehr enthalten sein dürfen. Aus Wasser und Zucker einen Sirup bereiten; ein paar Minuten kochen und anschließend völlig erkalten lassen.

Den Sirup zum Alkohol gießen und umrühren. Am folgenden Tag erneut durch Filterpapier gießen und in Flaschen füllen. Fest zukorken und noch einige Wochen ruhen lassen.

Kamillenwein

100 g frisch getrocknete Kamillenblüten; 1 l guter trockener Weißwein.

Die Kamillenblüten mit dem Wein in ein dichtes Glas füllen. Verschließen und während der nächsten 15 Tage zweimal täglich schütteln. Am 16. Tag durch ein feines Tuch seihen und die Blüten kräftig ausdrücken. Durch Filterpapier gießen und in eine – möglichst dunkle – Flasche füllen.

Kamillenwein zeichnet sich durch verdauungsfördernde Wirkung aus.

Getrocknete Kamille

Bringen Sie sich doch von Ihrem nächsten Spaziergang auf dem Land einen Strauß Kamille mit, der Sie fast überall auf Wiesen und Feldern begegnen werden. Nur sammeln Sie sie nicht unmittelbar am Straßenrand!

Schneiden Sie die Blütenkörbchen ab, so daß nichts mehr von Blättern und Stengeln zu sehen ist. Breiten Sie die Blüten bis zur völligen Trocknung auf einem Tuch im Schatten aus (und holen Sie sie über Nacht ins Haus).

Am besten bewahren Sie getrocknete Kamillenblüten in einem dunklen Glas mit Korkverschluß auf: sie schmecken Ihnen vielleicht besser als die gekauften.

Sauerkirschen

Sämtliche Kirschsorten, ob gelb, rot oder schwarz, süß oder sauer, wurden durch gezielte Kreuzung gezüchtet und stammen ausnahmslos von der Wildkirsche ab.

Da allen Sorten ein geringer Zuckergehalt und zugleich ein hoher Vitamin- und Gerbstoffanteil gemeinsam ist, sind auch ihre Verwendungsmöglichkeiten dieselben.

Den Stielen wird eine stark harntreibende Wirkung zugeschrieben; der Genuß der Früchte wird Rheumapatienten sowie Kindern und Heranwachsenden empfohlen.

Sauerkirschkonfitüre

1 kg Sauerkirschen; 1 kg Zucker.

Das Rezept erfordert makellose, vollreife und feste Früchte.

Die Kirschen waschen und sorgfältig trockentupfen. Entsteinen und in eine Schüssel füllen; den bei der Verarbeitung austretenden Saft in der Schüssel auffangen. Die Kirschen mit 400 g Zucker bestreuen und zugedeckt 24 Stunden ziehen lassen.

In einen Topf umfüllen und auf niedrigster Stufe aufkochen. Nach 20 Minuten den Topf vom Herd ziehen und den restlichen Zucker gründlich unterziehen. Erneut aufwallen lassen und unter ständigem Rühren 45 Minuten kochen. Heiß in die Gläser füllen und fest verschließen. In Wolltücher eingewickelt 36 Stunden auskühlen lassen, erst dann in der Vorratskammer verwahren.

Sauerkirschen in Branntwein

1 kg Sauerkirschen; 250 g Zucker; Branntwein (45% Vol.) nach Bedarf.

Für diese Zubereitung benötigen Sie nicht zu reife Früchte.

Die Kirschen einzeln mit einem feuchten Tuch abreiben und die Stiele 1 cm oberhalb des Ansatzes mit einer Schere abschneiden.

Die Früchte in Einweckgläser schichten, jede Lage mit Zucker bestreuen. Die Gläser bis 2 cm unterhalb des Randes füllen und soviel Branntwein zugießen, bis die Früchte völlig bedeckt sind. Fest verschließen und vor dem Genuß mindestens 2 Monate ziehen lassen.

Sauerkirschlikör

1 kg reife Sauerkirschen; 4 l Weingeist (90% Vol.); 1 kg Zucker.

Die Kirschen sorgfältig waschen und trockentupfen, anschließend 1 Stunde in die Sonne legen. Über einer großen Schüssel entsteinen. Saft und Kirschen in ein großes Einweckglas füllen, mit dem Weingeist übergießen und das Glas fest verschließen.

Die Steine aufbrechen und die kleinen Kerne herausnehmen. Häuten, feinhacken und zu den Kirschen geben.

Das Glas einige Tage in die Sonne stellen, nachts aber ins Haus holen. Anschließend an einem kühlen, trockenen Ort 1 Monat ruhen lassen.

Abseihen und die Flüssigkeit filtern. Den Zucker zufügen und verrühren, bis er sich gelöst hat. Den Likör weitere 10 Tage ruhen lassen und anschließend abfüllen, ohne den Bodensatz aufzuwirbeln.

Dieser Likör ist ohne weitere Reifung sofort genießbar.

Sauerkirschsirup

1 kg Sauerkirschen; Zucker nach Bedarf; Weingeist (90% Vol.).

Verwenden Sie für diese Zubereitung nur schöne, vollreife Kirschen.

Waschen, trockenreiben und mit Hilfe des Mixers oder Elektroentsafters entsaften. Den Saft bei milder Hitze aufkochen; nach 20 Minuten vom Herd nehmen.

Den Saft wiegen und pro ½ kg 400 g Zucker zufügen. Gut umrühren und erneut auf den Herd stellen. Nach dem Aufsprudeln ½ Stunde kochen.

Im Topf erkalten lassen. Abfüllen und zum Abschluß in jede Flasche 1 TL hochprozentigen Weingeist geben. Zukorken und kühl lagern.

Sauerkirschsirup paßt vorzüglich zu Süßspeisen und Eisbechern, er rundet Schlagsahne geschmacklich ab und ergibt, mit Wasser und Eis gemixt, ein erfrischendes Getränk.

Alkoholischer Kirschblattsirup

Etwa 100 Blätter des Sauerkirschbaumes; 1 l kräftiger Rotwein (z. B. Barbera); 1 kg Zucker; 10 g Zitronensäure (in der Apotheke erhältlich).

Die Blätter waschen und einzeln trockenreiben. Mit dem Wein in ein Gefäß geben und 2 Tage ziehen lassen.

Den Wein filtern und zusammen mit der Zitronensäure und dem Zukker erhitzen. Den Kochvorgang nach dem ersten leisen Aufsprudeln noch mindestens ¼ Stunde fortsetzen. Im Topf auskühlen lassen, in Flaschen füllen und fest zukorken.

Zum Aromatisieren von Torten ist dieser Sirup ebenso zu verwenden wie als Grundlage für ein ausgezeichnetes Getränk, das mit Wasser und Eis aufgegossen wird.

Das Rezept stammt von Frau Flore Pontiglione, Mailand

Süßkirschen

Die hübschen weißen Blüten werden, da sie sehr ergiebig sind, gerne von Bienen aufgesucht. Aus den kleinen, schmackhaften braunen Wildkirschen bereitet man Gelees, Marmeladen und nicht zuletzt den berühmten Kirschgeist, der nicht nur als Getränk, sondern auch als Backzutat sehr beliebt ist. In der Kräutermedizin werden auch Rinde, Blüten, Blätter und sogar die Stiele mit ihrer stark harntreibenden Wirkung gern verwendet.

Kirschgelee

Kirschen; Äpfel (möglichst Renetten); Zucker.

Makellose, vollreife Kirschen waschen, trockentupfen, entsteinen und im Mixer pürieren. Den Saft abseihen, wiegen und zugedeckt kühlstellen.

Die Äpfel schälen, vom Kerngehäuse befreien und in dünne Scheiben schneiden. Bei niedrigster Temperatur kochen, bis sie völlig zerfallen; kräftig umrühren und lauwarm abkühlen lassen. Das Apfelmus ebenfalls wiegen.

Den Kirschsaft in einen Topf geben und soviel Apfelmus hinzufügen, wie einem Drittel der Kirschsaftmenge entspricht. Pro kg Fruchtmischung 1 kg Zucker zufügen. Alles bei milder Hitze kochen und gelegentlich abschäumen. Sobald das Gelee stark eindickt und sich klärt, wird es heiß in die Gläser gefüllt. Am folgenden Tag Pergamentpapier entsprechend dem Glasdurchmesser zurechtschneiden, mit 90prozentigem Weingeist tränken und auf das Gelee legen. Die Gläser verschließen und an einen kühlen, trockenen Platz stellen.

Kirschmarmelade

2 kg Kirschen; Zucker (800 g pro kg gekochten Früchten).

Die Kirschen waschen, trockenreiben, entstielen und entsteinen. Mit dem ausgetretenen Saft in einen Topf füllen und erhitzen. Nach dem Aufwallen noch ½ Stunde kochen.

Anschließend wiegen und Zucker in der angegebenen Menge zufügen. Erneut etwa 1 Stunde kochen. Die Gelierprobe machen: wenn ein kleiner Klecks Marmelade auf einem schief gehaltenen Teller kaum noch läuft, ist sie fertig. In die Gläser füllen, am folgenden Tag mit passend ausgeschnittenem und in 90prozentigem Weingeist getränkten Pergamentpapier abdecken und die Gläser verschließen.

Kirschkonfitüre

2½ kg entsteinte Kirschen; 2½ kg Zucker; gut 600 ml Wasser (entspr. ¼ l Wasser pro kg Zucker).

Makellose, vollreife Kirschen entsteinen und den Saft dabei auffangen.

Zucker und Wasser in einem großen Topf bei milder Hitze zu Sirup verkochen. Umrühren und, wenn der Sirup eingedickt ist, die Kirschen mit dem Saft zufügen. So lange kochen, bis sie ein leicht glasiges Aussehen annehmen.

Die Kirschen mit einem Schaumlöffel herausnehmen, abtropfen lassen und die Gläser zu drei Vierteln damit füllen. Inzwischen den Sirup weitere 10 Minuten kochen. Die Gläser damit auffüllen und die Konfitüre bis zum folgenden Tag auskühlen lassen. Vor dem Verschließen mit Pergamentpapier in der Größe des Glasdurchmessers abdecken, das zuvor mit 90prozentigem Weingeist angefeuchtet wurde.

Frischerhaltene Kirschen

Kirschen; Zucker.

Schöne, voll ausgereifte und makellose Früchte auswählen.

Die Kirschen einzeln mit einem leicht angefeuchteten Tuch abreiben und entstielen. In Einweckgläser schichten, so daß möglichst wenig Zwischenraum bleibt, und die Gläser bis zum Rand füllen, da die Früchte noch zusammenfallen. Jeweils 1 gehäuften EL Zucker in den Gläsern verteilen.

Die Gläser dicht verschließen, in Tücher wickeln und in den Einmachtopf stellen. Kaltes Wasser zugießen und zugedeckt erhitzen. Den Kochvorgang nach dem ersten Aufsprudeln noch ½ Stunde fortsetzen, anschließend den Herd abschalten und die Gläser im Wasser abkühlen lassen. Herausnehmen, abtrocknen und einlagern.

Kirschen in Sirup

Kirschen; Wasser; Zucker.

Verwenden Sie nur schöne, feste, einwandfreie und vollreife Kirschen.

Die Früchte mit einem leicht angefeuchteten Tuch abreiben und die Stiele etwas oberhalb des Ansatzes abschneiden. Die vorbereiteten Einweckgläser so mit den Kirschen füllen, daß möglichst wenig Zwischenraum bleibt.

Aus Wasser und Zucker (pro Liter 700 g Zucker) einen Sirup bereiten: Das Wasser zum Kochen bringen und sodann den Zucker hineinschütten; 5 Minuten unter Rühren kochen. Den Herd abschalten und den Sirup völlig erkalten lassen.

Den Sirup bis 2 cm unterhalb des Randes über die Kirschen gießen. Die Gläser verschließen, in Tücher wickeln und, bis zum Hals in Wasser stehend, in den Sterilisationstopf stellen. Erhitzen und ½ Stunde, gerechnet ab dem Beginn des Vorgangs, kochen.

Den Topf vom Herd nehmen und die Gläser im Wasser auskühlen lassen. Die Gläser abtrocknen, kühl und trocken lagern.

Aromatisches Kirschkompott

2 kg Kirschen (möglichst Maraskakirschen); 1 Vanilleschote; 1 Stück Stangenzimt; 2 kg Zucker.

Am besten gelingt dieses Rezept mit Maraskakirschen oder Weichseln, doch können Sie auch normale Kirschen verwenden. Die Früchte gründlich waschen, entstielen und 1 Tag der Sonne aussetzen.

Mit Zimt und Vanille in einem großen Topf kochen. Sobald sich etwas Saft bildet, nach und nach den Zucker unterrühren. Den Kochvorgang fortsetzen, bis die Kirschen dunkel und runzlig werden und sich ein ziemlich dickflüssiger Sirup bildet.

Ausgezeichnet mit Sahne, zu Eis oder als Füllung für Torten.

Kirschen in Weingeist

Kirschen; Gewürznelken; Stangenzimt; Zucker; Weingeist (90% Vol.).

Für diese Zubereitung eignet sich am besten die große, festfleischige Sorte, wobei die Früchte makellos und voll ausgereift sein sollten.

Behutsam einzeln mit einem feuchten Lappen abreiben, ohne die Kirschen dabei zu drücken. Die Stiele 1 cm oberhalb des Ansatzes abschneiden. Die Kirschen auf einem Tuch ausbreiten und 1 Tag lang in die Sonne legen.

Anschließend in hermetisch verschließbare Gläser füllen und jeweils mit 2 Gewürznelken, einem Stückchen Zimt und 2 EL Zucker geschmacklich abrunden. Vollständig mit Weingeist übergießen und die Gläser dicht verschließen. Mindestens 2 Monate – auch ein wenig länger, wenn Sie sich gedulden können – ruhen lassen.

Kirschen in Weinbrand

Kirschen; Zucker; Gewürznelken; Stangenzimt; Weinbrand (45% Vol.).

Schöne, festfleischige und nicht überreife Kirschen verwenden. Einzeln mit einem leicht angefeuchteten Lappen abreiben und die Stiele 1 cm oberhalb des Ansatzes abschneiden.

Die Kirschen in Einweckgläser schichten und die einzelnen Lagen mit Zucker bestreuen. In jedes Glas 2 Gewürznelken und ein Stückchen Zimt geben. Mit Weinbrand übergießen, so daß die Früchte völlig bedeckt sind, und verschließen.

Vor dem Genuß mindestens 2 Monate ziehen lassen.

Cherry Brandy

Erste Art

Kirschen für 1 l Saft; 1 Tasse Wasser; ½ kg Zucker; 2 Tropfen Zitronenaroma; 1 l Weingeist (90% Vol.).

Kirschen sorgfältig waschen, entsteinen und in den Elektroentsafter geben bzw. im Mixer pürieren und entsaften.

Das Wasser aufkochen und beim ersten Aufsprudeln den Zucker unter Rühren darin auflösen.

Unverzüglich den Kirschsaft und das Zitronenaroma einrühren. Zum Schluß den Weingeist hinzufügen und erneut umrühren. In Flaschen füllen und fest zukorken. Nach 2 Monaten können Sie den Likör genießen.

Zweite Art

2 kg Kirschen; 1 kg Zucker; Weingeist (90% Vol.) nach Bedarf.

Tadellose und vollreife Kirschen auswählen und diese einzeln abreiben. Die Hälfte mit Hilfe eines Kirschentkerners entsteinen.

Die ganzen sowie die entsteinten Früchte samt dem ausgetretenen Saft in ein großes, dicht verschließbares Gefäß geben. Mit Hilfe eines langstieligen Holzlöffels die Hälfte des Zuckers unterrühren, die andere Hälfte darüberstreuen.

Das Gefäß fest verschließen und 2 Tage in die Sonne stellen. Anschließend an einen kühlen, dunklen Ort stellen und 6 Monate lang vergessen. Nach Ablauf dieser Zeit den Inhalt durch ein feines Sieb gießen und den Saft in einem Gefäß auffangen. Den Weingeist gründlich unterrühren und den Likör fest verschlossen einige Tage ruhen lassen. In Flaschen füllen und zukorken – Ihr Cherry Brandy ist fertig, und der Beifall ist ihm gewiß.

Kirschen-Ratafia

1 kg Kirschen; 2 l Branntwein; ½ l Weingeist (90% Vol.); 3 dl Wasser; 800 g Zucker.

Nur einwandfreie und vollreife Früchte verarbeiten. Zwei Einweckgläser – ein großes für die Kirschen und ein kleines für die Kerne – vorbereiten.

Die Kirschen entsteinen und mit dem Branntwein in das vorgesehene Glas füllen. Fest verschließen und 30 Tage lang in die Sonne stellen.

Die Hälfte der Kirschkerne zerstoßen, im zweiten Glas mit dem Weingeist übergießen und ebenfalls 30 Tage lang der Sonne aussetzen. Vergessen Sie nicht, beide Gläser über Nacht ins Haus zu holen und gelegentlich zu schütteln.

Nach Ablauf des Monats das Wasser bei niedriger Temperatur erhitzen und den Zucker verrühren. Den Sirup einige Minuten kochen und dann auf der abgeschalteten Herdplatte völlig erkalten lassen.

Den Inhalt beider Gläser durchseihen und die Flüssigkeiten zusammen in ein großes Gefäß gießen. Den kalten Sirup gründlich unterrühren.

Die Mischung 2 Tage ruhen lassen. Anschließend in Flaschen füllen, fest zukorken und vor der Verwendung einige Monate ziehen lassen.

Wildkirschen-Ratafia

1 kg Wildkirschen; 3 l Weinbrand; 2 kg Zucker.

Die Kirschen entstielen (aber nicht entsteinen), einzeln mit einem Tuch abreiben und behutsam mürbe klopfen. Unentsteint in ein großes Einmachglas füllen und mit dem Weinbrand übergießen. Verschließen und 2 Monate ziehen lassen.

Danach durch ein feines Sieb gießen. Den Zucker in die Flüssigkeit einrühren und den Ratafia 2 Tage ruhen lassen.

Anschließend abfüllen und gut zukorken. Den Likör, der auch zum Abschluß einer Mahlzeit gute Dienste leistet, vor dem Genuß 1 Woche ruhen lassen.

Kirschen in Essig

1 kg Kirschen; ½ l Weißweinessig; 150 g Zucker.

Die Menge festfleischiger, makelloser Kirschen mit einem Tuch einzeln abreiben. Die Stiele ½ cm oberhalb des Ansatzes abschneiden.

Die Kirschen in ein Gefäß mit Korkverschluß füllen. Den Essig mit dem Zucker erhitzen. Nach dem Aufwallen 4 Minuten kochen und anschließend vollständig erkalten lassen.

Über die Kirschen gießen, so daß sie ganz bedeckt sind. Einige Tage unverschlossen ziehen lassen, anschließend fest zukorken.

Vor dem Verzehr mindestens 1 Monat ruhen lassen. Kirschen in Essig schmecken, wie alles sauer Eingelegte, vorzüglich zu gekochtem Fleisch oder Roastbeef.

Kirschsirup

Kirschen; Zucker.

Die verwendeten Kirschen müssen süß, reif und in makellosem Zustand sein.

Waschen, trockentupfen, entstielen und entsteinen. Im Mixer pürieren und entsaften oder in den Elektroentsafter geben.

Den Saft filtern, bei niedriger Temperatur erhitzen und etwa 20 Minuten unter Rühren kochen. Den Herd abschalten und die Flüssigkeit wiegen.

Den Saft wieder in den Topf geben und pro kg 800 g Zucker zufügen. Gründlich umrühren, erneut aufwallen lassen und noch etwa 20 Minuten kochen, das heißt so lange, bis der Saft sirupartig eindickt. Heiß abfüllen und rasch verschließen.

Die Flaschen in Wolltücher wickeln und mindestens 36 Stunden ungestört an einem nicht zugigen Ort ruhen lassen. Erst dann in die Vorratskammer stellen.

Kirschsirup wird zum Aromatisieren von Torten verwendet, paßt auch gut zu Eis und ergibt, mit Wasser und Eis verdünnt, ein erfrischendes Getränk.

Kornellen

Dies sind die Früchte des hochwachsenden gelben Hornstrauchs, der im Vorderen Orient und in den wärmeren Gebieten Europas heimisch ist. Mit seinen hübschen hellgelben Blütendolden ziert er im Frühjahr die Wälder und Ufer der Poebene bis hoch ins Tessin. Im August sind die scharlach- bis kirschroten, süßsäuerlichen Steinfrüchte erntereif.

Kornellen besitzen einen hohen Anteil an Vitamin C und Alkaloiden.

Man bereitet aus ihnen eine ausgezeichnete Marmelade mit appetitanregender Wirkung.

Auch das harte, zähe Holz des gelben Hornstrauchs wird sehr geschätzt.

Kornellenmarmelade

1 kg Kornellen; 1 Glas Wasser; 1 Apfel; ¾ kg Zucker.

Die Kornellen gründlich waschen und bei milder Hitze mit dem Wasser kochen. Immer wieder umrühren und etwa 20 Minuten nach dem ersten Aufwallen vom Herd ziehen.

Durchpassieren und das Püree wieder in den Topf geben. Den Apfel schälen, vom Kerngehäuse befreien und in sehr feine Scheiben schneiden. Zusammen mit dem Zucker zum Fruchtpüree geben.

Gründlich umrühren und die Marmelade erneut so lange kochen, bis ein kleiner Klecks, auf einen schräg gehaltenen Teller gegeben, kaum noch fließt.

Heiß abfüllen, aber erst am folgenden Tag verschließen; zuvor mit passend zurechtgeschnittenem und in 90prozentigem Weingeist getränkten Pergamentpapier abdecken.

Wie alle Zubereitungen aus Wildfrüchten ist auch Kornellenmarmelade eine delikate Beilage zu gekochtem Fleisch und Wild.

Lorbeer

Lorbeer ist im gesamten Mittelmeerraum verbreitet und seit undenklichen Zeiten wegen seines dekorativen Aussehens und seiner würzenden Eigenschaften bekannt. Nachdem er aus Kleinasien nach Europa gelangt war, erwarb er sich bei den alten Griechen größte Beliebtheit: sie widmeten ihn dem Apollo und ehrten mit seinen Zweigen ihre Athleten.

Zahlreiche Dichter ließen sich von dem immergrünen Baumstrauch inspirieren, und noch heute verwendet die Heraldik Kränze aus Lorbeer und Eichenlaub.

Neben ihrer würzenden Wirkung besitzen Lorbeerblätter auch anregende, antiseptische und verdauungsfördernde Eigenschaften. Aus den Beeren gewinnt man ein Massageöl, das Gelenkschmerzen lindert.

Getrocknete Lorbeerblätter

Zahlreiche Gerichte werden erst durch Lorbeer vollendet abgerundet. Wenn Sie also irgendwo Lorbeerzweige bekommen können, so lassen Sie sich die Gelegenheit nicht entgehen, die Blätter für den Winter zu trocknen.

Reiben Sie die Blätter einzeln mit einem feuchten Tuch ab. Lassen Sie sie, auf einem Tuch ausgebreitet, im Schatten völlig trocknen (und nehmen Sie sie nachts auf jeden Fall ins Haus, damit der Trocknungsvorgang durch die Feuchtigkeit nicht beeinträchtigt wird).

Die Blätter werden in einem Glas aufbewahrt, das möglichst lichtundurchlässig und mit einem Korken verschlossen sein sollte.

Lorbeer ist eine ideale Ergänzung zu Braten, gegrilltem Fleisch, pikanten Saucen, Schmorgerichten usw.

Nach Belieben können Sie die Blätter zusammen mit anderen getrockneten Kräutern und Gewürzen, z. B. Salbei, Rosmarin, Pfefferminze, Wacholder, Pfeffer, Zimt und Gewürznelken fein vermahlen. Solche Mischungen, die ebenfalls am besten in einem Glas mit Korkverschluß aufgehoben sind, verleihen den verschiedensten Fleischgerichten die richtige Würze.

Majoran

Diese Gewürzpflanze aus der Familie der Lippenblütler gelangte aus ihrer ursprünglichen Heimat im östlichen Nordafrika vermutlich durch die Kreuzfahrer nach Europa.

Sie wächst bei uns nicht wild, sondern in Kräutergärten, bisweilen auch, vor allem im Süden Europas, in der verwilderten Form.

An der ligurischen Küste findet Majoran vielfache Verwendung in der Küche, sehr häufig auch anstelle von Origano.

Neben seiner Würzkraft besitzt dieses Küchenkraut antiseptische, schmerzstillende, krampflösende und blutdrucksenkende Eigenschaften.

Getrockneter Majoran

Majoran wird wie viele andere Kräuter geerntet und getrocknet, sobald die ersten Blüten aufgehen.

Den Hauptstengel der Pflanze auf halber Höhe abschneiden. Die Zweige bündeln und kopfüber an einem warmen, schattigen Platz aufhängen.

Wenn sie völlig getrocknet sind, die Zweige in Abschnitte teilen und in dunklen Gläsern (möglichst mit Korkverschluß) aufbewahren.

Melisse

Der Name dieser Pflanze, der aus dem Griechischen stammt und wörtlich übersetzt »Bienenkraut« bedeutet, rührt daher, daß sie sehr gerne von Bienen angeflogen wird.

Die eigentliche Heimat der Melisse ist Südeuropa, doch wird sie auch bei uns angebaut. Charakteristisch ist der zarte Zitronenduft der jungen Pflanzen, den sich insbesondere die Likörhersteller zunutze machen. Berühmteste Beispiele solcher Liköre sind Chartreuse, Bénédictine und der erstmals von Karmelitermönchen hergestellte Melissengeist.

Ausgewachsene Pflanzen dagegen verströmen einen äußerst unangenehmen Geruch, der sich erst beim Trocknen verliert. Der reinen Melissenessenz wird eine berauschende Wirkung zugeschrieben.

Melissenelixier

25 g frische Melissenblätter; ½ l Weingeist (50% Vol.); 150 g Zucker; 150 ml Wasser.

Die Melissenblätter in einem Einmachglas mit dem Weingeist übergießen. Fest verschlossen 15 Tage ziehen lassen, dabei gelegentlich schütteln.

Am 16. Tag durch ein feines Tuch seihen und die Blätter kräftig ausdrücken. Den Zucker im Wasser bei milder Hitze auflösen und den Sirup beim ersten Aufwallen vom Herd nehmen. Erkalten lassen und anschließend zum Alkohol geben. Gründlich umrühren, abfüllen und sorgfältig zukorken.

Ein Gläschen dieses Elixiers vertreibt Kopfschmerz und Schlaflosigkeit.

Melonen

Wie die Gurke stammt auch die Melone aus dem west- und südasiatischen Raum, wo sie noch heute äußerst beliebt ist. Hier und da findet sie sich wildwachsend auch in Afrika.

Nachdem sie in der Antike bei den Römern in hohem Ansehen gestanden hatte, geriet sie in der Folge in Vergessenheit und wurde erst im Mittelalter wiederentdeckt. Feinschmecker wandten sich ihr ebenso zu wie die Maler, die sie in zahlreichen Allegorien als Symbol der Frische und Üppigkeit verewigten. Die damalige Medizin allerdings schrieb ihr eine schädliche Wirkung zu.

Die Melone zeichnet sich durch eine harntreibende, abführende und erfrischende Wirkung aus; Diabetikern und Personen, die an Dyspepsie oder Funktionsstörungen des Verdauungsapparates leiden, sei jedoch von ihrem Genuß abgeraten.

Melonenkonfitüre

1 kg süßes, aromatisches Melonenfruchtfleisch; 750 g Zucker; Saft und abgeriebene Schale von 2 unbehandelten Zitronen; 1 EL Cognac.

Das Fruchtfleisch würfeln und schichtweise in eine Schüssel füllen; die einzelnen Schichten mit Zucker bestreuen. Zuletzt Zitronensaft und -schale darüber verteilen.

Zugedeckt 12 Stunden ziehen lassen. In einen Topf geben und leise sprudelnd kochen, bis die Konfitüre die gewünschte Beschaffenheit aufweist: ein kleiner Löffel davon, auf einen schief gehaltenen Teller gegeben, darf kaum noch fließen.

Sobald die richtige Konsistenz erreicht ist, den Cognac unterrühren und die Marmelade heiß abfüllen. Völlig erkalten lassen, wie üblich mit in 90prozentigem Weingeist getränkten Pergamentpapier abdecken und die Gläser verschließen.

Melonengelee

3 kg Melonenfruchtfleisch; 2,4 kg Zucker; 2 Päckchen Vanillinzucker; Saft von 3 Zitronen.

Das Fruchtfleisch mit Hilfe der Küchenmaschine oder des Elektroentsafter so gründlich wie möglich entsaften. Verwenden Sie nur reife und besonders aromatische Melonen, da das Gelee sonst zuwenig Geschmack erhält.

Den Saft über einem Topf durch ein Mulltuch seihen. Auf niedriger Stufe erhitzen und nach dem Aufsprudeln 20 Minuten kochen. Vom Herd nehmen; Zucker, Vanillinzucker und Zitronensaft unterziehen und rühren, bis sich der Zucker aufgelöst hat.

Das Gelee erneut auf den Herd stellen und unter Rühren aufkochen. Den Vorgang erst dann beenden, wenn ein Tropfen Gelee zwischen zwei Fingern Fäden zieht. Heiß abfüllen und die Gläser erst am nächsten Tag verschließen. Zuvor das Gelee mit passend zurechtgeschnittenem und in 90prozentigem Weingeist getränktem Pergamentpapier abdecken.

Melonenwürfel in Sirup

Melone; 1 kg Zucker; 8 dl Wasser.

Die nicht zu reife Melone schälen, das Fruchtfleisch von den Kernen befreien und grob würfeln.

Zucker und Wasser in einem Topf aufkochen; wenn der Sirup sich klärt, die Melonenwürfel hineingeben. Erneut aufsprudeln lassen und 3 Minuten kochen. Die Melonenwürfel mit der Schaumkelle herausnehmen und in eine große Schüssel geben. Den Sirup weitere 10 Minuten kochen.

Die Melonenwürfel mit dem eingedickten Sirup übergießen und bis zum nächsten Tag ruhen lassen.

Den Sirup abgießen und erneut ¼ Stunde kochen; anschließend wieder über die Melonenwürfel gießen. Dieser Vorgang wird viermal hintereinander wiederholt.

Am 4. Tag die Melonenwürfel in die Gläser füllen und mit dem heißen Sirup bedecken. Völlig erkalten lassen und die Gläser fest verschließen.

Mohrrüben

Dieses Wurzelgemüse verdankt seine orangerote Färbung der hohen Konzentration an Carotin, einem Stoff, den unser Körper in Vitamin A umwandelt.

Aufgrund der in ihnen enthaltenen Vitamine, Proteine und Spurenelemente sind Mohrrüben ein außerordentlich gesundes Gemüse. Roh oder gekocht, ganz, geraspelt oder entsaftet ist es für Kinder und alte Menschen ebenso zu empfehlen wie in der Rekonvaleszenz und bei Blutarmut.

Die roh geraspelten Mohrrüben wie auch die frischen Blätter, als Breiumschlag angewendet, ergeben eine wirksame Schönheitsmaske.

Mohrrübenkonfitüre

5 kg Mohrrüben; 5 l Vollmilch; 1 kg Zucker; abgeriebene Schale von 2 unbehandelten Zitronen.

Die Mohrrüben – es werden vorzugsweise kleine, zarte Exemplare verwendet – waschen und schaben.

In dünne Scheiben schneiden und mit der Milch, dem Zucker und der abgeriebenen Zitronenschale in einen anlaufgeschützten Topf geben. Bei mittlerer Hitze kochen und dabei häufig umrühren; es darf nichts anbrennen, da die Konfitüre sonst nicht mehr zu verwenden ist.

Sobald die Konfitüre merklich eindickt, so daß ein kleiner Klecks auf einem schräg gehaltenen Teller kaum noch zerläuft, wird der Kochvorgang beendet.

Sofort heiß abfüllen und die Gläser erst am folgenden Tag verschließen. Zuvor die Konfitüre mit entsprechend zurechtgeschnittenem Pergamentpapier, das mit 90prozentigem Weingeist angefeuchtet wurde, abdecken.

Diese Konfitüre muß an einem sehr kühlen Ort aufbewahrt werden. Sie schmeckt vorzüglich und verleiht Ihrer Haut darüber hinaus selbst im Winter ein frisches, samtiges Aussehen.

Mohrrübenmarmelade

Erste Art

1 kg Mohrrüben; 1½ kg Zucker; abgeriebene Schale und Saft von 3 unbehandelten Zitronen.

Die Mohrrüben raspeln, mit dem Zucker und der Zitronenschale bestreuen und mit dem Saft beträufeln. Durchmischen und mit Wasser bedecken. Bei milder Hitze unter häufigem Rühren 4 Stunden kochen.

Heiß in Gläser füllen. Vor dem Verschließen erst völlig erkalten lassen und mit passend zurechtgeschnittenem und in 90prozentigem Weingeist getränkten Pergamentpapier abdecken.

Zweite Art

1 kg Mohrrüben; Wasser; 800 g Zucker; abgeriebene Schale von 1 unbehandelten Zitrone.

Die kleinen, zarten Mohrrüben sorgfältig waschen und schaben. Erneut abspülen, in einem Topf mit Wasser bedecken und zugedeckt gar kochen. Abseihen, das Kochwasser aufbewahren und die Mohrrüben fein passieren.

4 dl Kochwasser mit dem Zucker ¼ Stunde kochen, bis der Sirup stark eingedickt ist. Nun die Mohrrüben gründlich damit verrühren. Die Marmelade weiterkochen, bis sie eine lebhafte Färbung annimmt.

Machen Sie die übliche Gelierprobe auf einem schrägen Teller. Ist sie positiv, so wird die Marmelade unverzüglich abgefüllt. Am folgenden Tag Pergamentpapier dem Glasdurchmesser entsprechend zurechtschneiden und in 90prozentigem Weingeist tränken, über die Marmelade legen und die Gläser fest verschließen.

Mohrrüben nature

Mohrrüben; Salz.

Schöne, eher kleine Mohrrüben von etwa gleicher Größe auswählen. Gründlich waschen und mit einem rauhen Tuch abreiben, jedoch nicht schälen.

Die beiden Enden abschneiden und die Mohrrüben 8 Minuten in sprudelndem Wasser kochen. Mit der Schaumkelle herausnehmen und sofort unter fließendes kaltes Wasser halten, anschließend wieder ins kochende Wasser geben; 10 g Salz pro Liter zufügen. Die Mohrrüben abtropfen lassen und senkrecht dicht nebeneinander in Gläser füllen.

Unterdessen wird in einem anderen Topf Wasser unter Zugabe von 15 g Salz pro Liter zum Kochen gebracht. Heiß in die Gläser füllen und diese sofort verschließen. In einen großen Topf stellen, Wasser zugießen und erhitzen. Nach dem ersten Aufwallen 1 Stunde lang sterilisieren.

Im Wasser auskühlen lassen. Nach zwei Tagen erneut ½ Stunde lang sterilisieren. Die Gläser abtrocknen und in die Vorratskammer stellen.

Die Konserven lassen sich für sämtliche Rezepte verwenden, die eigentlich frische Mohrrüben erfordern.

Ganze Mohrrüben in Essig

Mohrrüben; Salz; guter Weißweinessig; nach Belieben Pfefferkörner, Gewürznelken und Lorbeerblätter.

Wählen Sie schöne, möglichst gleich große Mohrrüben und achten Sie darauf, daß sie in die vorgesehenen Gläser passen (dicke Exemplare notfalls längs halbieren).

Die Mohrrüben waschen, schaben und mit einem Tuch abreiben. Wasser unter Zugabe von 1 TL Salz pro Liter aufsetzen. Sobald es aufsprudelt, die Mohrrüben hineingeben. Nach einigen Minuten herausnehmen und abtropfen lassen; zum Trocknen auf ein Tuch legen. Bei dieser Art der Zubereitung kommt es vor allem darauf an, daß das Gemüse vor dem Einfüllen möglichst trocken ist.

Die Mohrrüben in die Gläser schichten und ganz mit Essig bedecken.

Nach Geschmack würzen Sie jedes Glas mit einigen Pfefferkörnern, 2 Gewürznelken und ½ Lorbeerblatt.

Sauer eingelegte Mohrrüben ergänzen Fleischgerichte, gemischte Salate, Mixed Pickles und russischen Salat.

Origano

Der Origano, den meisten von uns wohl als typisches Pizzagewürz bekannt, hat im Griechischen einen sehr poetischen Namen: »Zierde der Berge«. Gewiß, er gedeiht überall, insbesondere aber auf höheren Lagen, wo seine hübschen blaßroten Blüten weithin sichtbare Farbtupfer bilden.

Nicht nur als Küchengewürz weiß man ihn zu schätzen, sondern ebenso als schmerzlinderndes und nervenstärkendes Heilkraut. Mit Wein angesetzt, ergibt er ein mildes Getränk, das als Aperitif ebenso gern getrunken wird wie zum Abschluß einer Mahlzeit.

Getrockneter Origano

Sobald die Blütezeit des Origano einsetzt, schneiden Sie die zarten Pflänzchen ab, bündeln sie und hängen sie einige Tage kopfüber an einem luftigen Platz im Schatten auf.

Wenn das Kraut ausreichend getrocknet ist, schneiden Sie alle Blättchen und Blütenspitzen ab und füllen sie in ein getöntes Glas, möglichst mit Korkverschluß.

Paprika- und Pfefferschoten

Wie fast alle Nachtschattengewächse stammen sie ursprünglich aus Mittel- und Südamerika und gelangten durch die »conquistadores« nach Europa. In der Antike waren sie das einzige Gewürz, das die Völker in Südamerika von Mexiko bis Chile kannten und benutzten.

Im Laufe der Jahrhunderte entstanden zahlreiche Zuchtformen, angefangen von den großen, rundlichen und milden Paprikaschoten bis hin zu den kleinen, spindelförmigen, mehr oder weniger feurigen Pfefferschoten.

Aufgrund ihrer konservierenden, das heißt gärungsverhindernden Wirkung spielen sie in den mediterranen und tropischen Ländern eine wichtige Rolle. Sie sind nicht besonders nahrhaft, doch reich an Vitaminen.

Pfefferschoten werden wegen ihres Gehalts an Capsaicin, einer durchblutungsfördernden Substanz, bei der Herstellung von Salben gegen Rheuma und Gelenkschmerzen verwendet.

Paprikaschoten in Essig

Paprikaschoten; Pfefferkörner; Lorbeerblätter; Weißweinessig.

Makellose gelbe und rote Paprikaschoten einige Tage in der Sonne dörren.

Aufschneiden, aushöhlen und entkernen. In Gläser füllen und gut zusammendrücken. In jedes Glas 1 Lorbeerblatt und 3 Pfefferkörner geben. Das Ganze mit dem Essig bedecken und darauf achten, daß keine Luftblasen in den Gläsern verbleiben.

Nach 2 Monaten den Essig austauschen. Er muß stets mindestens 2 cm über den Paprikaschoten stehen, und die Gläser sind hermetisch zu verschließen.

Paprikaschoten in Öl

2 kg Paprikaschoten; 2 l Weißweinessig; 1 EL Salz; Olivenöl; Thymian oder Basilikum nach Belieben.

Schöne, feste rote und gelbe Paprikaschoten auswählen und diese einzeln mit einem feuchten Tuch abreiben. Halbieren, aushöhlen, entkernen und längs in Streifen schneiden.

Den Essig mit dem Salz in einem geschmacksneutralen Topf erhitzen. Nach dem Aufwallen die Paprikastreifen portionsweise 3 Minuten darin kochen, mit dem Schaumlöffel herausnehmen und zum Abtropfen auf ein Tuch legen. 12 Stunden trocknen lassen.

Anschließend in Einmachgläser füllen und zusammendrücken, damit keine Hohlräume bleiben. Mit Olivenöl bedecken und am nächsten Tag verschließen; falls nötig, weiteres Öl nachgießen.

Nach einiger Zeit kontrollieren, ob das Öl noch immer oberhalb des Einmachgutes steht, andernfalls die erforderliche Menge ergänzen.

Je nach Geschmack geben Sie in jedes Glas ein Basilikumblatt oder einen Thymianzweig.

Feurige Pfefferschoten in Öl

1 kg rote scharfe Pfefferschoten; 1 l Essig; 1 EL Salz; Olivenöl nach Bedarf.

Besorgen Sie schöne rote, feste und vor allem scharfe Pfefferschoten, die Sie einzeln mit einem feuchten Tuch abreiben.

Den Essig mit dem Salz aufkochen und nach dem Aufsprudeln die Pfefferschoten hineinwerfen. 2 Minuten kochen; anschließend abtropfen lassen und zum Trocknen auf Tücher legen.

Nach 12 Stunden dicht nebeneinander in Einweckgläser schichten, gut zusammendrücken und mit Olivenöl bedecken. Vor dem Verzehr mindestens 2 Monate an einem kühlen Platz ruhen lassen. Ab und zu nachsehen, ob die Pfefferschoten vollständig bedeckt sind: das Öl muß mindestens 1 cm über dem Einmachgut stehen.

Grüne Pfefferschoten in Essig

Grüne Pfefferschoten; guter Weißweinessig.

Für diese Zubereitung benötigen Sie längliche, spindelförmige Pfefferschoten.

Einzeln mit einem feuchten Tuch abreiben; beschädigte oder nicht ganz makellose Exemplare aussortieren. Die Schoten in Gläser mit weiter Öffnung füllen und so nebeneinanderschichten, daß möglichst keine Zwischenräume bleiben. Die Gläser mit Essig auffüllen.

Nach 2 Wochen den Essig, sollte er sich getrübt haben, auswechseln. Die Pfefferschoten müssen vor der Verwendung etwa 2 Monate ruhen.

Geröstete Paprikaschoten in Öl

2 kg Paprikaschoten; ½ l trockener Weißwein; 1 l Weißweinessig; 2 EL Salz; Thymian und Basilikum nach Belieben.

Schöne, dickwandige gelbe und rote Paprikaschoten mit einem feuchten Tuch abreiben. Auf dem Herd kräftig rösten, bis sich die Haut leicht löst und sich mit einem scharfen Messer oder mit Hilfe eines rauhen Lappens entfernen läßt. Die Schoten längs in breite Streifen schneiden und dabei das weiße Innere und die Kerne herausnehmen.

Wein und Essig mit dem Salz erhitzen. Nach dem Aufsprudeln die Paprikastreifen hineingeben und 4 Minuten kochen. Mit dem Schaumlöffel herausnehmen und 1 Tag, auf einem Tuch ausgebreitet, trocknen.

Am nächsten Tag in Gläser füllen und fest zusammendrücken. Die Gläser mit Öl auffüllen, wobei keine Luftblasen oder Hohlräume zurückbleiben dürfen.

Nach Geschmack können Sie jeweils 1 Basilikumblatt und 1 Thymianzweig mit in die Gläser geben.

Schauen Sie einige Tage später nach, ob die Schoten noch immer mit Öl bedeckt sind; andernfalls erneut auffüllen.

Die Gläser endgültig verschließen und für den Winter beiseite stellen.

Paprika-Sardellen-Happen in Öl

Paprikaschoten; Weißweinessig; Salz; Sardellen; Lorbeerblätter; Thymian; Knoblauch nach Geschmack; Olivenöl.

Makellose gelbe und rote Paprikaschoten auswählen und diese mit einem feuchten Tuch abreiben. Aufschneiden, aushöhlen und in etwa 3 cm breite Streifen schneiden.

Weißweinessig unter Zugabe von 1 TL Salz pro Liter aufkochen und die Paprikastreifen in der sprudelnden Flüssigkeit 3 Minuten garen. Sofort herausnehmen, abtropfen lassen und 12 Stunden lang, auf einem Tuch ausgebreitet, trocknen.

Die Sardellen mit Küchenkrepp säubern – nicht waschen! – und halbieren. Sie benötigen pro Paprikastreifen ein Sardellenfilet.

Jeweils eine Sardellenhälfte auf die Innenseite eines Paprikastreifens legen, zusammenrollen und mit einem Zahnstocher fixieren.

Die fertigen Häppchen in ein Glas mit weiter Öffnung legen. Einige Thymianblättchen, ein Lorbeerblatt und (nach Geschmack) eine Knoblauchzehe dazugeben und alles mit reichlich Olivenöl bedecken. Vor dem Genuß mindestens 2 Monate an einem kühlen, trockenen Ort ruhen lassen.

Paprikaschoten süßsauer

3 kg rote und gelbe Paprikaschoten; 2 l Weißweinessig; 1 l trockener Weißwein; 1 großes Glas Olivenöl; 2 EL Salz; 1 großes Glas Zucker; Lorbeer; Thymian; Pfefferschoten; Pfefferkörner.

Die Paprikaschoten einzeln mit einem rauhen, feuchten Tuch abreiben und kontrollieren, ob sie frei von schadhaften oder trockenen Stellen sind: es dürfen nur feste, knackige Exemplare verwendet werden. Aushöhlen und in Streifen schneiden.

In einem geschmacksneutralen Topf Essig, Wein und Öl unter Zugabe von Salz, Zucker und den übrigen Gewürzen aufkochen. Die Paprikastücke portionsweise 5 Minuten sprudelnd garen. Mit der Schaumkelle herausheben und zum Abtropfen in ein Sieb geben, unter das zuvor ein Gefäß zum Auffangen der Flüssigkeit gestellt wurde. Die Paprikastreifen müssen portionsweise verarbeitet werden, damit sie gleichmäßig garen.

Nach Abschluß dieses Arbeitsschrittes die Paprikastücke zum Auskühlen auf ein Tuch legen und die gesamte Kochflüssigkeit, im Topf und in der Schüssel, erkalten lassen.

Etwa 6 Stunden später die Paprikastreifen dicht nebeneinander in Gläser schichten, so daß möglichst keine Zwischenräume bleiben. In jedes Glas 2 Pfefferkörner, 1 Lorbeerblatt und 1 Thymianzweig geben und alles großzügig mit der Kochflüssigkeit übergießen, bis das Einmachgut völlig bedeckt ist.

Vor der Verwendung etwa 40 Tage an einen kühlen, trockenen Platz stellen.

Paprikaschoten in Salzlake

2 kg grüne Paprikaschoten; 1 Glas grobes Meersalz; 1 Glas Weißweinessig; 4 Pfefferkörner; 3 Gewürznelken; Wasser.

Dieses Rezept erfordert makellose grüne Paprikaschoten. Einzeln mit einem feuchten Tuch abwischen und dabei darauf achten, daß die Früchte keinerlei Schadstellen aufweisen.

Mit einer Hand am Stiel festhalten und mit Hilfe eines scharfen Messers mit der anderen Hand die Schoten kreuzweise längs teilen. Auf diese Weise entstehen 4 Abschnitte, die am Stiel miteinander verbunden sind. Von Kernen und weißen Teilen befreien und in ein Einweckglas mit weiter Öffnung schichten. Salz, Essig, Pfeffer und Gewürznelken zufügen und alles mit Wasser bedecken. An den nächsten 2–3 Tagen das Glas mehrmals täglich kräftig schütteln, damit sich das Salz gut löst und der Essig sich gleichmäßig mit dem Wasser vermischt.

Sobald die Paprikaschoten eine gelbe Farbe annehmen, können sie verwendet werden.

Eingemachtes Gemüseragout mit Paprika

1 kg gelbe und rote Paprikaschoten; 3 Zwiebeln; 3 Tomaten; 3 Basilikumblätter; 1 Thymianzweig; 1 EL Essig; Olivenöl; Salz.

Die Paprikaschoten mit einem feuchten Lappen abreiben, öffnen und aushöhlen. Zwiebeln und Tomaten häuten, die Zwiebeln in Scheiben schneiden, die Tomaten vierteln.

Paprikaschoten, Zwiebeln, Tomaten, Kräuter und Essig in einen Topf geben, mit etwas Öl abrunden und mit Salz abschmecken.

Das Gemüseragout etwa ½ Stunde kochen, in Gläser füllen und diese verschließen. In Tücher gewickelt in einen großen Topf stellen und diesen mit kaltem Wasser auffüllen. Die Konserven 1 Stunde kochend sterilisieren, anschließend den Topf vom Herd nehmen und die Gläser im Wasser erkalten lassen. Am folgenden Tag abtrocknen und in die Vorratskammer stellen. Eine bestimmte Lagerzeit ist nicht erforderlich: wenn Ihnen das Gemüseragout das nächstemal in den Sinn kommt, können Sie es auch schon, im Wasserbad erwärmt, servieren.

Petersilie

Ursprünglich im Mittelmeerraum beheimatet, ist die Petersilie inzwischen zu allgemeiner Bekanntheit, Beliebtheit und auch Verbreitung gelangt; eine Ausnahme bildet der hohe Norden, in dessen kaltem Klima sie nicht gedeiht.

Dank ihres hohen Gehalts an Vitamin A und C wirkt die Petersilie der Anämie und dem Skorbut entgegen und besitzt darüber hinaus appetitanregende, entschlackende und entwässernde Eigenschaften. Insbesondere als Saft hat sie sich gegen die verschiedensten Störungen bewährt. Daneben ist sie natürlich in der Küche äußerst vielseitig einsetzbar.

Petersilie in Öl

Petersilie; Salz; Öl.

Nur frische, aromatische Petersilie verarbeiten. Die Blätter waschen und sorgfältig mit einem Tuch trockentupfen, anschließend mit dem Wiegemesser fein hacken.

In einer Schale mit dem Salz vermengen und die Mischung in Gläschen füllen. Gut zusammendrücken und mit reichlich Öl bedecken. Im Gemüsefach des Kühlschranks aufbewahren.

Vergessen Sie bei der Verwendung nicht, daß die Petersilie bereits mit Salz vermischt ist und Sie daher beim Kochen entsprechend vorsichtig salzen sollten.

Pfefferminze

Jeder kennt sie, wohl jeder hat sie schon einmal gegessen, getrunken oder gerochen, und sie ist seit den Ursprüngen der Menschheitsgeschichte in Gebrauch: die Chinesen verwendeten sie zur Beruhigung, die Griechen als Aphrodisiakum und die Römer als schmerzstillendes Mittel.

Aus den vielen wildwachsenden Formen wurden ebenso zahlreiche Kulturformen gezüchtet, die nichts von ihren verdauungsanregenden, antisep-

tischen, schmerzstillenden, erfrischenden und tonisierenden Heilkräften eingebüßt haben.

Doch gilt die Pfefferminze nicht nur als Heilkraut, sondern spielt ebenso bei der Likörherstellung und in der Küche eine gewisse Rolle.

Pfefferminzgelee

1 große Handvoll Pfefferminzblätter; ½ kg Äpfel; 400 g Zucker; 700 ml Wasser.

Makellose, aromatische Blätter auswählen, mit einem Tuch abreiben und in eine Schüssel geben. Mit kochendheißem Wasser übergießen und zugedeckt 1 Stunde ziehen lassen.

Inzwischen die zerkleinerten Äpfel in Wasser 20 Minuten kochen. In ein Tuch geben und gut ausdrücken, um ½ l Saft zu gewinnen. Diesen mit dem Zucker in einen Topf geben und auf kleiner Flamme erhitzen. Beim ersten Aufsprudeln den Pfefferminzaufguß durch ein Tuch zum Apfelsaft gießen. Das Gelee so lange kochen, bis ein Tropfen zwischen zwei Fingern Fäden zieht.

Heiß abfüllen und bis zum Verschließen einige Tage abwarten. Zuvor jedoch ein Stück mit 90prozentigem Weingeist getränktes Pergamentpapier auf das Gelee legen.

Sie können auch zusätzlich zum Aufguß ein paar frische Pfefferminzblätter zufügen, doch sollte dies erst gegen Ende des Kochvorgangs geschehen, damit die Blätter im Gelee erhalten bleiben.

Pfefferminzlikör

100 g frische Pfefferminzblätter; ¼ l Weingeist (90% Vol.); 650 g Zucker; 350 ml Wasser.

Die Blätter mit dem Weingeist in ein luftdicht verschließbares Gefäß geben und 3 Tage ziehen lassen.

Nach Ablauf dieser Zeit das Wasser bei milder Hitze aufkochen und den Zucker darin auflösen. Den Sirup bei gleicher Temperatur noch einige Minuten kochen, bis er sich klärt. Zugedeckt erkalten lassen.

Den Alkohol durch ein Sieb oder Tuch seihen und zum kalten Sirup geben. Gründlich umrühren, den Likör abfüllen und fest zukorken.

Verdünnen Sie Pfefferminzlikör mit Wasser und Eis und servieren Sie ihn als erfrischenden Drink an heißen Sommertagen.

Eine lebhaftere Färbung erhält der Likör durch Zugabe grüner Lebensmittelfarbe, die Sie in Drogerien und Supermärkten bekommen.

Getrocknete Pfefferminze

Geerntet wird zu Beginn der Blütezeit. Trennen Sie Blätter und Blütenspitzen sauber ab und breiten Sie sie auf einem weißen Tuch im Schatten aus. Nehmen Sie sie über Nacht ins Haus, damit der Trocknungsprozeß nicht gestört wird.

Die völlig getrocknete Pfefferminze in Gläser füllen, die nach Möglichkeit lichtundurchlässig und mit Korken verschließbar sein sollten.

Pfirsiche

Dem heutigen Verbraucher präsentiert sich eine reiche Auswahl dieser Früchte; samtige Pfirsiche und glatthäutige Nektarinen, gelbe und weiße, große und kleine Sorten.

Der Pfirsichbaum ist in der ganzen Welt zu Hause, doch nirgendwo sind wildwachsende Arten bekannt. Aus China, wo er seit jeher kultiviert wird, gelangte der Pfirsich zunächst in den Mittleren Osten und verbreitete sich schließlich im Gefolge der Karawanen über die berühmte Seidenstraße bis in die gemäßigten Zonen Europas.

Die aromatische süße Frucht ist reich an Zucker, Mineralsalzen und wichtigen Vitaminen und zeichnet sich auch bei empfindlichem Magen durch gute Verträglichkeit aus. In der Kosmetik nimmt der Pfirsich den gleichen Anwendungsbereich wie die Aprikose ein.

Blüten, Blätter und Steine des Pfirsichs sind nicht eßbar, da sie die für den Menschen giftige Blausäure freisetzen.

Pfirsichmarmelade

3 kg Pfirsiche; 2 kg Zucker; abgeriebene Schale von 1 unbehandelten Zitrone.

Schöne, reife Pfirsiche auswählen. Häuten und je nach Größe vierteln oder achteln.

Bei mittlerer Temperatur unter Rühren erhitzen und etwa 20 Minuten kochen. Dann Zucker und Zitronenschale zufügen und den Kochvorgang etwa eine ¾ Stunde fortsetzen. Häufig rühren, damit die Marmelade nicht ansetzt.

Sobald ein Klecks, auf einen schräg gehaltenen Teller getropft, kaum noch zerläuft, wird die Marmelade sofort abgefüllt.

Die Gläser erst am nächsten Tag verschließen. Zuvor Pergamentpapier, das Sie passend zurechtgeschnitten und mit 90prozentigem Weingeist angefeuchtet haben, über die Marmelade decken.

Pfirsichkonfekt

1 kg Pfirsiche; 1 kg Zucker.

Nicht zu reife Pfirsiche gründlich waschen und 1 Stunde an der frischen Luft trocknen. Entsteinen und anschließend bei mittlerer Hitze 10 Minuten kochen. Den Herd abschalten, die losgelöste Pfirsichhaut abziehen und das Fruchtfleisch durchpassieren.

Den Zucker gründlich unterziehen und das Fruchtmus bei mittlerer Hitze erneut etwa 1 Stunde kochen, bis es eine bräunliche Farbe annimmt.

Auf Aluminiumfolie oder mit Walnußöl eingefetteten Holzbrettchen höchstens 1 cm dick ausstreichen. Einige Tage in die Sonne stellen und wenden, damit die Masse gleichmäßig trocknet.

Die erstarrte Masse in der Größe von Schokoladenstückchen zerschneiden. Das Konfekt in Gläsern oder rostfreien Blechdosen aufbewahren und als Zwischenmahlzeit für die Kinder oder als originelles Dessert servieren.

Sie können dieses Konfekt auch aus Kaktusfeigen oder Quitten herstellen und natürlich alle möglichen Formen, beispielsweise Rhomben, ausschneiden.

Pfirsiche in Sirup

Pfirsiche; Zucker; Wasser.

Einwandfreie, feste gelbe Pfirsiche auswählen, die reif, aber nicht überreif sind.

Die Pfirsiche 1 Minute in kochendem Wasser brühen, damit sich die Haut löst; häuten, halbieren und entsteinen. Die Hälften mit der Schnittfläche nach unten in Einmachgläser schichten, so daß möglichst wenig Zwischenraum bleibt.

250 g Zucker in 1 l kochendem Wasser auflösen und den Sirup einige Minuten kochen; anschließend auf abgeschalteter Herdplatte völlig erkalten lassen.

Die Pfirsiche völlig mit dem Sirup übergießen, die Gläser verschließen und in Tücher wickeln. In einen großen Topf stellen und mit kaltem Wasser bedecken. Erhitzen und den Sterilisationsvorgang nach dem ersten Aufwallen ½ Stunde fortsetzen. Die Gläser im Wasser auskühlen lassen, abtrocknen und an einen kühlen, trockenen Ort stellen.

Auf dieselbe Weise können Sie auch ganze Pfirsiche einlegen, die allerdings klein sein müssen.

Frischerhaltene halbe Pfirsiche

3 kg Pfirsiche; Zucker.

Bei dieser Zubereitung kommt es im Grunde nicht darauf an, welche Pfirsichsorte Sie verwenden, doch eignen sich die gelben festfleischigen am besten.

Die Pfirsiche einige Minuten in kochendes Wasser legen und häuten; halbieren (größere Früchte vierteln) und entsteinen. Mit der Schnittfläche nach unten in Einweckgläser füllen; jeweils 1 Pfirsichkern und 2 EL Zucker dazugeben. Die Gläser bis zum Rand füllen, da die Früchte beim Sterilisieren an Volumen verlieren.

Die fest verschlossenen und in Tücher gewickelten Gläser in den Sterilisationstopf stellen und vollständig mit Wasser bedecken. Erhitzen und nach dem Aufwallen 20 Minuten kochend sterilisieren. Den Herd abschalten und die Gläser im Wasser erkalten lassen. Herausnehmen, abtrocknen und an einem kühlen, trockenen Platz für den Winter aufbewahren.

Wenn Sie ganze Pfirische einlegen, wählen sie kleine Früchte aus.

Pfirsiche in Weingeist

Pfirsiche; Zucker; Wasser; Vanilleschoten; Zimtstangen; Weingeist (90% Vol.).

Diese Zubereitung erfordert kleine und festfleischige gelbe Pfirsiche, die nicht zu reif, aber aromatisch sein sollen.

Mit einem feuchten, rauhen Tuch den Flaum abreiben und die Früchte 1 Stunde in der Sonne trocknen. Mehrmals mit einer dünnen Stopfnadel ringsum einstechen und nebeneinander in eine große Schüssel legen. Aus 3 Teilen Wasser und 1 Teil Zucker (z. B. 1 ½ l Wasser und ½ kg Zukker) einen Sirup bereiten, diesen einige Minuten kochen und heiß über die Pfirsiche gießen.

2 Tage ziehen lassen, anschließend mit dem Schaumlöffel herausnehmen und in Einmachgläser füllen. Jedem Glas zur Verfeinerung 1 Vanilleschote und 1 Zimtstange zufügen und dann mit Flüssigkeit auffüllen: 1 Gläschen Sirup und danach 2 Gläschen Weingeist zugießen und in diesem Verhältnis fortfahren, bis die Gläser bis zum Rand gefüllt sind. Fest verschließen und die Pfirsiche bis zum Genuß 2 Monate ruhen lassen.

Getrocknete Pfirsiche

Gelbe Pfirsiche von der eiförmigen, kleinen Sorte waschen und abtrocknen; halbieren und entsteinen.

Mit der Schnittfläche nach oben auf ein Holzbrett legen und mehrere Tage der Sonne aussetzen. Abends ins Haus holen, damit die nächtliche Feuchtigkeit den Dörrprozeß nicht stört. So lange trocknen, bis die Früchte leicht dunkel und runzlig werden. Sicherheitshalber können Sie sie noch einige Stunden bei sehr schwacher Hitze im Backofen nachtrocknen. Auf dieses Verfahren greifen Sie auch dann zurück, wenn die Witterung das Trocknen im Freien nicht zuläßt.

Die gedörrten Pfirsiche werden in fest verschließbaren Einmachgläsern aufbewahrt.

Pflaumen

Die heutigen Pflaumensorten entstanden vermutlich aus Kreuzungen verschiedener Wildformen des Schlehdorns. Sie stammen aus Westasien und dem Mittleren Orient, wo sie bereits um 2000 v. Chr. angebaut wurden.

Inzwischen wird der Pflaumenbaum auch bei uns intensiv gepflanzt, denn seine vielseitig verwendbaren Früchte sind frisch ebenso beliebt wie eingelegt, getrocknet oder zu Marmelade und Kompott verarbeitet.

Getrocknete Pflaumen enthalten kein Wasser mehr, dafür aber einen erhöhten Anteil an Kohlenhydraten; somit sind sie äußerst nahrhaft und zudem, was man oft nicht mehr weiß, ein zuverlässiges Abführmittel.

Pflaumenmarmelade

1 kg Pflaumen; 800 g Zucker; ½ Glas Wasser.

Nicht ganz reife Pflaumen einzeln mit einem feuchten Tuch abreiben, bis sie glänzen. Fleckige oder schadhafte Stellen ausschneiden, die Früchte halbieren und entsteinen.

Mit dem Wasser in einen Topf geben; bei mittlerer Hitze 20 Minuten kochen und häufig rühren. Durchpassieren, den Zucker zufügen und erneut auf den Herd stellen. Den Kochvorgang unter Rühren fortsetzen, bis ein Klecks Marmelade auf einem schräggehaltenen Teller kaum noch läuft.

Die Marmelade nun sofort abfüllen und die Gläser am folgenden Tag verschließen. Zuvor die Marmelade mit entsprechend zurechtgeschnittenem und in 90prozentigem Weingeist getränktem Pergamentpapier abdecken.

Pflaumenkompott

1 kg Pflaumen; 800 g Zucker; ½ Glas Wasser.

Makellose Pflaumen einzeln abreiben, halbieren und entsteinen.

In einen Topf geben, das Wasser zugießen und die Pflaumen bei mittlerer Hitze kochen. Den Vorgang 20 Minuten nach dem ersten Aufsprudeln unterbrechen. Nun den Zucker unterrühren und die Pflaumen etwa weitere 40 Minuten kochen.

Das Kompott heiß abfüllen und die Gläser in Wolltücher wickeln. 36 Stunden an einem ruhigen Ort auskühlen lassen, danach an einem kühlen, trockenen Platz lagern.

Frischerhaltene Pflaumen

Pflaumen; Zucker.

Ausgesuchte, feste und vollreife Pflaumen ohne Flecken mit einem leicht angefeuchteten Tuch einzeln gründlich abreiben.

Halbieren, entsteinen und mit der Schnittfläche nach unten in Einweckgläser schichten. Nach der Hälfte 1 EL Zucker über die Früchte streuen, dann die Gläser weiter bis zum Rand füllen und abermals 1 EL Zucker sowie 2 Pflaumenkerne (die den Früchten ein leichtes Mandelaroma verleihen) dazugeben. Das Glas muß bis oben gefüllt sein, da die Früchte beim Sterilisieren etwas zusammenfallen.

Die Gläser in Tücher wickeln und in einen großen Topf geben. Diesen mit kaltem Wasser auffüllen und auf den Herd stellen. Erhitzen und nach dem Aufwallen 20 Minuten kochen. Anschließend den Herd abschalten und die Gläser im Wasser auskühlen lassen. Am darauffolgenden Tag herausnehmen, sorgfältig abtrocknen und an einem kühlen, trockenen Ort für den Winter aufbewahren.

Auf dieselbe Weise können Sie auch ganze Pflaumen einlegen, die allerdings ½ Stunde sterilisiert werden.

Pflaumen in Sirup

Pflaumen; Wasser und Zucker im Verhältnis 1:1.

Nicht zu reife, einwandfreie Pflaumen auswählen. Einzeln abreiben und mit einer Nadel um den Stiel herum mehrmals einstechen.

Aus Wasser und Zucker bei schwacher Hitze einen Sirup bereiten. Nach dem Aufwallen 2 Minuten kochen, dann den Herd abschalten und den Sirup vollständig erkalten lassen.

In einem zweiten Topf Wasser zum Kochen bringen und, sobald es sprudelt, die Pflaumen hineingeben. Wenn die Pflaumen an die Oberfläche steigen, wird das Wasser abgegossen, die Früchte 10 Minuten in eine Schüssel mit kaltem Wasser gelegt. Anschließend auf einem Tuch oder in einem Sieb abtropfen lassen.

Die trockenen Pflaumen mit dem Stielansatz nach oben in Einmachgläser füllen. Den kalten Sirup bis 2 cm unterhalb des Randes zugießen und die Gläser verschließen. In Tücher gewickelt in einen großen Topf stellen. So viel Wasser zugießen, daß es bis zur Obergrenze des Sirups steht. Erhitzen und die Pflaumen ½ Stunde im sprudelnden Wasser sterilisieren. Den Topf vom Herd nehmen und die Gläser erst aus dem Wasser nehmen, wenn sie völlig erkaltet sind. Abtrocknen und an einen kühlen, trockenen Ort stellen.

Eingekochte Mirabellen

1 kg Mirabellen; 400 g Zucker; 1 Zimtstange; ½ Vanilleschote; 3 Gewürznelken; unbehandelte Zitronenschale; ½ Glas Wasser.

Die nicht zu reifen Mirabellen mit einem feuchten Lappen abreiben und dann mit sämtlichen Zutaten in einen Topf geben. Das Ganze erhitzen und nach dem Aufwallen genau 6 Minuten kochen, dabei ständig rühren.

Auf abgeschalteter Herdplatte völlig erkalten lassen. In die Gläser füllen, jeweils einen Schuß reinen Weingeist darübergießen und sofort verschließen.

Für den Winter an einem kühlen, trockenen Platz aufbewahren.

Pflaumen in Weingeist

1 kg Pflaumen; Zucker nach Bedarf; Gewürznelken; Weingeist (60% Vol.).

Die Pflaumen einzeln gründlich mit einem feuchten Tuch abreiben, die Stiele stutzen.

Die Früchte in Einmachgläser schichten und etwas zusammendrücken, damit möglichst wenig Zwischenraum bleibt. Mit einigen EL Zucker bestreuen, ein paar Gewürznelken dazugeben und alles großzügig mit Weingeist (nach Belieben auch mit Branntwein) bedecken. Die Gläser verschließen.

Nach einigen Tagen kontrollieren, ob eventuell noch Alkohol nachgegossen werden muß. Endgültig verschließen und vor dem Verzehr 2 Monate ruhen lassen.

Pflaumenlikör

300 g Pflaumen; 3 g Stangenzimt; 2 l trockener Weißwein; ½ kg Zucker; ½ l Weingeist (90% Vol.).

Die Pflaumen 2 Minuten in kochendem Wasser brühen und sorgfältig häuten. Entsteinen, in Stücke schneiden und in ein großes Einweckglas füllen. Mit der zerbröselten Zimtstange würzen und mit gutem Wein übergießen.

Fest verschlossen 5 Tage ziehen lassen. Die Flüssigkeit durch ein Tuch in einen Topf seihen; das Fruchtfleisch kräftig ausdrücken, damit möglichst kein Saft verlorengeht.

Den Zucker unterrühren und die Flüssigkeit zugedeckt auf niedrigster Stufe 10 Minuten kochen. Den Herd abschalten und den Likör, noch immer zugedeckt, völlig abkühlen lassen.

Anschließend zusammen mit dem Weingeist in ein fest verschließbares Gefäß gießen. 1 Tag ruhen lassen und dann durch einen Papierfilter in Flaschen gießen. Fest verkorken und erst nach Ablauf eines Monats genießen.

Dörrpflaumen

Die sorgfältig abgeriebenen vollreifen und tadellosen Früchte halbieren und entsteinen. Mit der Schnittfläche nach oben auf ein Holzbrett oder einen Rost legen und zum Trocknen der Sonne aussetzen.

Nach Möglichkeit sollten die Pflaumen natürlich während einer Schönwetterperiode getrocknet werden. Reicht jedoch die sommerliche Wärme nicht aus, so legen Sie die Früchte auf das Backblech und trocknen sie bei milder Hitze mindestens 12 Stunden im Ofen.

Die gründlich getrockneten und dadurch runzlig gewordenen Pflaumen in hermetisch dichten Gläsern oder rostfreien Blechdosen aufbewahren.

Pilze

Pilze, jene seltsamen Erscheinungsformen der Natur, haben die Menschen seit jeher interessiert.

Bereits die alten Griechen waren mit ihnen vertraut, beschrieben und schätzten sie. Und womöglich verkündeten die Sibyllen der Antike ihre Weissagungen unter dem Einfluß halluzinogener Pilze.

Zwar werden die Pilze dem Pflanzenreich zugeordnet, doch unterscheiden sie sich in morphologischer Hinsicht, in ihren vegetativen wie auch in den Fortpflanzungsfunktionen von allen anderen bekannten Pflanzenarten.

Für uns sind die eßbaren Pilze von Interesse. Dabei handelt es sich um sogenannte Symbionten, Lebewesen also, die mit Lebewesen anderer Art zum gegenseitigen Nutzen zusammenleben: der Pilz nimmt von der Wirtspflanze durch Photosynthese verarbeitete Stoffe auf, der Pflanze dagegen werden durch den Pilz vermehrt Wasser und Mineralsalze zugeführt.

Sämtliche Pilze des Waldes sind für das natürliche Gleichgewicht von Bedeutung: ungenießbare, selbst giftige Pilze sollten daher nicht sinnlos zerstört werden.

Wenn Sie Pilze sammeln, trauen Sie sich nicht zuviel zu – selbst wenn Sie sich für einen Experten halten. Beim Gesundheitsamt können Sie Ihre »Beute« kostenlos und zuverlässig von Fachleuten begutachten lassen. Nehmen Sie diesen Dienst Ihrer eigenen Sicherheit und Gesundheit zuliebe in Anspruch. Und hören Sie nicht auf Märchen über die Giftigkeit oder Genießbarkeit von Pilzen, die sich angeblich anhand von Knoblauch oder Zwiebeln, aufgrund der Reaktion eines Silberlöffels oder gar der Hauskatze feststellen läßt. Sie verschwenden damit nur Ihre Zeit.

Steinpilze in Öl

1 kg Steinpilze; ½ l Wasser; 1 l Weißweinessig; 1 EL Salz; Lorbeerblätter; Pfefferkörner; Wacholderbeeren; Pfefferschoten; Olivenöl nach Bedarf.

Makellose, frische und nicht zu große Pilze auswählen. Größere Exemplare werden zerteilt.

Erdpartikel mit einem spitzen Messer abschaben, den unteren Teil des Stiels abschneiden und die Pilze mit einem feuchten Tuch abreiben. Pilze sollten möglichst nicht gewaschen werden.

Das Wasser mit dem Essig unter Zugabe von 1 EL Salz, 2 Lorbeerblättern und einigen Pfefferkörnern aufkochen. Nach dem Aufsprudeln die Pilze hineingeben und 10 Minuten kochen. Abgießen und zum Trocknen auf ein Tuch oder in ein Sieb geben.

Wenn sie weitgehend getrocknet sind, in Gläser füllen und dabei leicht zusammenpressen. Jeweils 1 Lorbeerblatt, 2 Pfefferkörner, 2 Wacholderbeeren und ein Stückchen Pfefferschote zufügen und alles mit gutem Olivenöl bedecken. Am darauffolgenden Tag gegebenenfalls Öl nachgießen und verschließen.

Steinpilze in Essig

Die Pilze werden wie beim vorhergehenden Rezept vorbereitet. Nach 10minütigem Kochen im gewürzten Essigwasser den Herd abschalten und die Pilze zugedeckt 1 Stunde ruhen lassen.

Abgießen, in die Gläser füllen und jeweils 1 Lorbeerblatt und einen Thymianzweig hinzufügen. Die Pilze mit gutem Weißweinessig bedekken, die Gläser fest verschließen und an einem kühlen, trockenen Ort lagern.

Getrocknete Pilze

Die Pilze mit Hilfe eines spitzen Messers von Erdpartikeln säubern, den unteren Stielabschnitt entfernen und behutsam mit einem rauhen Tuch abreiben, möglichst nicht waschen.

Längs in ½ cm dicke Scheiben schneiden und diese auf einem Holzbrett oder Rost ausbreiten. Zum Trocknen an einen hellen, aber nicht zu sonnigen Ort stellen und nachts hereinholen.

Gelegentlich wenden, bis die Pilze nach etwa 6 Tagen alle Feuchtigkeit abgegeben haben.

Sollte das Klima zu feucht sein, fädeln Sie die Pilzscheiben mit Hilfe einer langen Nadel auf einen dünnen Faden und hängen sie in der Nähe einer Wärmequelle auf, allerdings nicht zu nahe.

In Stoffsäckchen, besser noch in fest verschließbare Gläser füllen und an einem trockenen Ort aufbewahren.

Gemahlene Pilze

Beim Trocknen von Pilzen fallen stets kleine Stückchen ab. Auch diese können Sie verwerten, indem Sie sie im Mörser zerstoßen oder in einer elektrischen Mühle (in der keinerlei Überreste oder Düfte von der vorherigen Verwendung verbleiben dürfen) vermahlen. Das Pulver in ein Gläschen füllen und zum Abschmecken von Risotto, Nudelsaucen oder Schmorfonds verwenden.

Rhabarber

Diese dekorative Pflanze mit ihren hochragenden Stielen und gelappten Blättern stammt aus den Bergen Tibets und Chinas und wird heute vor allem in Mittel- und Nordeuropa kultiviert.

Die Wurzel war schon im Altertum für ihre Heilkraft bekannt, doch stand sie aufgrund ihres hohen Preises lange Zeit nur wenigen zur Verfügung, bis im 18. Jahrhundert die ersten Rhabarberpflanzungen entstanden.

Aus den rötlichen Blattstielen läßt sich eine angenehm säuerliche Marmelade kochen, die nicht nur exquisit schmeckt, sondern auch die Verdauung unterstützt.

Rhabarbermarmelade

Rote Rhabarberstengel; Zucker.

Die makellosen und fleischigen Stengel in Stücke schneiden. Den vorgesehenen Topf leer wiegen, um später die benötigte Zuckermenge errechnen zu können.

Den Rhabarber zunächst bei schwacher, dann bei starker Hitze kochen, bis er zerfällt und reichlich Saft ausgetreten ist. Nun den Topf mit Inhalt wiegen: die Differenz zum vorherigen Wert ergibt das Gewicht des Einkochguts und entspricht der Zuckermenge, die Sie nun zufügen müssen.

Noch gut ¼ Stunde kochen, bis die Marmelade eindickt und sich zart salbeigrün färbt. Wenn Sie eine dickere Konsistenz bevorzugen, so setzen Sie den Kochvorgang fort, bis die Marmelade leicht bernsteinfarben wird.

Dieses Rezept wurde mir von Frau Maria Acuto aus Aosta mitgeteilt.

Rhabarberkompott

1 kg Rhabarberstengel; ½ l Wasser; ¾ kg Zucker.

Den gewaschenen, abgetrockneten und in fingerlange Stücke geschnittenen Rhabarber wiegen und in eine Porzellanschüssel füllen.

Pro kg Frucht ½ l Wasser zum Kochen bringen, ¾ kg Zucker einrühren und den Sirup 2 Minuten kochen. Über den Rhabarber gießen und die Stücke darin wenden. Rhabarber und Sirup gleichmäßig auf die vorbereiteten Einweckgläser verteilen, wobei der Sirup die Frucht gut bedecken muß.

Die Gläser fest verschließen und in Tücher wickeln. Im Sterilisationstopf mit kaltem Wasser bedecken und ¼ Stunde kochend sterilisieren. Den Topf vom Herd ziehen und die Gläser im Wasser erkalten lassen. Am nächsten Tag herausnehmen, abtrocknen und beschriften.

Das Kompott eignet sich vorzüglich als Dessert oder für Obstkuchen.

Rhabarbergelee

1 ½ kg Rhabarberstengel; Wasser; 1 kg Zucker; 1 Zimtstange.

Die gewaschenen und in kleine Stücke geschnittenen Rhabarberstangen mit 2 Glas Wasser kräftig kochen, bis der Rhabarber zerfällt und sich reichlich Saft bildet. Alles im Mixer pürieren und über einem Topf durch ein feines Tuch seihen.

Den Saft mit ¼ l Wasser verrühren, Zucker und Zimtstange zufügen und das Ganze erhitzen. Nach dem Aufsprudeln etwa 10 Minuten auf lebhafter Flamme kochen. Die Zimtstange entfernen und das Gelee heiß abfüllen.

Bis zum nächsten Tag auskühlen lassen. Erst dann die Gläser verschließen und das Gelee zuvor mit passend zurechtgeschnittenem und in 90prozentigem Weingeist getränktem Pergamentpapier abdecken.

Rosmarin

Dieser immergrüne Gewürzstrauch mit seinen lederartigen Blättern und zartblauen bis violetten Blütchen wächst an den Mittelmeerküsten. Er wird gerne von Bienen besucht, der Honig ist sehr begehrt.

Rosmarin wirkt sich günstig auf das Nervensystem aus, doch teilweise verliert sich dieser Effekt durch Verpflanzen des Strauches in den Garten oder in den Blumentopf. Neben der Anwendung in der Küche spielt Rosmarin eine wichtige Rolle in der Kräuterheilkunde und bei der Likörherstellung.

Getrockneter Rosmarin

Die Blätter ablösen und, auf einem Tuch ausgebreitet, im Schatten trocknen; über Nacht ins Haus nehmen. Wenn sie nach einigen Tagen gänzlich getrocknet sind, in dicht verschließbare Gläschen (möglichst mit Korkdeckel) füllen.

Rote Rüben

Bei der roten Rübe handelt es sich um eine der zahlreichen Verwandten des Mangolds, einer einst ausschließlich in Europa beheimateten Pflanze, die später auch in Kleinasien und Indien heimisch wurde.

Die hier beschriebene Art wird wegen ihrer dicken eßbaren Wurzel angebaut. Die Wurzel einer Varietät derselben Art, der Zuckerrübe, liefert den Rohstoff für die Zuckerherstellung.

Aufgrund ihres hohen Eisen-, Vitamin- und Zuckergehalts sind rote Rüben äußerst gesund.

Rote-Rüben-Marmelade

Rote Rüben; 1 TL Salz; abgeriebene Schale von 1 unbehandelten Zitrone; 1 kleine Zimtstange; 100 g Zucker pro kg gekochten Rüben; Rum.

Nur wirklich frische rote Rüben verwenden; unter fließendem Wasser bürsten. Wasser zum Kochen bringen und die ganzen Rüben hineingeben. Unter Zugabe von 1 TL Salz 3 Stunden kochen.

Anschließend schälen und würfeln. Mit wenig Wasser, der Zitronenschale, dem Zimt und dem Zucker in einen geschmacksneutralen Topf geben. Bei milder Hitze kochen, dabei ständig mit dem Holzlöffel rühren.

Wenn die Marmelade so zäh geworden ist, daß ein kleiner Klecks auf einem schräg gehaltenen Teller kaum noch fließt, wird sie sofort heiß in die Gläser gefüllt.

Am folgenden Tag, wenn sie völlig erkaltet ist, 1 EL Rum in jedes Glas geben und schnell verschließen. Kühl und trocken lagern.

Verwenden Sie auf keinen Fall mehr als die angegebene Zuckermenge, da die Marmelade ansonsten einen geradezu unangenehmen Geschmack entwickelt.

Salbei

Der Name dieser Pflanze geht auf das lateinische Wort »salus« zurück, das »Wohlbefinden« oder »Gesundheit« bedeutet. Tatsächlich ist Salbei sehr gesundheitsfördernd. Zwar ist er wohl in erster Linie als würzende Zutat und Zahnreinigungsmittel bekannt, doch zeichnet er sich zugleich durch zahlreiche – unter anderem antiseptische und verdauungsfördernde – Wirkstoffe aus.

Früher bereitete man sogar aus den Blättern einen Absud gegen Nachtschweiß. Die alten Ägypter dagegen verabreichten ihn unfruchtbaren Frauen. Selbst als Mottenschutz bewährt sich Salbei und ist darüber hinaus eine beliebte Zutat für Kräuterliköre.

Getrockneter Salbei

Bei Einsetzen der Blütezeit schneidet man die schönsten Blätter und auch die Blütenspitzen ab und breitet sie auf einem Tuch im Schatten aus. Einige Tage trocknen und über Nacht ins Haus holen.

Die völlig getrockneten, schrumplig gewordenen Blätter und Blüten in möglichst lichtundurchlässige und mit Korken verschließbare Gläser füllen.

Salbei dient, häufig mit anderen Kräutern gemischt, zum Würzen der verschiedensten Speisen und ergibt einen verdauungsfördernden Tee.

Saueräpfel

Das nachstehende, auf den ersten Blick vielleicht etwas ungewöhnliche Rezept entstand durch puren Zufall.

Im Garten einer Bekannten war ein Apfelbaum durch das enorme Gewicht seiner zahlreichen Früchte zerborsten. Es tat mit in der Seele weh, all die Äpfel, die allerdings noch sehr sauer waren, verderben zu sehen. Ich nahm also mit dem Einverständnis der Dame einen kleinen Vorrat mit nach Hause und bereitete ein Apfelmus, das allgemeine Zustimmung fand.

Säuerliches Apfelmus

2 kg saure Äpfel; 2 Glas Wasser; 1 kg Zucker; 1 Vanilleschote.

Die Äpfel gründlich waschen. Schälen, vom Kerngehäuse befreien und vierteln. Schalen und Kerngehäuse in ein Mullsäckchen füllen.

Die Äpfel mit dem Wasser in einen Topf geben und bei milder Hitze kochen. Sobald das Fruchtfleisch zu zerfallen beginnt, die Äpfel durchpassieren.

Das Apfelmus unter Zugabe der feingehackten Vanilleschote und des Zuckers wieder aufsetzen. Wie eine Marmelade fertigkochen: ein kleiner Löffel Mus darf auf einem schräg gehaltenen Teller kaum noch fließen.

In Gläser füllen, diese sofort verschließen und in Wolltücher wickeln. Bis zum völligen Erkalten, also mindestens 36 Stunden, ungestört ruhen lassen.

Dieses etwas ungewöhnliche Apfelmus paßt mit seinem leicht säuerlichen Geschmack beispielsweise ausgezeichnet zu Lammbraten. Auch für Obstkuchen und Apple Pies sowie als Brotaufstrich läßt es sich gut verwenden.

Stachelbeeren

Die ursprüngliche Heimat der Stachelbeere ist Nordeuropa, insbesondere Dänemark und Schweden. Vor 600 Jahren war sie bereits in Nordfrankreich bekannt und geschätzt. Im nördlichen Italien trifft man in den kühlen Wäldern auf wildwachsende Formen, die sich zuweilen sogar in Baumhöhlen einnisten.

Den Niederländern gelangen Züchtungen verschiedener Arten mit unbehaarten, teilweise sogar pflaumengroßen Früchten.

Aus Stachelbeeren lassen sich leckere Marmeladen und Gelees herstellen. Dank ihrer entwässernden und entschlackenden Wirkung eignen sie sich ausgezeichnet, um den Organismus wieder auf Vordermann zu bringen.

Stachelbeermarmelade

1 kg Stachelbeeren; Wasser; Zucker; 1 Päckchen Vanillinzucker.

Die Beeren sorgfältig säubern und bis auf einen kleinen Ansatz von den Stielen befreien. In einen Topf füllen und mit kaltem Wasser bedecken. Auf mittlerer Flamme kochen, bis die Beeren aufzuplatzen beginnen.

Die Früchte wiegen und dieselbe Menge Zucker sowie den Vanillinzucker zufügen. Erneut bei mittlerer Hitze unter Rühren kochen. Nach etwa ½ Stunde ist die Marmelade fertig. Geben Sie zur Probe einen kleinen Klecks auf einen schiefgehaltenen Teller: wenn die Marmelade kaum noch fließt, wird sie sofort heiß abgefüllt, andernfalls muß sie noch ein paar Minuten kochen.

Nach dem Abfüllen 1 Tag lang offen auskühlen lassen. Danach in jedes Glas ein passendes Stück Pergamentpapier legen, das mit 90prozentigem Weingeist getränkt wurde, und die Gläser verschließen.

Stachelbeergelee

1 kg nicht zu reife Stachelbeeren; Wasser; Zucker (300 g pro Liter Saft).

Nur makellose Beeren verwerten und diese gründlich waschen; nicht entstielen. In einen Topf füllen, mit Wasser bedecken und kochen, bis die Beeren zerplatzen. Mit einem Holzlöffel gründlich zerdrücken; dann durch ein Sieb oder ein Tuch seihen und gut ausdrücken, damit kein Saft verlorengeht. Wiegen und pro kg Saft 300 g Zucker zufügen.

Erneut kochen, bis der Saft geliert. Wenn Sie einen Tropfen zwischen den Fingern zerreiben, muß er Fäden ziehen. Das Gelee heiß in Gläser füllen und erst am folgenden Tag verschließen. Dabei nicht das Pergamentpapier vergessen, das passend ausgeschnitten, mit 90prozentigem Weingeist befeuchtet und über das Gelee gebreitet wird.

Stachelbeeren in Branntwein

Stachelbeeren; Zucker; Gewürznelken; Branntwein.

Die Stachelbeeren einzeln abreiben und schadhafte Früchte aussortieren. Die Stiele nicht entfernen bzw. nur mit der Schere stutzen, falls sie zu lang sind.

Die Beeren in Einweckgläser füllen und pro Glas 2 gehäufte EL Zukker und 2 Gewürznelken zugeben. Mit gutem Branntwein auffüllen, verschließen und die Stachelbeeren vor dem Genuß mindestens 2 Monate ziehen lassen.

Thymian

Frisch wie auch getrocknet ist der Thymian aus der Mittelmeerküche nicht wegzudenken. Er gedeiht in sonnigen Gebieten und wird wegen seines Duftes auch gerne im Garten angepflanzt.

Das Kraut kommt aufgrund seiner antiseptischen, krampflösenden und wurmtreibenden Wirkung auch in der Kräutermedizin zur Verwendung und nimmt ebenso in der Kosmetik- und Likörherstellung einen wichtigen Stellenwert ein.

Getrockneter Thymian

Sobald die Pflanzen erblühen, werden die Zweige auf halber Höhe abgeschnitten. Man bündelt sie und hängt sie kopfüber an einen warmen und luftigen, jedoch schattigen Ort.

Nach etwa 1 Woche, wenn das Kraut völlig trocken ist, werden die Zweige in Stücke geschnitten und in getönte Gläser (möglichst mit Korkverschluß) gefüllt.

Tomaten

Das von Mexiko bis Peru in freier Natur wachsende Nachtschattengewächs wurde gegen Mitte des 16. Jh. von den Spaniern nach Europa gebracht, aber bis ins 18. Jahrhundert ausschließlich als Zierpflanze gezogen, da man seine Früchte für giftig hielt.

Noch gegen Ende des letzten Jahrhunderts beschränkte sich der Tomatenanbau hauptsächlich auf Südeuropa, in Italien besonders auf Sizilien und Kampanien.

Zwar ist die Tomate nicht besonders nahrhaft, doch weist die voll ausgereifte Frucht einen hohen Anteil an Vitamin A und C, organischen Säuren und Karotinoiden auf.

Marmelade aus reifen Tomaten

Erste Art

4 kg reife Tomaten; abgeriebene Schale von 2 unbehandelten Zitronen; 2 Vanilleschoten; Zucker.

Die Tomaten einige Minuten in kochendes Wasser tauchen und sofort enthäuten. Halbieren, entkernen und abtropfen lassen.

Unter Zugabe der Zitronenschale etwa 1 Stunde kochen, anschließend durch ein feines Sieb streichen und wiegen. Erneut auf den Herd stellen, die Vanilleschoten und Zucker in der halben Menge des Tomatengewichts hinzufügen. 3 Stunden bei schwacher Hitze kochen, dabei gelegentlich umrühren.

Heiß abfüllen und die Gläser erst verschließen, wenn die Marmelade völlig erkaltet ist. Zuvor mit passend zurechtgeschnittenem und in 90prozentigem Alkohol getränkten Pergamentpapier abdecken.

Diese exquisite Marmelade ist insbesondere für schmächtige und blutarme Kinder zu empfehlen.

Zweite Art

2½ kg Tomaten; 1 unbehandelte Zitrone; 1½ kg Zucker; 1 Apfel.

Die Tomaten häuten, in Stücke schneiden und in eine geschmacksneutrale Schüssel geben. Die gewaschene und in hauchdünne Scheiben geschnittene Zitrone zufügen. Mit dem Zucker überstreuen und über Nacht ziehen lassen.

Am nächsten Tag den ausgetretenen Saft durchkochen, eindicken, bis er Fäden zieht. Nun die durchpassierten Tomaten mit dem geschälten und in sehr feine Scheiben geschnittenen Apfel dazugeben. Das Ganze kochen, bis die Tomaten glasig werden.

Die Marmelade heiß in die vorbereiteten Gläser füllen. Diese sofort verschließen, in Wolltücher einschlagen und 36 Stunden ruhen lassen. Anschließend an einen kühlen, trockenen Platz stellen.

Marmelade aus grünen Tomaten

1 kg grüne Tomaten; 800 g Zucker; 1 unbehandelte Zitrone; 1 Vanilleschote.

Die gewaschenen und abgetrockneten Tomaten in dünne Scheiben schneiden; den austretenden Saft und die Kerne in einer Schüssel auffangen.

Die Tomaten in eine zweite Schüssel füllen, den Saft durch ein Sieb filtern und dazugeben. Den Zucker darüberstreuen und das Ganze über Nacht an einem kühlen Ort ruhen lassen.

Am folgenden Tag in einen sauberen, trockenen Topf umfüllen und die gewaschene, in hauchdünne Scheiben geschnittene und entkernte Zitrone hinzufügen. Auf kleiner Flamme erhitzen; sobald die Marmelade aufwallt, die in Stückchen geschnittene Vanilleschote hineingeben. Bei milder Hitze unter ständigem Rühren 2 ½ Stunden kochen und immer wieder abschäumen.

Die Marmelade ist fertig, wenn sie einen leichten Bernsteinton annimmt und wenn ein kleiner Klecks auf einem schief gehaltenen Teller kaum noch läuft.

Kochendheiß abfüllen und erkalten lassen. Am nächsten Tag Pergamentpapier passend zurechtschneiden, mit 90prozentigem Alkohol anfeuchten und über die Marmelade legen. Die Gläser dicht verschließen.

Niemand wird erraten, woraus Sie diese köstliche Marmelade hergestellt haben.

Tomaten in Salzlake

Tomaten; Wasser; Salz; Öl.

Verarbeiten Sie schöne, runde, feste Tomaten, die voll ausgereift sind und keine Schadstellen aufweisen. Einzeln mit einem feuchten Lappen abreiben und in Einmachgläser mit weiter Öffnung legen; behutsam zusammendrücken, ohne daß die Tomaten aufplatzen.

Wasser unter Zugabe von 100 g Salz pro Liter einige Minuten kochen und anschließend völlig erkalten lassen. Die Tomaten damit vollständig bedecken, auf die Salzlake eine 1 cm dicke Ölschicht geben und die Gläser verschließen.

Lagern Sie diesen Vorrat an einem kühlen, trockenen Ort.

Frischerhaltene ganze Tomaten

Tomaten; Wasser nach Bedarf; Salz (2 EL pro Liter).

Wählen Sie reife und feste, ebenmäßige, aber nicht zu große Tomaten. Waschen, trockenreiben und mit einer Stopfnadel drei- bis viermal einstechen. Die Tomaten möglichst dicht in Einweckgläser füllen, ohne sie jedoch zu beschädigen.

Wasser unter Zugabe von 2 EL Salz pro Liter aufkochen und heiß über die Tomaten gießen, so daß diese völlig bedeckt sind.

Die Gläser verschließen, in Tücher wickeln und in einen großen Topf stellen. Bis zur oberen Grenze der Tomaten Wasser zugießen. Den Topf auf den Herd stellen und die Tomaten 20 Minuten im sprudelnden Wasser sterilisieren. Anschließend die Gläser im Wasser erkalten lassen, abtrocknen und einlagern.

Geschälte Tomaten in Salzwasser

Eiertomaten; Wasser; Salz (30 g pro Liter); Basilikum und Thymian (nach Belieben).

Die Tomaten ein paar Minuten in kochendem Wasser brühen und sofort häuten. In Einmachgläser schichten, ohne sie zu beschädigen.

Wasser mit 30 g Salz pro Liter sprudelnd aufkochen und abkühlen lassen. Die Tomaten nach Geschmack mit einigen Basilikumblättern und 1 Thymianzweig pro Glas verfeinern und mit der Salzlake bedekken.

Die fest verschlossenen und in Tücher gewickelten Gläser in einen großen Topf stellen. Bis zur oberen Grenze des Einkochguts Wasser zugießen und zugedeckt zum Kochen bringen. Nach dem ersten Aufsprudeln 50 Minuten sterilisieren, dann den Herd abschalten.

Die Gläser, nachdem sie im Wasser völlig ausgekühlt sind, herausnehmen, abtrocknen und für den Winter an einen kühlen, trockenen Platz stellen.

Ganze Tomaten in Öl

Tomaten; Rotweinessig; Lorbeerblätter; Thymian; Basilikum; Öl.

Makellose, feste und vollreife Tomaten einzeln mit einem feuchten Tuch abreiben und in Einmachgläser mit weiter Öffnung schichten.

Guten Essig erhitzen und kochend über die Tomaten gießen. Erkalten lassen und die Gläser verschließen. Nach 10 Tagen den Essig abgießen, jedoch nicht wegschütten, denn sie können ihn noch für weitere derartige Zubereitungen oder für Salate verwenden.

Die Tomaten behutsam mit Küchenkrepp oder einem Tuch trockentupfen und in saubere, trockene Gläser füllen. In jedes Glas einige Lorbeerblätter, 1 Thymianzweig und 2 Basilikumblätter geben und soviel Öl darübergießen, bis die Tomaten mindestens 1 cm bedeckt sind. Die Gläser verschließen.

Hin und wieder nachschauen, ob die Tomaten noch immer bedeckt sind, andernfalls Öl nachgießen.

Diese Art eingelegter Tomaten eignet sich für Salate ebenso wie für Pizza, Schmorbraten oder gedünsteten Fisch.

Tomatenmark

Tomaten; Öl nach Bedarf.

Für Saucen geeignete, vollreife und einwandfreie Tomaten waschen und trockenreiben. In Stücke schneiden und in einen Topf füllen.

Erhitzen und 10 Minuten kochen. Durch ein feines Sieb streichen, so daß Haut und Kerne zurückbleiben. Das Püree erneut auf den Herd stellen und weitere 40 Minuten kochen, bis es stark eindickt. Heiß abfüllen, in jedes Gläschen 1 EL Öl geben und sofort verschließen. In Wolltücher einschlagen und mindestens 36 Stunden an einem ruhigen Platz erkalten lassen; erst dann in die Vorratskammer stellen.

Tomatenpüree läßt sich auf vielseitige Weise verwenden.

Tomatenkonzentrat

Tomaten; Zwiebel; Sellerie; Mohrrübe; Basilikum; Origano; Zucker (1 kleines Glas pro kg Tomatenpüree).

Durch Trocknen von stark eingedicktem Tomatenpüree erhält man ein sehr festes, dunkles Konzentrat. Verrührt man dieses mit etwas Wasser und Instantbrühe, so hat man im Nu eine ausgezeichnete Sauce. Doch auch als Aufstrich für Crackers oder pikante Schnittchen ist die Paste hervorragend geeignet.

Vollreife Tomaten waschen und abtrocknen. Grob zerteilen und so lange kochen, bis der Saft völlig verdampft und das Püree deutlich eingedickt ist.

Durchpassieren und ohne Schalen und Kerne wieder in den Topf geben. Unter Zugabe der üblichen Aromaten – Zwiebel, Mohrrübe, Sellerie, Basilikum, Origano, alles sehr fein gehackt – und von Zukker im obengenannten Verhältnis kochen, bis sich eine dicke Paste ergibt.

Auf einem sauberen Holzbrett ausstreichen und mehrere Tage der Sonne aussetzen; über Nacht ins Haus nehmen.

Die Stücke mit Hilfe eines Bratenwenders ab und zu umdrehen, damit sie gleichmäßig trocknen. Wenn die Masse so trocken ist, daß sie sich mit eingeölten Händen gut kneten läßt, wird sie zu gleichmäßigen Würsten gerollt. Diese in Aluminiumfolie oder Pergamentpapier wickeln und an einem kühlen, trockenen Platz aufbewahren.

Tomatensauce

2 kg Tomaten; 1 Zwiebel; 1 Knoblauchzehe; 1 Mohrrübe; 2 Selleriestangen; 3 Basilikumblätter; eine Handvoll Petersilie; einige Thymianzweige; Origano; Salz; Pfeffer.

Schöne, feste und vollreife Tomaten grob würfeln. Das restliche Gemüse mit den Kräutern fein hacken. Alles in einen Topf geben; salzen und pfeffern.

Etwa 2 Stunden kochen und anschließend durch das Passiersieb streichen. Erneut unter Rühren erhitzen und noch 1 Stunde kochen. Heiß abfüllen und fest verschließen. Die Gläser in Wolltücher wickeln und 36 Stunden an einem ruhigen Ort auskühlen lassen. Anschließend für den Winter beiseite stellen. Vor der Verwendung muß die Sauce lediglich aufgewärmt werden.

Tomatenketchup

1 kg Tomaten; 1 kg Zwiebeln; ¼ l Essig; ½ kg Zucker; jeweils 1 gestrichener TL Muskatnuß und Paprikapulver; jeweils 2 gestrichene TL Ingwer und Senfpulver; 2 TL Salz; 5 Gewürznelken.

Vollreife Tomaten mit einem feuchten Lappen abreiben und in Scheiben schneiden. Zusammen mit den geschälten und in feine Scheiben geschnittenen Zwiebeln aufsetzen und nach dem Aufwallen ½ Stunde bei milder Hitze kochen.

Durch ein feines Sieb streichen, Essig und Zucker dazugeben und die Sauce unter Kochen eindicken. Dies dauert etwa ½ Stunde. Nun alle Gewürze zufügen und die Sauce noch ¼ Stunde kochen.

Sofort in Gläser füllen, verschließen und, in Wolltücher eingeschlagen, an einem ruhigen Ort 36 Stunden auskühlen lassen; erst danach an den endgültigen Platz stellen.

Das Ketchup kann ohne weitere Verarbeitung verwendet werden.

Tomatensaft

Tomaten.

Verwenden Sie nur makellose und vollreife Früchte. Einzeln säubern, zerkleinern und durch ein feines Sieb streichen, um sie von Haut und Kernen zu befreien. Den Saft in Gläser oder Flaschen füllen, die möglichst nicht mehr als 250 bis 300 g fassen.

Verschließen bzw. zukorken, in Tücher wickeln und zum Sterilisieren in einen großen Topf stellen. Mit Wasser aufgefüllt und zugedeckt zum Kochen bringen; 45 Minuten sterilisieren. Den Topf vom Herd nehmen und die Gefäße im Wasser erkalten lassen. Herausnehmen, abtrocknen und für den Winter beiseite stellen.

Tomatensaft wird gerne als Aperitif, aber auch als durstlöschendes Getränk gereicht: Ein Vitaminkonzentrat, das bestimmt auch Ihren Kindern schmeckt.

Kleine grüne Tomaten in Essig

Kleine grüne Tomaten; Lorbeerblätter; Thymian; Chilischoten; Weißweinessig.

Bei diesem Rezept können auch noch die letzten Tomaten verwertet werden, die am Ende der Saison noch klein und grün sind und ohnehin nicht mehr reif werden.

Die frisch geernteten Früchte mit einem feuchten Tuch abreiben und ein paar Stunden in die Sonne legen. In Einweckgläser füllen und jeweils 1 Lorbeerblatt, 1 Thymianzweig und 1 Stückchen Chilischote dazugeben. Mit gutem Weißweinessig bedecken und die Gläser verschließen.

Nach etwa 2 Monaten schon können Sie die Tomaten, beispielsweise als Vorspeise, servieren. Natürlich halten sie sich, wie alles in Essig Eingelegte, viel länger, wenn Sie für die Entnahme immer eine saubere Holzzange verwenden und stets bis zum Glasrand frischen Essig nachgießen.

Getrocknete Tomaten mit Kräutern in Öl

Tomaten; Knoblauch; Lorbeerblätter; Gewürznelken; Thymian; Basilikum; Origano; rote Pfefferschoten; Olivenöl nach Bedarf.

Schöne, nicht zu große Tomaten waschen und sorgfältig trockenreiben. Halbieren, mit den Fingern aushöhlen und durch leichtes Ausdrücken weitgehend entsaften. Drücken Sie jedoch nicht zu fest, damit das Fruchtfleisch nicht zerquetscht wird.

Mit der Schnittfläche nach oben auf Holzbretter legen und, mit einem dünnen Tuch abgedeckt, in der Sonne dörren. Abends ins Haus holen, damit sie durch die nächtliche Feuchtigkeit nicht verderben. In weniger als 1 Woche werden die Tomaten in der prallen Sonne völlig getrocknet sein.

Nun die Gewürze und Kräuter fein hacken und in jede Tomatenhälfte ein wenig von der Mischung geben. Die Tomaten ordentlich in Einmachgläser mit weiter Öffnung schichten, so daß möglichst wenig Hohlräume bleiben. Die Gläser mit gutem Olivenöl auffüllen und verschließen. Nach ein paar Tagen kontrollieren, ob die Tomaten noch immer bedeckt sind; andernfalls Öl nachgießen.

Im Winter sind diese Tomaten eine hervorragende Ergänzung zu Schmorbraten, in Tomatensauce gedünstetem Fleisch, zu Salaten und ähnlichem.

Vielfruchtmarmelade

Gemischte Früchte; Zucker (800 g pro kg Obst); 1 Zitrone.

Stellen Sie Art und Menge der Früchte ganz nach Ihrem Geschmack zusammen: Sie können Feigen, Äpfel, Quitten, Pfirsiche, Wildfrüchte verwenden und alles, was Garten und freie Natur sonst noch zu bieten haben.

Die Früchte schälen, erforderlichenfalls entkernen und in Stücke schneiden. Zusammen mit einer ebenfalls in Stücke geschnittenen Zitrone in einen geschmacksneutralen Topf geben, mit Zucker in der angegebenen Menge bestreuen und über Nacht ziehen lassen.

Am folgenden Tag alles erhitzen und nach dem Aufwallen ½ Stunde kochen, dabei ständig rühren. Nun sollte die Marmelade fertig sein: ein kleiner Klecks, auf einen schräg gehaltenen Teller getropft, darf kaum noch fließen

Heiß in Gläser füllen und am nächsten Tag verschließen. Vergessen Sie jedoch nicht das übliche passend zurechtgeschnittene Stück Pergamentpapier, das mit Weingeist befeuchtet und über die Marmelade gelegt wird.

Walnüsse

Der Walnußbaum stammt aus grauer Vorzeit. Nachdem er im Zuge der weiträumigen Vergletscherungen nahezu völlig verdrängt worden war, trat er gegen Ende der Bronzezeit erneut in Erscheinung. Seitdem gelangte der Baum, der in der Antike als »eines der Lieblingsgewächse der Hexen« galt, in zahlreichen Gebieten zwischen Südosteuropa und China zu weiter Verbreitung.

Walnüsse waren zunächst weniger als Frucht als vielmehr des Öls wegen geschätzt, das man durch Pressung gewinnt, das aber schnell ranzig wird. Inzwischen wurde die Bedeutung der Walnuß als Nahrungsmittel erkannt, das den Körper mit Kohlenhydraten, Mineralstoffen und zahlreichen lebenswichtigen Vitaminen versorgt.

Die Blätter und die grünen Schalen der Nüsse werden in der Pflanzenheilkunde gegen Schuppen und Haarausfall und in der Kosmetik als Färbemittel eingesetzt.

Marmelade aus grünen Walnüssen

1 kg geschälte grüne Walnüsse; 2 l Wasser; Zucker nach Bedarf; 1 Stück Stangenzimt.

Das Rezept für diese ungewöhnliche Marmelade stammt aus Frankreich.

Es werden nur die Kerne verwendet. Denken Sie daran, daß die grünen Schalen an Händen und auf Stoff hartnäckige Flecken hinterlassen. Gehen Sie also lieber mit Handschuhen und Schürze zu Werk.

2 l Wasser in einem geschmacksneutralen Topf erhitzen. Sobald es aufwallt, 1 kg geschälte ganze Walnüsse hineingeben und 8 Minuten kochen.

Abseihen, mit kaltem Wasser bedecken und 2 Tage ziehen lassen; das Wasser täglich wechseln. Die Nüsse abgießen, wiegen und wieder in den Topf geben. Dieselbe Menge Zucker sowie die Zimtstange zufügen. Die Nüsse grob zerstoßen und die Mischung unter Rühren erhitzen. Wenn sie aufwallt, energisch rühren, um die Nüsse möglichst fein zu zerkleinern. Den Vorgang etwa 1 Stunde fortsetzen.

Die Marmelade heiß abfüllen und am Tag darauf verschließen. Zuvor jedoch mit Pergamentpapier abdecken, das Sie passend zurechtgeschnitten und mit 90prozentigem Weingeist angefeuchtet haben.

Likör aus grünen Walnüssen

Erste Variante

17 grüne Walnüsse; 1 l Weingeist (90% Vol.); 600 g Zucker; 6 dl Wasser; 5 g Zimtpulver; 5 g Gewürznelken.

Die Nüsse mitsamt der grünen Schale fein zerkleinern (am besten im Mörser zerstoßen oder mahlen). Zucker und Wasser kalt verrühren. Den so entstandenen Sirup zusammen mit den Nüssen, dem Weingeist, dem Zimt und den Gewürznelken in ein großes Einweckglas füllen. Kräftig schütteln und die Mischung – möglichst in der Sonne – 30 Tage ziehen lassen.

Durch ein Tuch seihen und gut ausdrücken, damit keine Flüssigkeit verlorengeht. Abfüllen und fest zukorken. Sollte die Flüssigkeit nach einigen Wochen noch trüb sein, so wird sie erneut durchgefiltert.

Zweite Variante

600 g grüne Walnüsse; 5 g Zimt; 5 g Gewürznelken; abgeriebene Schale von ½ unbehandelten Zitrone; 2 l Weingeist (90% Vol.); 850 ml guter Rotwein; 1,3 kg Zucker.

Nach italienischer Tradition sollten die Walnüsse möglichst in der Nacht vom 23. zum 24. Juni, der Johannisnacht, gepflückt werden, da in dieser Nacht nach altem Volksglauben die Hexen einen »Sabbat« abhalten, der insbesondere den Walnußbäumen Kraft verleiht.

Ziehen Sie vorsichtshalber Gummihandschuhe an, da die grünen Schalen Flecken hinterlassen. Die Nüsse samt Schalen fein zerstoßen. Zusammen mit der Hälfte der Gewürznelken und des Zimts in ein großes Einweckglas geben. Die Zitronenschale zufügen und alles mit dem Weingeist übergießen. Das verschlossene Glas 40 Tage lang an einen sonnigen Platz stellen und gelegentlich schütteln; über Nacht ins Haus holen.

Am 41. Tag den Inhalt durchseihen. Die festen Bestandteile pürieren und mit der Flüssigkeit, die inzwischen eine dunkelbraune Färbung angenommen hat, ins Glas zurückschütten.

Aus Wein, Zucker und den restlichen Gewürzen bei milder Hitze einen Sirup bereiten und diesen 5 Minuten kochen. Abkühlen lassen und ebenfalls ins Glas gießen. Verschließen, energisch schütteln und die Mischung weitere 10 Tage ziehen lassen.

Alles durch ein Tuch seihen und kräftig ausdrücken. In Flaschen füllen und fest zugekorkt reifen lassen.

Walnuß-Ratafia

1 kg grüne Walnüsse; 1 Gewürznelke; 10 g zerstoßene Bittermandeln; 1 g Macis; 1 g Anis; 1 g Angelikaextrakt; 1 l Rotwein; ½ l Weingeist (90% Vol.); ¾ kg Zucker.

Nüsse, Gewürze, Mandeln und Zucker zusammen fein zerreiben. Die Mischung in ein Einmachglas geben und mit dem Wein übergießen. Verschließen, schütteln und 5 Tage ziehen lassen.

Am 6. Tag durch ein Tuch seihen und insbesondere die festen Bestandteile auspressen. Den Alkohol zur Flüssigkeit geben und die Mischung über Nacht ruhen lassen. Am nächsten Morgen erneut durch einen Papierfilter gießen, in Flaschen füllen und fest zukorken. Mindestens 1 Monat »altern« lassen.

Wassermelone

Die Wassermelone zählt wie die Gurke zur Familie der Kürbisgewächse. Ihre Form ist rundlich oder länglich, die Schale dunkelgrün, grün-weiß gesprenkelt oder gelblichgrün.

Wegen ihres süßen, saftreichen roten Fruchtfleisches, das allerdings kaum Nährstoffe aufweist, genießt man sie an heißen Sommertagen als willkommene leichte Erfrischung.

Im Winter wird eine Varietät mit hellgelber Schale und ebenfalls rotem Fruchtfleisch angeboten, die man zu Gelee und Marmelade verarbeitet.

Wassermelonenkonfitüre

1 kg Wassermelone (ohne Schale); 800 g Zucker; 1 Vanilleschote.

Die Melone schälen und entkernen, das Fruchtfleisch würfeln.

Lagenweise in eine Schüssel füllen und jede Schicht mit etwas Zucker bestreuen. Zugedeckt über Nacht ziehen lassen.

Am folgenden Tag den Saft abgießen und durch Kochen eindicken lassen, bis ein Tropfen Sirup, zwischen zwei Fingern verrieben, Fäden zieht.

Nun die Fruchtwürfel und die Vanilleschote dazugeben und ½ Stunde kochen. Die Konfitüre heiß abfüllen und erkalten lassen.

Am nächsten Tag mit passend zurechtgeschnittenem und in 90prozentigem Weingeist getränktem Pergamentpapier abdecken und die Gläser verschließen.

Wassermelonengelee

1 kg vollreife Wassermelone (ohne Schale); 1 Apfel (möglichst Renette); Saft von 1 Zitrone; 1 kg Zucker; 2 Päckchen Vanillinzucker.

Das Fruchtfleisch im Mixer pürieren und entsaften oder gleich in den Elektroentsafter geben. Den geschälten und vom Kerngehäuse befreiten Apfel in dünne Scheiben schneiden.

Melonen- und Zitronensaft mit dem Apfel in einen Topf geben und bei mittlerer Hitze kochen; dabei kräftig umrühren. Nach 20 Minuten Zukker und Vanillinzucker unterziehen und den Kochvorgang unter häufigem Rühren 40 Minuten fortsetzen. Kontrollieren, ob ein Tropfen Gelee, zwischen zwei Fingern zerrieben, Fäden zieht.

Sobald dies der Fall ist, füllen Sie das Gelee kochendheiß in die vorbereiteten Gläser.

Nach dem vollständigen Erkalten Pergamentpapier passend zurechtschneiden, in 90prozentigem Weingeist tränken, über das Gelee decken und die Gläser fest verschließen.

Zucchini

Wie alle anderen Pflanzen aus der Familie der Kürbisgewächse mit ihren verschiedenförmigen, als Nahrungsmittel oder einfach zur Zierde gezogenen Früchte stammen auch die Zucchini von den ersten Exemplaren dieser Gattung ab, die von den spanischen Eroberern aus der Neuen Welt nach Europa gebracht wurden.

Die roh oder gekocht eßbaren Zuchini sind nicht besonders nahrhaft, doch enthalten sie viel Vitamin A, außerdem Vitamin B1, B2 und C, Kalium und Eisen.

Zucchinimarmelade

1 kg Zucchini; Zucker nach Bedarf; Saft von 2, Schale von 1 Zitrone.

Nur ganz frische, kleine und zarte Zucchini verwenden. Die mit einem feuchten Tuch abgeriebenen Früchte in sprudelndes Wasser geben und 3 Minuten kochen, anschließend abtropfen lassen.

In Stücke schneiden, wiegen und dieselbe Menge Zucker sowie den Saft der 2 Zitronen zufügen. Durchmischen, ¾ Stunden kochen und dann durch ein Sieb streichen.

Zurück auf den Herd stellen und die zuvor abgeriebene Schale einer (unbehandelten!) Zitrone unterrühren. Nach dem erneuten Aufsprudeln den Kochvorgang noch ¼ Stunde fortsetzen.

Nun müßte die Marmelade fertig sein. Machen Sie sicherheitshalber die Probe, ob ein kleiner Klecks auf einem schräg gehaltenen Teller kaum noch zerfließt. Die Marmelade völlig erkalten lassen; zur schnelleren Abkühlung hin und wieder gründlich rühren.

Abfüllen, in jedes Glas ein passendes Stück Pergamentpapier legen, das Sie mit 90prozentigem Weingeist angefeuchtet haben, und sofort verschließen. Die Gläser an einem kühlen, trockenen Platz aufbewahren.

Diese Marmelade mag etwas exotisch anmuten, doch sie schmeckt ganz ausgezeichnet.

Zucchini in Essig

1 kg Zucchini; Wasser; Salz; 1½ l Weißweinessig; 3 Gewürznelken; 6 weiße Pfefferkörner; 3 kleine Zwiebeln.

Wählen Sie ganz frische, feste Zucchini gleicher Größe. Mit einem feuchten Tuch abreiben und die Enden abschneiden.

Wasser unter Zugabe von 5 g Salz pro Liter zum Kochen bringen. Sobald es aufwallt, die Zucchini hineingeben und die Herdplatte abschalten. Die Zucchini nach 10 Minuten herausnehmen, abtropfen lassen und auf ein Tuch legen, damit die restliche Feuchtigkeit aufgesaugt wird. Möglichst an der frischen Luft trocknen und dabei gelegentlich wenden.

Inzwischen den Essig mit den Gewürzen und den in Scheiben geschnittenen Zwiebeln aufkochen; nach dem Aufsprudeln die Herdplatte abschalten und den Essig erkalten lassen.

Die Zucchini möglichst eng nebeneinander senkrecht in Gläser füllen und mit dem kalten gefilterten Essig übergießen. Nach ein paar Stunden die Gläser fest verschließen und an einen kühlen, trockenen Ort stellen.

Wenn Sie auf Ihren Wintervorrat zurückgreifen möchten, genügt es, die Zucchini nur noch mit ein wenig Öl zuzubereiten.

Gebratene Zucchini in Würzessig

Zucchini; Olivenöl zum Braten; 1 l Rot- oder Weißweinessig; ½ Glas Wasser; 1 Prise Salz; Knoblauch; Zwiebeln; möglichst große Salbeiblätter.

Die geputzten Zucchini längs in ziemlich dicke Scheiben schneiden. Besonders lange Exemplare zuvor quer teilen, damit sie in die Gläser passen.

Die Stücke in gutem Olivenöl goldbraun braten und zum Abtropfen auf Küchenkrepp legen. Den Essig mit dem Wasser und dem Salz in einem geschmacksneutralen Topf erhitzen; sobald die Flüssigkeit aufwallt, den Topf vom Herd nehmen und den Inhalt erkalten lassen.

Knoblauch und Zwiebeln in dünne Scheiben schneiden. Ein weites, nicht zu hohes Einweckglas mit Knoblauch, Zwiebeln und Salbei auslegen, eine Lage Zucchini darüberlegen und diese wiederum mit Aromaten bedecken. Das Glas auf diese Weise füllen und zuletzt mit einer Knoblauch-Zwiebel-Salbei-Schicht abschließen.

Den Essig erneut kurz erhitzen und über das Gemüse gießen. Die Gläser mindestens 12 Stunden völlig erkalten lassen. Sollte der Essig im Glas nicht mehr hoch genug stehen, so füllen Sie gekochten Essig nach.

Würzige Zucchini in Öl

1 kg Zucchini; 1 l Weißweinessig; 1 Glas Öl; 2 EL Salz; 2 EL Zucker; Öl nach Bedarf.

Mit einem feuchten Tuch die Zucchini abreiben, die alle etwa dieselbe Größe haben sollten. Essig, Öl, Salz und Zucker in einem Topf erhitzen. Die Zucchini in die sprudelnde Flüssigkeit geben und nach erneutem Aufwallen genau 3 Minuten kochen. Sofort herausnehmen und zum Aufsaugen der Flüssigkeit auf ein Tuch legen.

Die völlig erkalteten und trockenen Zucchini eng nebeneinander senkrecht in Einmachgläser schichten. Mit Öl übergießen (Sie können ohne weiteres Pflanzenöl verwenden), so daß die Zucchini mindestens 1 cm hoch bedeckt sind.

Herbst

Äpfel

Weltweit gibt es heute über eintausend Apfelsorten. Ihr Ursprung geht einerseits auf Stammformen zurück, die überwiegend in Zentral- und Westasien beheimatet waren und dort schon seit frühester Zeit kultiviert wurden, sowie andererseits auf Mischformen, entstanden durch spätere Kreuzungen mit verschiedenen europäischen Arten.

Griechischen Schriften aus dem 6. Jahrhundert v. Chr. ist zu entnehmen, daß die Frucht bereits damals in Europa bekannt war.

Ob roh oder gekocht, als Marmelade oder Kompott – der Apfel ist ein höchst bekömmliches Nahrungsmittel für alt und jung, da er vielen Krankheiten vorbeugt und entgegenwirkt. Nicht von ungefähr kursiert in Italien ein altes Sprichwort: »Ein Apfel pro Tag erspart den Arzt.«

Apfelmarmelade

1 kg Kochäpfel (z.B. Renetten); etwas Wasser; 800 g Zucker; ½ Vanilleschote.

Die Äpfel gründlich waschen und trocknen. In Stücke schneiden und mit wenig Wasser in einem Topf (möglichst aus verzinntem Kupfer) aufsetzen. Etwa ½ Stunde weich dünsten. Durch ein Sieb streichen; den Zukker und die Vanilleschote zufügen. Bei milder Hitze und unter häufigem Rühren kochen, bis die Marmelade die richtige Konsistenz annimmt. Geben Sie probehalber einen kleinen Klecks Marmelade auf einen schräg gehaltenen Teller: wenn sie kaum noch läuft, ist sie fertig.

Heiß abfüllen und unverschlossen vollständig auskühlen lassen. Vergessen Sie vor dem Verschließen nicht das übliche Stück Pergamentpapier, das passend zurechtgeschnitten, mit 90prozentigem Weingeist befeuchtet und über die Marmelade gelegt wird.

Apfel-Pfefferminz-Chutney

1½ kg Äpfel; 1 l Wasser; 1 große Handvoll frische Pfefferminzblätter; Saft von 2 Zitronen; 1 Glas Weißweinessig; 1 kg Zucker.

Die Äpfel mit einem feuchten Tuch sorgfältig abreiben. Vierteln, schälen und von den Kerngehäusen befreien. Die Viertel in dünne Scheiben schneiden und mit dem Wasser in den Einkochtopf geben. Unter Rühren kochen, bis sich – nach etwa ¼ Stunde – ein dickflüssiges Mus ergibt.

Die gründlich gewaschenen Pfefferminzblätter dazugeben und ¼ Stunde mitkochen. Dann den Zitronensaft, den Essig und den Zucker zufügen und den Kochvorgang weitere 10 Minuten fortsetzen, dabei ständig umrühren.

Machen Sie die Gelierprobe: wenn ein kleiner Klecks, auf einen schief gehaltenen Teller getropft, kaum noch fließt, können Sie das Chutney sofort heiß abfüllen.

Mindestens 1 Tag unverschlossen erkalten lassen. Pergamentpapier passend zurechtschneiden, mit 90prozentigem Weingeist tränken und über den Glasinhalt decken. Die Gläser verschließen und an einen kühlen, trockenen Platz stellen.

Servieren Sie das Chutney als Beilage zu gekochtem, gebratenem oder gegrilltem Fleisch.

Apfelmus

3 kg Äpfel; 400 ml Wasser; 1 kg Zucker; Schale von 1 unbehandelten Zitrone; 4 Gewürznelken; ½ Zimtstange.

Ausgereifte, jedoch nicht überreife Äpfel verarbeiten. Gründlich waschen, trockenreiben und vierteln. Mit dem Wasser in einen Topf geben und dünsten, bis sie zerfallen; im allgemeinen dauert dies ½ Stunde.

Durch ein feines Sieb streichen, so daß Schalen und Kerne zurückbleiben. Zucker, Zitronenschale, Gewürznelken und die zerkleinerte Zimtstange zufügen, gut durchmischen und das Mus erneut auf den Herd stellen. Weitere 40 Minuten kochen und anschließend heiß abfüllen.

Die Gläser sofort verschließen und in Wolltücher wickeln. Mindestens 36 Stunden ungestört erkalten lassen.

Frischerhaltene Äpfel

Äpfel; Zucker; Gewürznelken; Zimt; unbehandelte Zitronenschale.

Verwenden Sie die Apfelsorte, die Ihnen am besten schmeckt. Ich verarbeite auch die kleinen, duftenden Äpfel, denen man hin und wieder noch auf Spaziergängen begegnet und nach denen sich heutzutage kaum jemand bückt.

Die vollreifen Äpfel waschen, beschädigte Stellen ausschneiden, trokkenreiben. Vierteln, schälen und die Kerngehäuse herausschneiden. Die Fruchtstücke eng nebeneinander in Einweckgläser füllen und jeweils 2 EL Zucker, 2 Gewürznelken, ein Stückchen Zimt und Zitronenschale dazugeben (bei großen Gläsern die Zutaten verdoppeln).

Da die Früchte beim Sterilisieren zusammenfallen, werden die Gläser bis oben gefüllt. Verschließen, in Tücher wickeln, in einen großen Topf stellen und Wasser zugießen. Zum Kochen bringen und nach dem ersten Aufsprudeln 40 Minuten sterilisieren, anschließend den Topf vom Herd nehmen. Die Gläser im Wasser erkalten lassen, abtrocknen, etikettieren und in den Vorratsschrank stellen.

Eingelegte Äpfel

Kleine, rotbackige Äpfel; frische Schilfblätter oder Stroh; Weißweinessig; Salz; Wasser; ein Steinguttopf mit weiter Öffnung.

Abwechselnd Blätter und Äpfel, beginnend mit den Blättern, in das Gefäß schichten. Über jede Schicht 1 Glas Essig mit etwas Salz gießen.

Das Ganze mit Blättern abdecken und zwei kreuzweise verbundene Holzlatten darauflegen, die den Gefäßinhalt zusammenpressen. Langsam Wasser bis zum Rand zugießen.

Vor dem Verzehr mindestens 2 Monate ruhen lassen: So lange benötigen die Äpfel, um aufzuquellen und ihren besonderen, höchst angenehmen Geschmack zu entwickeln.

Diese Zubereitung stammt aus längst vergangenen Zeiten, als die Bauern aus purer Notwendigkeit bemüht waren, alles Erdenkliche zu konservieren, und durch Ausprobieren auf Methoden kamen, die heute wieder in Vergessenheit geraten sind.

Das Rezept stammt von dem Journalisten und Weinexperten Stefano Zaccone.

Apfelwein (Cidre)

5 kg Äpfel; Wasser.

Das mir vorliegende Rezept spricht von 50 kg Äpfeln, doch wollen wir uns hier schon deshalb mit 5 kg begnügen, weil wohl kaum die entsprechenden Bottiche vorhanden sind. Natürlich wissen Sie selbst aber am besten, welche Menge Sie bewältigen können.

Verarbeiten Sie vollreife Äpfel, die Sie gründlich gewaschen haben. Die Früchte auf beliebige Weise, z. B. mit einem Fleischklopfer oder Stampfer, zerkleinern und in ein Gefäß füllen. 12 Stunden unverschlossen an die frische Luft stellen.

Anschließend durch ein feines Tuch seihen, den Saft an einen kühlen Ort stellen. Das im Tuch verbliebene Fruchtfleisch wieder in das Gefäß geben, mit 1 l Wasser übergießen und unverschlossen 24 Stunden ziehen lassen. Die festen Bestandteile erneut ausdrücken und den diesmal gewonnenen Saft zum bereits gesammelten gießen.

Die Flüssigkeit in ein neues, sauber ausgespültes Gefäß umfüllen und zum Gären an einen trockenen, kühlen Platz (Idealtemperatur 8°C) stellen. Die Gärung muß langsam vonstatten gehen: Sie erkennen dies an der Bildung einer braunen Kruste, unter der sich die Flüssigkeit klärt. Eine weiße Kruste deutet darauf hin, daß die Gärung zu schnell erfolgt ist und die Flüssigkeit noch trüb ist.

Entnehmen Sie dem Gefäß von Zeit zu Zeit mit Hilfe einer sauberen Spritze eine Probe. Sobald die Flüssigkeit klar ist und kleine Bläschen aufweist, kann sie abgefüllt werden.

Am besten saugen Sie den Apfelwein mit einem Gummischlauch aus dem Gefäß ab, so daß keine Rückstände der oberen Schicht mit hineingelangen. Vor dem endgültigen Abfüllen in Flaschen filtern Sie den Apfelwein durch ein Tuch. Die Flaschen sofort verschließen und im Keller liegend lagern. Der Apfelwein kann nach einer sechsmonatigen Reifezeit serviert werden.

Berberitze

Dem dornigen Strauch, der mit seinen gelben Blütenrispen und den dunkelroten länglichen Beerenfrüchten hübsch anzusehen ist, begegnet man heute nur noch in der freien Natur, insbesondere an steinigen Hängen. Frü-

her wurde er vielfach als Zierpflanze im Garten gezogen, bis man entdeckte, daß er als Überträger des Getreiderostpilzes erheblichen Schaden anrichten kann.

Die Beeren weisen einen hohen Gehalt an Alkaloiden, Zucker und Vitamin C auf und wirken appetitanregend, harntreibend, tonisierend und wohltuend für den Magen.

Berberitzengelee

2 kg Berberitzenfrüchte; Wasser nach Bedarf; Zucker nach Bedarf; Saft von 1 Zitrone.

Die Früchte kurz unter fließendem Wasser waschen und von den Kernen befreien. In einen Topf füllen, knapp mit Wasser bedecken und 20 Minuten kochen.

Im Mixer oder Elektroentsafter zerkleinern und anschließend durch ein feines Sieb streichen. Den erhaltenen Saft wiegen, dieselbe Menge Zucker sowie Zitronensaft zufügen.

Bei mittlerer Hitze aufkochen und dabei gründlich rühren. Das Gelee kochend eindicken lassen, bis ein Tropfen, zwischen den Fingern zerrieben, Fäden zieht. Falls nötig, ab und zu abschäumen.

Das fertige Gelee heiß abfüllen. Erst wenn es ganz ausgekühlt ist, mit passend zurechtgeschnittenem und in 90prozentigem Weingeist getränktem Pergamentpapier abdecken und die Gläser verschließen.

Dieses Gelee ist besonders bei Erschöpfungszuständen zu empfehlen.

Birnen

Der Birnbaum, den wohl jedermann kennt und dessen süße, saftige Früchte zu den beliebtesten Obstsorten zählen, kann sich einer langen Geschichte und weiter Verbreitung rühmen. Bereits im antiken Griechenland kultivierte man ihn, und die alten Römer kannten und beschrieben Dutzende von Arten. Inzwischen entstanden durch Kreuzungen Tausende von Sorten, von denen allerdings nur ein kleiner Teil großflächig angebaut wird.

Vollreife Birnen sind gut bekömmlich; nur in Ausnahmefällen ist es rat-

sam, sie vor dem Verzehr zu kochen. Birnen enthalten viel Zucker, insbesondere den von Diabetikern besser vertragenen Fruchtzucker. Sie schmecken frisch ebenso gut wie eingekocht, in Sirup eingelegt oder in anderer Weise zubereitet.

Birnenmarmelade

2 kg Birnen; ½ Glas Wasser; Zucker (800 g pro kg gekochter Frucht); abgeriebene Schale von 1 unbehandelten Zitrone.

Die Birnen waschen und vom Kerngehäuse befreien, jedoch nicht schälen. Mit ½ Glas Wasser in einen Topf geben und zugedeckt dünsten. Wenn sie die Flüssigkeit weitgehend aufgenommen haben, die Birnen durch ein feines Sieb streichen. Das Püree wiegen und pro kg Frucht 800 g Zucker zufügen.

Die Mischung zusammen mit der Zitronenschale wieder in den Topf geben. Bei niedriger Temperatur unter Rühren aufkochen und den Vorgang fortsetzen, bis ein kleiner Löffel Marmelade, auf einen schräg gehaltenen Teller getropft, kaum noch läuft.

Die Marmelade sofort in Gläser füllen und unverschlossen ganz abkühlen lassen. Am folgendenTag passend zurechtgeschnittenes und in 90prozentigem Weingeist getränktes Pergamentpapier über die Marmelade breiten und die Gläser verschließen.

Birnenkonfitüre

Birnen; Zucker; abgeriebene Schale von 1 unbehandelten Zitrone.

Wählen Sie kleine, grüne, feste, aber nicht zu harte Birnen.

Die Früchte waschen, trockenreiben, schälen und von den Kerngehäusen befreien. In Stückchen schneiden und diese wiegen. Mit derselben Menge Zucker in eine geschmacksneutrale Schüssel geben und 2 Tage ziehen lassen, dabei häufig mit einem absolut sauberen, geschmacksneutralen Löffel durchmischen.

Anschließend in den Einkochtopf füllen und mit der Zitronenschale aromatisieren. Bei schwacher Hitze unter Rühren kochen, bis sich der

Zucker gelöst hat, ohne dabei anzubrennen. Bei diesem Rezept müssen Sie kein Wasser zufügen, da die Birnen selbst genügend Saft ziehen.

Sobald die Konfitüre eine dunkle Färbung anzunehmen beginnt, heiß abfüllen und sofort verschließen. Die Gläser in Wolltücher wickeln und mindestens 36 Stunden ruhen lassen, bis sie völlig ausgekühlt sind. Beschriften und an einen kühlen, trockenen Platz stellen.

Birnenmus

2 kg Birnen; 700 ml Wasser; Saft von 1 Zitrone; 700 g Zucker; 2 Gewürznelken.

Wasser und Zitronensaft in einen größeren Topf geben. Die gewaschenen Birnen zerteilen, vom Kerngehäuse befreien und sofort ins Zitronenwasser legen.

Zum Kochen bringen und nach dem ersten Aufsprudeln 20 Minuten kochen. Durch ein Sieb streichen, so daß sich ein glattes Püree ergibt. Zusammen mit dem Zucker und den Gewürznelken wieder in den Topf geben und aufkochen.

Nach 10 Minuten vom Herd nehmen, in Einweckgläser füllen; sofort verschließen, sobald ein Glas voll ist. In Wolltücher wickeln und an einen ruhigen Ort stellen. Mindestens 36 Stunden auskühlen lassen, wobei automatisch ein Sterilisationsprozeß stattfindet. Die Gläser beschriften und in die Vorratskammer stellen.

Frischerhaltene Birnen

Birnen; Zucker; unbehandelte Zitronenschale; Gewürznelken; Zimt.

Für diese Zubereitung eignet sich jede beliebige Birnensorte einschließlich derjenigen mit dicker, rauher Schale, die man üblicherweise zum Einkochen verwendet.

Die Birnen waschen, trockenreiben und je nach Größe in vier oder sechs Stücke teilen. Weder schälen noch entkernen, sondern nur fleckige oder trockene Stellen entfernen.

Die Fruchtstücke in Einweckgläser füllen und je 2 EL Zucker sowie nach Geschmack etwas Zitronenschale, 1 Gewürznelke und ein wenig Zimt zufügen. Die Gläser verschließen, in Tücher wickeln und in einen großen Topf stellen. Diesen mit Wasser auffüllen und aufsetzen. Die Birnen nach dem ersten Aufwallen des Wassers 50 Minuten sterilisieren, anschließend den Topf vom Herd nehmen und die Gläser im Wasser auskühlen lassen. Abtrocknen, etikettieren und an einem kühlen, trockenen Ort aufbewahren.

Birnen in Sirup

Birnen; Wasser; Zucker; Gewürznelken; Stangenzimt.

Makellose Birnen mit dünner grüner Schale waschen. Kleine Früchte unzerteilt verarbeiten, größere halbieren.

Die Birnen mit 1 l Wasser pro kg Fruchtfleisch aufsetzen. ½ Stunde kochen, dann behutsam aus dem Wasser heben und in die vorbereiteten Einweckgläser füllen.

Aus dem Kochwasser unter Zugabe von ½ kg Zucker pro Liter Flüssigkeit einen Sirup bereiten und diesen mit 2 Gewürznelken und einem Stückchen Stangenzimt verfeinern. Den Sirup ¼ Stunde sprudelnd kochen. Danach sofort über die Birnen gießen und erkalten lassen.

Die Gläser verschließen und in Tücher wickeln. In den Sterilisationstopf stellen und diesen mit Wasser auffüllen. Zum Kochen bringen und den Vorgang nach dem ersten Aufsprudeln weitere 18 Minuten fortsetzen. Den Herd abschalten und den Topfinhalt erkalten lassen. Am folgenden Tag die Gläser herausnehmen, beschriften und an einem kühlen, trockenen Ort lagern.

Birnen in Weißwein

2 kg Birnen; 1 l Weißwein; 1 l Wasser; 600 g Zucker; 4 Gewürznelken; ½ Zimtstange; Schale von ½ unbehandelten Zitrone.

Nicht zu große, vollreife Birnen vierteln. Nur trockene oder schadhafte Stellen herausschneiden, ohne die Schalen oder Kerngehäuse zu entfernen.

Sämtliche Zutaten in einen Topf füllen und aufkochen. Den Vorgang nach 20 Minuten beenden. Das Ganze heiß in die Gläser füllen. Schnell verschließen, sofort in Wolltücher wickeln und an einen ruhigen Ort stellen. Dort mindestens 36 Stunden ungestört auskühlen lassen: während dieser Zeit findet der Sterilisationsprozeß statt.

Birnensaft

1 kg Birnen; 1 l Wasser; Saft von 1 Zitrone; Zucker (½ kg pro kg erhaltenem Püree).

Die geschälten Birnen kleinschneiden. Mit Wasser und Zitronensaft in einen Topf geben und 20 Minuten sprudelnd kochen.

Alles durch ein Sieb streichen, wiegen und wieder in den Topf füllen. Zucker in der angegebenen Menge hinzufügen und das Ganze erneut aufkochen.

Nach 3 Minuten unverzüglich in Flaschen füllen, sofort verkorken und in Wolltücher wickeln. Die Flaschen mindestens 36 Stunden an einen ruhigen Platz stellen, bis sie völlig erkaltet sind.

Granatäpfel

Ursprünglich in Westasien heimisch und vom südlichen Kaukasus bis Indien wildwachsend, verbreitete sich der Granatapfelbaum schon in frühester Zeit im Orient und in Kleinasien, von wo aus er sich auch das Mittelmeerbecken eroberte.

Seine Geschichte liest sich ähnlich wie die der Feige. In ägyptischen Gräbern aus der Zeit um 2500 v. Chr. entdeckte man unter den Grabbeigaben auch Granatäpfel. Die Araber, die die Frucht auch heute noch sehr schätzen, betrieben in Südspanien sehr intensiv ihren Anbau und benannten sogar eine Stadt danach: Granada. Zahlreiche – darunter auch christliche – Legenden ranken sich um diese recht ungewöhnliche Frucht.

Granatapfelsirup

Granatapfelkerne; 2,4 kg Zucker pro kg Saft.

Die Granatapfelkerne behutsam aus der Frucht lösen. In ein Tuch einschlagen und so kräftig wie möglich ausdrücken (oder in den Elektroentsafter geben). Den Saft in eine Schüssel füllen und mit einem Tuch abdekken. An einem kühlen, gut belüfteten Platz 24 Stunden ruhen lassen, so daß sich die Schleimstoffe absetzen können.

Den Saft durch ein Mulltuch seihen und wiegen. In einen Topf gießen und Zucker in der angegebenen Menge hinzufügen. Erhitzen und unter ständigem Rühren 20 Minuten kochen.

Den Sirup noch heiß in fest verschließbare und vorgewärmte Flaschen füllen. Diese sofort in Wolltücher einschlagen und bis zum völligen Auskühlen, mindestens aber 36 Stunden, an einen ruhigen Platz stellen. Anschließend an einem kühlen, trockenen Ort lagern.

In der Antike galt Granatapfelsirup als Arznei gegen Husten. Ein Versuch wird auch heute noch bestimmt nicht schaden.

Hagebutten

Die Heckenrose ist nur eine der zahlreichen wunderschönen wilden Rosenarten, denen wir häufig an Böschungen, Waldrändern oder Rainen begegnen und die sich zuweilen zu einem schier undurchdringlichen Gestrüpp verdichten.

Der ebenfalls gebräuchliche Name »Hundsrose« leitet sich von der früheren Anwendung der Wurzel gegen die durch Hundebiß übertragene Tollwut ab.

In der Kräuterheilkunde werden die Blüten, Blätter und Früchte eingesetzt, und selbst den Gallen, den infolge von Insektenbiß entstandenen Wucherungen an der Pflanze, werden zusammenziehende und kräftigende Eigenschaften zugeschrieben.

Im August schon sind die Früchte voll entwickelt, doch werden sie erst im Spätherbst, möglichst nach dem ersten Frost, geerntet. Aufgrund ihres hohen Vitamin-C-Gehalts werden sie vorrangig bei Erkältung und allgemeiner körperlicher Schwäche verabreicht.

Hagebuttenmarmelade

2 kg Hagebutten; Zucker nach Bedarf; Wasser.

Die Hagebutten werden geerntet, sobald sie eine kräftige orangerote Farbe entwickeln und sich ziemlich weich anfühlen. Am besten warten Sie mit dem Sammeln bis nach dem ersten Frost.

Die mit einem feuchten Tuch abgewischten Hagebutten längs aufschneiden; mit Hilfe eines kleinen Löffels die Samenkörner und Härchen herausholen.

Die Beeren knapp mit Wasser bedecken und bei mäßiger Hitze 20 Minuten kochen; dabei kräftig rühren. Das Fruchtfleisch wiegen; dieselbe Menge Zucker zufügen. Erneut aufsetzen und kochen, bis die Marmelade so eingedickt ist, daß ein kleiner Löffel davon auf einem schief gehaltenen Teller kaum noch fließt. Während des Kochens gründlich rühren, damit der Zucker sich nicht am Topfboden ansetzt.

Die fertige Marmelade heiß abfüllen. Die Gläser erst am folgenden Tag verschließen und zuvor passend ausgeschnittene und mit 90prozentigem Weingeist getränkte Pergamentpapierstücke über die Marmelade decken.

Hagebuttengelee

2 kg Hagebutten; Zucker nach Bedarf; Wasser nach Bedarf.

Dieses Rezept erfordert vollreife und dazu einen Anteil etwas festerer Hagebutten, die am besten Ende Oktober gesammelt werden.

Die Beeren längs aufschneiden und mit einem kleinen Löffel (oder einem Pfeifenreiniger) von Samen und Härchen befreien. Anschließend unter fließendem Wasser abspülen.

Mit Wasser bedecken, aufkochen und etwa 40 Minuten garen. Wenn das Fruchtfleisch zerfällt, die Hagebutten abtropfen lassen. Im Mixer pürieren, das Püree durch ein Tuch seihen und kräftig ausdrücken.

Den erhaltenen Saft wiegen und mit derselben Menge Zucker wieder in den Topf geben. Erneut aufkochen und den Vorgang erst beenden, wenn ein Tropfen Gelee zwischen zwei Fingern Fäden zieht.

Das Gelee heiß abfüllen und 1 bis 2 Tage völlig auskühlen lassen. Danach mit Pergamentpapier abdecken, das mit 90prozentigem Weingeist befeuchtet wurde, und die Gläser fest verschließen.

Hagebuttengelee und -marmelade sind aufgrund ihres hohen Vitamin-C-Gehalts im Winter sehr hilfreich bei Erkältungskrankheiten. Und nachdem sie hübsch anzusehen sind und außergewöhnlich schmecken, sprechen sie vielleicht auch die Freunde exotischer Zubereitungen an.

Hagebuttenlikör

40 g Hagebutten; Schale von 1 unbehandelten Orange; 200 g Zuckerwürfel; 1 l guter Grappa.

Makel- und fleckenlose Hagebutten verarbeiten. In einem Einweckglas mit den übrigen Zutaten ansetzen und 1 Monat ziehen lassen. Nach Ablauf dieser Zeit alles pürieren und 1 Tag ruhen lassen. Anschließend den Likör sorgfältig filtrieren und abfüllen.

Hin und wieder ein Gläschen davon genossen, stärkt die Abwehrkräfte.

Getrocknete Hagebutten

Sammeln Sie die Hagebutten gegen Mitte Oktober, wenn sie eine kräftige rote Färbung aufweisen und sich noch fest anfühlen.

Die Früchte halbieren und mit Hilfe eines scharfkantigen kleinen Löffels von Samenkernen und Härchen befreien. In den Backofen legen und bei mäßiger Hitze langsam vollständig trocknen.

In licht- und luftdichte Gläser oder in gut schließende Blechdosen füllen.

1 TL davon mit heißem Wasser aufgebrüht, ergibt einen wohlschmekkenden und kräftigenden Tee, der durch Zugabe von Rohrzucker oder Honig einen noch angenehmeren Geschmack erhält.

Eine Empfehlung am Rande: Verschönern Sie doch einmal Ihre Wohnung mit Farbtupfern oder aparten Dekorationen! Schneiden Sie sich, mit dicken Handschuhen ausgerüstet, Zweige von Heckenrose, Weißdorn, Schlehe oder anderen Pflanzen mit hübschen (wenn auch nicht unbedingt genießbaren) Beeren, die Sie dann zu Hause zu ungewöhnlichen Sträußen arrangieren.

Kaki

Dies sind die Früchte eines ostasiatischen Ebenholzgewächses, das heute unter anderem auch in Südeuropa angebaut wird.

Der langlebige Baum besitzt einen ansehnlichen Stamm, schöne dunkelgrüne Blätter, weißliche Blüten und große Früchte, die im Spätherbst reifen.

Die Kakifrucht ist von orangeroter Farbe, sie hat eine dünne, glatte Schale und aromatisch-süßes Fruchtfleisch. Neben ihrem hohen Gehalt an Zucker und Vitaminen besitzt sie ein breites Spektrum therapeutischer Effekte: Sie wirkt fiebersenkend, beruhigend und abführend und kuriert darüber hinaus Gastritis bei Kindern. So mancher reagiert allerdings auf den Genuß dieser Frucht mit leichten Verdauungsstörungen wie Durchfall oder Blähungen.

Kakimarmelade

2 kg Kaki; 2 kg Zucker.

Die makellosen, vollreifen (aber nicht zu weichen) Kaki mit einem feuchten Tuch abreiben. Eventuelle abgelöste Hautfetzen abziehen, die Früchte jedoch nicht häuten. In einen Topf geben und den Zucker darüber verteilen. 1 Stunde ruhen lassen.

Anschließend bei mittlerer Hitze kochen, bis sich eine marmeladenähnliche Konsistenz ergibt. Sie müssen kein Wasser zufügen, da die Früchte selbst genügend Saft abgeben. Sobald die Marmelade von einem eingetauchten Holzlöffel nur noch langsam und in dicken Klecksen heruntertropft, kann sie abgefüllt werden. Im Durchschnitt beträgt die Kochzeit 2½ Stunden.

Die Marmelade in den Gläsern völlig erkalten lassen. Anschließend mit passend zurechtgeschnittenem und in 90prozentigem Weingeist getränktem Pergamentpapier abdecken und die Gläser verschließen.

Kaki-Orangen-Marmelade

2½ kg Orangen; 3 kg Zucker; 3 kg Kaki; 1 Vanilleschote; 2 Gläschen Cognac (nach Belieben).

Die Orangenschale mehrmals leicht einstechen (nicht bis zum Fruchtfleisch). Die Früchte 3 Tage in reichlich Wasser einlegen, das mindestens zweimal täglich gewechselt wird.

Anschließend abtropfen lassen, kleinschneiden und mit dem Zucker in einen Topf füllen. Bei mittlerer Hitze kochen und dabei ständig rühren, damit der Zucker nicht ansetzt. Den Vorgang nach dem ersten Aufwallen 2 ½ Stunden fortsetzen.

Die vollreifen Kaki mit einem Tuch abreiben und in Stücke schneiden. Zusammen mit der feingehackten Vanilleschote zu den Orangen geben und die Mischung noch 2 Stunden kochen.

Zuletzt, wenn ein Klecks Marmelade auf einem schräg gehaltenen Teller kaum noch läuft, kann die Marmelade nach Belieben mit Cognac verfeinert werden.

Heiß abfüllen und vor dem Verschließen völlig auskühlen lassen. Vergessen Sie nicht das übliche Stück Pergamentpapier, das mit 90prozentigem Weingeist getränkt und über die Marmelade gebreitet wird.

Mandeln

Berühmt ist das Mandelblütenfest, das jedes Jahr in dem sizilianischen Städtchen Avola zu Ehren des Mandelbaums stattfindet, der auf dieser Insel intensiv angebaut wird.

Allerdings trifft man im gesamten Mittelmeerraum auch auf wildwachsende Arten des Mandelbaums, der etwa im 6. Jahrhundert v. Chr. eingeführt wurde.

Man unterscheidet süße Mandeln, die für Süßspeisen, Kuchen, Marzipan und Konfekt verwendet werden, und Bittermandeln. Letztere zeichnen sich zwar durch ihre krampflösenden und beruhigenden Eigenschaften aus, doch sei vor dem Genuß größerer Mengen gewarnt, da sie eine Substanz enthalten, die die hochgiftige Blausäure freisetzt.

Durch Kaltpressen erhält man Mandelöl, das wegen seines zarten Aromas in der Küche sehr geschätzt ist und auch in der Kosmetikindustrie eine wichtige Rolle spielt.

Mandelmilch

200 g geschälte süße Mandeln; 10 Bittermandeln; 2 EL Orangenblütenwasser; 600 ml Wasser; 800 g Zucker.

Die Mandeln kurz überbrühen, damit die Haut leichter abziehbar ist. Häuten, gründlich trockentupfen und mahlen bzw. im Mörser zerstoßen. Dabei nach und nach das Orangenblütenwasser hinzuschütten, so daß sich eine glatte, feine Paste ergibt. 2 dl Wasser unterrühren und das Ganze über einem Topf durch ein Tuch seihen.

Die im Tuch verbliebene Paste in einer Schüssel erneut mit 2 dl Wasser verrühren. Ein zweites Mal durch das Tuch seihen und kräftig ausdrükken. Den Vorgang mit dem restlichen Wasser noch einmal wiederholen.

Die gesammelte Flüssigkeit erhitzen. Sobald sie aufkocht, vom Herd nehmen, den Zucker zufügen und gründlich verrühren. Erneut aufsetzen und nach dem Aufwallen 20 Minuten kochen. Vom Herd nehmen und völlig erkalten lassen. Die Mandelmilch in eine Flasche füllen, fest zukorken und kühl lagern.

Bei dieser Art der Herstellung wird die Mandelmilch nicht gären und hält sich daher länger, wenn auch nicht so lange wie ein Fruchtsirup.

Mit kaltem Wasser gemixt, ergibt sie ein köstlich erfrischendes Getränk. Aus Melonenkernen stellt man eine nicht minder reizvolle Variante her.

Soweit der berühmte Artusi*.

Ich habe mir erlaubt, sein Rezept in eine zeitgemäße Sprache zu übertragen. Zugleich gestatte ich mir jedoch eine Anmerkung: Eine längere Haltbarkeit erzielen Sie, indem Sie die Mandelmilch kochendheiß abfüllen, die Flaschen sofort zukorken und in Wolltücher einschlagen, denn auf diese Weise findet während des Auskühlens eine Art Sterilisation statt.

* Pellegrino Artusi trug vor etwa 100 Jahren die erste umfassende Sammlung italienischer Rezepte zusammen.

Maronen

Die Edelkastanie, die die Maronen hervorbringt, wurde der Überlieferung zufolge schon im 5. Jahrhundert v. Chr. von den Persern nach Europa gebracht. Der majestätische Baum entfaltet seine volle Pracht etwa um das fünfzigste Lebensjahr; mitunter erreicht er ein Alter von über tausend Jahren. Bis vor nicht allzu langer Zeit stand an den Abhängen des Ätna eine riesige Kastanie, in deren Schatten eine ganze Herde Platz fand. Wie die dort ansässigen Bauern erzählten, war der Baum viertausend Jahre alt.

Maronenpaste

2 kg große Maronen; 1 TL Salz; Zucker nach Bedarf; Wasser; 2 Päckchen Vanillinzucker.

Die von der Schale befreiten Maronen in reichlich Wasser unter Zugabe von Salz etwa ½ Stunde kochen.

Abtropfen lassen und sorgfältig häuten. Noch heiß durch ein Sieb streichen, so daß sich ein glattes Püree ergibt. Dieses wiegen und dieselbe Menge Zucker hinzufügen.

Pro kg Maronen-Zucker-Mischung 1 Glas Wasser in einem größeren Topf zum Kochen bringen. Nun Maronen, Zucker und Vanillinzucker hineingeben und das Ganze bei mäßiger Hitze kochen, bis die Paste sich flockig von einem eingetauchten Holzlöffel löst. Heiß abfüllen und ganz auskühlen lassen. Am folgenden Tag mit Pergamentpapier abdecken, das dem Glasdurchmesser entsprechend zurechtgeschnitten und mit 90prozentigem Weingeist angefeuchtet wurde, und die Gläser verschließen.

Portugiesische Maronenkonfitüre

2 kg Maronen; 1 TL Salz; 1 Prise Fenchelsamen; Zucker nach Bedarf; Wasser nach Bedarf; 2 Päckchen Vanillinzucker.

Die Maronen in reichlich Wasser aufsetzen, mit Salz und Fenchelsamen würzen und etwa 40 Minuten kochen.

Nun die Schale samt Haut abziehen. Die Maronen mit dem Kartoffelstampfer oder im Mixer fein pürieren und wiegen. Jeweils die entsprechende Menge Zucker und Wasser in einen Topf geben und kochen, bis der Sirup dicke Blasen wirft.

Das Maronenpüree und den Vanillinzucker (je nach Geschmack auch die doppelte Menge) zufügen. Gründlich umrühren und die Konfitüre kochen, bis sie die richtige Konsistenz annimmt. Diese erkennen Sie daran, daß die Konfitüre in dicken Klecksen vom Holzlöffel tropft und sich ohne weiteres vom Topfrand löst.

Sie wird unverzüglich abgefüllt und muß bis zum Verschließen mindestens 1 Tag auskühlen. Zuvor mit passend ausgeschnittenem Pergamentpapier, das Sie in 90prozentigem Weingeist tränken, abdekken.

Glasierte Maronen

1 kg große Maronen; 200 g Zucker; 4 EL Wasser für den Sirup; Kochwasser nach Bedarf.

Makellose Maronen auswählen und diese 2 bis 3 Minuten in kochendem Wasser blanchieren. Mit Hilfe eines scharfen Messers die Schalen entfernen. Erneut in kochendes Wasser tauchen, um das Abziehen der Innenhaut zu erleichtern.

Die Maronen in ein Kochgefäß legen, das groß genug ist, um sie alle nebeneinander aufzunehmen, so daß sie während des Garvorgangs möglichst nicht berührt werden müssen. Mit Wasser bedecken und kochen, bis sie weich sind, aber noch Biß haben. Einzeln aus dem Wasser heben und zum Trocknen auf ein Tuch legen.

Am folgenden Tag aus dem Zucker und 4 EL Wasser einen dicken Sirup bereiten. Gründlich umrühren und kochend eindicken lassen, bis ein Tropfen, zwischen zwei Fingern zerrieben, Fäden zieht. Die Oberseite der Maronen mit dem Sirup einpinseln. Wenn er zu einer weißen Kruste erstarrt ist, die Maronen wenden und auf der Unterseite bestreichen. Falls der Sirup im Topf in der Zwischenzeit erstarrt ist, fügen Sie etwas Wasser hinzu, rühren um und kochen den Sirup erneut auf.

Die glasierten Maronen in Porzellan- oder Blechdosen aufbewahren. Besonders apart sind sie zum Dessert, beispielsweise kombiniert mit kandierten Veilchen (s. Rezept S. 53). Auch Freunde freuen sich über dieses Mitbringsel.

Maronen in Läuterzucker

1 kg große Maronen; 1 kg Zucker; 200 ml Wasser; einige Tropfen Vanillearoma (nach Geschmack).

Die Maronen 3 Minuten in kochendes Wasser legen, damit sich die Schalen leichter lösen. Erneut überbrühen und häuten. Nebeneinander in ein flaches Kochgefäß legen, so daß sie beim Kochen nicht verrührt werden müssen. Mit Wasser bedecken und kochen, bis sie weich, aber noch immer knackig sind. Anschließend zum Trocknen auf einem Tuch ausbreiten.

Aus Zucker und Wasser einen dicken Sirup bereiten und diesen aufkochen. Die Maronen behutsam einzeln hineinlegen, so daß sie nicht zerfallen. Nach dem erneuten Aufwallen den Topf vom Herd ziehen und den Inhalt über Nacht ruhen lassen.

Den Vorgang am nächsten und übernächsten Tag wiederholen. Nach dem dritten Aufkochen die Maronen nach Geschmack mit Vanillearoma parfümieren. Die erkalteten Maronen in Gläser mit weiter Öffnung füllen, mit dem Sirup bedecken und fest verschließen.

Ein äußerst raffiniertes Dessert und nicht minder reizvoll als Garnierung für Schlagsahne.

Maronen in Cognac-Läuterzucker

1 kg große Maronen; 1 kg Zucker, 200 ml Wasser; Cognac nach Bedarf.

Bei diesem Rezept gehen Sie genauso vor wie zuvor beschrieben.

Die Maronen nach dem dritten Aufkochen erkalten lassen und in die Gläser füllen. Den verwendeten Sirup mit Cognac im Verhältnis 1 : 1 mischen, die Maronen damit bedecken und die Gläser fest verschließen.

Reichen Sie die Maronen zum Abschluß einer festlichen Mahlzeit.

Oliven

Seit Jahrtausenden wird der Olivenbaum im gesamten Mittelmeerraum und auch in Westasien angepflanzt, wo man noch immer den wildwachsenden Urformen der heutigen Kulturpflanzen begegnen kann.

Bereits im 1. Buch Mose, der Genesis, ist vom Öl die Rede, womit höchstwahrscheinlich Olivenöl gemeint ist. Die Wände des Palastes von Knossos auf Kreta, Herrschersitz des sagenhaften Königs Minos, sind mit Fresken geschmückt, auf denen auch jahrhundertealte Olivenbäume dargestellt sind.

Seit jeher gelten Oliven mit Brot als ausgesprochen energiereiche Nahrung. Tatsächlich enthalten sie – neben Wasser – Öl, Kohlenhydrate und Eiweiß, etliche Mineralstoffe, insbesondere Kalzium, organische Säuren sowie die Vitamine A, B1, B2 und C, wobei schwarze Oliven einen höheren Nährwert besitzen.

Violette Oliven in Pomeranzensaft

1 kg Oliven; Wasser; 3 kg Pomeranzen (Bitterorangen); 350 g Meersalz.

Besorgen Sie sich für diese Zubereitung Oliven von der dunkelviolett schimmernden Sorte.

Diese längs bis auf den Kern einschneiden und waschen. In Einmachgläser füllen und mit reichlich kaltem Wasser bedecken. Fest verschlossen 30 Tage ruhen lassen.

Am 31. Tag das Wasser ganz abgießen. Die Oliven abspülen, wieder in die Gläser geben und mit Wasser bedecken. Verschließen und weitere 10 Tage ruhen lassen.

Am 41. Tag die Orangen auspressen, so daß möglichst kein Saft verlorengeht, und sofort das Salz einrühren. Die Oliven durchmischen und das Wasser abschütten. Unverzüglich bis zum Rand mit Pomeranzensaft aufgießen, so daß die Oliven völlig bedeckt sind. Die Glasränder sorgfältig säubern und die Gläser verschließen.

Verwenden Sie zur Entnahme der Oliven einen Löffel aus geschmacksneutralem Material und wischen Sie stets hinterher den Glasrand mit Küchenkrepp oder einem sauberen Tuch ab.

Oliven auf sizilianische Art

Oliven; Olivenöl nach Bedarf; Knoblauch; frische Pfefferminze; Stangensellerie; milde Zwiebeln; rote Pfefferschoten; Kapern; Sardellen.

Die Oliven sorgfältig auf etwaige Schadstellen überprüfen und nicht ganz einwandfreie Exemplare aussortieren. Die übrigen, auf einem Tuch ausgebreitet, mit einem Hammer oder Stein zerschlagen. Auf dem Tuch liegenlassen, damit der austretende Saft möglichst vollständig aufgesogen wird. Die trockenen Oliven in einer Schüssel mit Olivenöl, Knoblauchstückchen, Pfefferminzblättern, Sellerie- und Zwiebelscheibchen, kleingeschnittenen Pfefferschoten, Kapern und zerpflückten Sardellen vermischen. Zuletzt muß alles gleichmäßig mit Öl getränkt sein, darf aber nicht triefen. Die Mischung mit Hilfe eines geschmacksneutralen Löffels in Glas- oder Steingutgefäße füllen. Jeweils einige EL Öl darübergeben, die Glasränder mit Küchenkrepp abwischen. Die Gläser fest verschließen, etikettieren und an einem kühlen, trockenen Ort aufbewahren.

Erst nach ein paar Wochen öffnen, damit sich in der Zwischenzeit der volle Geschmack entwickeln kann.

Grüne Oliven nature

Oliven; Salz; Meersalz (1 EL pro Liter).

Kaufen Sie schöne grüne Oliven, die Sie zu Hause mehrmals gründlich unter fließendem Wasser waschen.

Anschließend mit einem Stein oder Hammer zerschlagen. In ein Einweckglas füllen, mit Wasser bedecken und verschließen. An den folgenden 3 Tagen das Wasser morgens und abends auswechseln.

Probieren Sie am Morgen des 4. Tages eine Olive: Schmeckt sie noch bitter, so bleiben die Oliven noch 1 Tag im Wasser, das wie gewohnt ausgewechselt wird. Danach soviel Wasser aufkochen, wie nötig ist, um die Oliven damit zu bedecken, und pro Liter 1 EL Meersalz zufügen. Das Salzwasser vollständig erkalten lassen.

Die Oliven abgießen und ganz mit der kalten Salzlake bedecken. So eingelegt lassen sie sich roh genießen und auch auf jede andere Art zubereiten.

Damit die Oliven sich möglichst lange halten, nehmen Sie sie grundsätzlich mit einem sauberen, geschmacksneutralen Löffel aus dem Glas. Sollte sich zwischendurch ein trüber Film auf der Wasseroberfläche bilden, so gießen Sie das Wasser ab und ersetzen es durch frische gekochte und erkaltete Salzlake.

Marinierte Oliven mit Knoblauch

1 kg große Oliven (nach Belieben grün, schwarz oder gemischt); 2 unbehandelte Zitronen; 6 große Knoblauchzehen; eine Handvoll Lorbeerblätter; 3 Thymianzweiglein; 1 EL Pfefferkörner; 300 ml Weißweinessig; ¾ l Olivenöl.

Die Oliven in lauwarmem Wasser waschen, abtropfen lassen und sorgfältig trockentupfen.

Die Zitronen kleinschneiden; den Knoblauch schälen und in dünne Scheiben schneiden; Lorbeer und Thymian zerreiben.

Oliven und würzende Zutaten lagenweise in die vorbereiteten Gläser füllen; dabei ist die Reihenfolge der Aromaten beliebig, doch müssen sie die unterste und oberste Lage bilden. Alles gut zusammendrücken und über jedes Glas 2 EL Essig träufeln. Bis zum Rand mit Öl übergießen, die Glasränder mit Küchenkrepp abwischen und die Gläser fest verschließen.

Mit dieser Zubereitung haben Sie stets eine pikante Vorspeise zur Hand, die sich lange hält.

Gedörrte Oliven in Öl

5 kg schöne, fleischige schwarze Oliven; 1 kg Meersalz; Pflanzenöl.

Weiche oder schadhafte Oliven aussortieren. Die übrigen waschen und behutsam mit einem sauberen Tuch trockentupfen.

In einen Korb füllen und das Salz untermengen. Den Korb an einem luftigen Platz auf eine schräge Fläche stellen, die Oliven mit einem Holzbrett abdecken und mit Gewichten beschweren. 6 Tage so stehenlassen, damit der Saft austreten und ablaufen kann. Die Oliven ab und zu durchmischen, damit sie alle gleichmäßig gepreßt werden.

Am 7. Tag auf einem Tuch in der Sonne ausbreiten und insgesamt 12 Stunden trocknen. Danach erneut, wie zuvor beschrieben, 6 Tage auspressen. Nun folgen wieder 12 Stunden an der Sonne und danach ein drittes Mal 6 Tage im Korb.

Anschließend die Oliven so lange der Sonne aussetzen, bis sie runzlig werden.

In einer Schüssel mit Pflanzenöl (besonders geeignet ist Sonnenblumenöl) beträufeln und mit den Händen durchmengen, so daß sie sich gleichmäßig mit dem Öl überziehen. Da sie aber nicht von Öl triefen sollen, werden sie am besten portionsweise behandelt und in die Gläser gefüllt. Fest zusammendrücken, damit möglichst wenig Hohlräume bleiben, und die Gläser dicht verschließen.

Pilze

Dieses Thema wurde bereits im Kapitel Sommer auf S. 126 ff. behandelt, so daß wir uns hier auf die typischen Herbstrezepte beschränken wollen.

Pilze in Essig

Pilze; Wasser; Salz (10 g pro Liter); Gewürznelken; Wacholderbeeren; Pfefferkörner; Chilischoten; Lorbeerblätter; Weißweinessig nach Bedarf.

Für diese Zubereitung können Sie nach Belieben Zucht- oder Waldpilze (z. B. Hallimasche) verwenden. Die Stiele der Pilze mit einem scharfen Messer stutzen und die Pilze kurz unter fließendem Wasser abspülen.

Inzwischen leicht gesalzenes Wasser zum Kochen bringen; sobald es sprudelt, die Pilze hineinwerfen. 5 Minuten kochen, mit einem Schaumlöffel herausnehmen und zum Aufsaugen der Feuchtigkeit auf sauberen Tüchern ausbreiten.

Die gut getrockneten Pilze dicht an dicht in Gläser füllen. Jedes Glas mit je 1 Gewürznelke, Wacholderbeere, Pfefferkorn, Stückchen Chilischote und Lorbeerblatt würzen.

Die Gläser mit gutem Weißweinessig auffüllen und 1 Tag ruhen lassen. Falls nötig, so viel Essig ergänzen, daß die Pilze wieder ganz bedeckt sind, und die Gläser sorgfältig verschließen.

Pilze in Salzlake

Pilze; Lorbeerblätter; Wasser; Salz (150 g pro Liter).

Feste, nicht zu große und möglichst frische Pilze verarbeiten, die vor längstens 24 Stunden gesammelt wurden.

Mit Hilfe eines spitzen Messers Erdrückstände abkratzen, die Schnittfläche säubern, nicht ganz makellose Stiele und schadhafte Stellen an den Köpfen entfernen. Die Pilze mit einem Lappen abreiben und, falls unbedingt erforderlich, kurz unter fließendem Wasser waschen. Bei größeren Exemplaren den Hut vom Stiel trennen.

Mit wenig Wasser aufsetzen und ¼ Stunde garen, bis die Pilze zart sind. Gut abtropfen lassen und mit je 1 Lorbeerblatt in Gläser füllen.

Inzwischen Wasser unter Zugabe von 150 g Salz pro Liter erhitzen. Sobald es sprudelt, über die Pilze gießen, bis sie völlig bedeckt sind, die Flüssigkeit aber nur bis höchstens 2 cm unterhalb des Glasrandes steht.

Die Gläser verschließen, in Tücher wickeln und in einen großen Topf stellen. Wasser zugießen, aufkochen und die Pilze etwa 1 Stunde sterilisieren. Die Gläser im Wasser erkalten lassen. Dann abtrocknen, beschriften und an einem kühlen, trockenen Ort lagern.

Pilze in Öl

Pilze; 1 l Wasser; 1 l Essig; 25 g Meersalz; pro Glas je 1 Pfefferkorn, Wacholderbeere, Gewürznelke, Thymianzweig und etwas Chilischote; Olivenöl nach Bedarf.

Auch für diese Art der Zubereitung eignen sich fast alle Pilzarten, doch gelingt sie am besten mit kleinen Steinpilzen. Achten Sie beim Kauf darauf, daß die Pilze annähernd gleich groß, makellos und fest sind.

Mit einem rauhen Tuch abreiben oder mit einer Messerklinge abschaben. Größere Pilze längs halbieren. Je 1 l Wasser und Essig in einen Topf gießen, 1 EL grobes Meersalz zufügen und die Pilze 20 Minuten kochen.

Gut abtropfen lassen und zwischen zwei Tüchern ausbreiten, damit die restliche Feuchtigkeit aufgesogen wird. Die trockenen Pilze sorgfältig in

Gläser schichten und mit den angegebenen Gewürzen und Kräutern aromatisieren. Zusammendrücken, damit möglichst wenig Zwischenraum bleibt, und die Gläser mit gutem Olivenöl (ersatzweise auch Sonnenblumenöl) auffüllen.

1 Tag ruhen lassen. Anschließend kontrollieren, ob die Pilze noch immer vollständig bedeckt sind, andernfalls Öl nachgießen. Die Gläser verschließen und vor dem Genuß mindestens 1 Monat an einen kühlen, trokkenen Ort stellen.

Servieren Sie die Zubereitung als Ergänzung zu Vorspeisenplatten; Sie können sie durchaus zusammen mit den Kräutern und Gewürzen anrichten: so werden Ihre Gäste erkennen, daß Sie die Pilze selbst eingelegt haben, und sie um so mehr schätzen.

Pilze in Salz

Pilze; Saft von 1 Zitrone; Meersalz nach Bedarf; Öl nach Bedarf.

Die Pilze sorgfältig putzen und unter fließendem Wasser waschen. In Wasser, das mit Zitronensaft gesäuert wurde, 10 Minuten kochen. Abtropfen lassen und zum Trocknen zwischen zwei Tücher legen.

Wenn alle Feuchtigkeit aufgesogen ist, die Pilze in Gläser schichten und auf jede Schicht eine Lage Salz geben. Das Ganze gut zusammen drücken, erneut mit einer Schicht Salz bestreuen und mit Olivenöl bedekken. Fest verschließen.

Die Pilze vor der Verwendung gründlich unter fließendem Wasser abspülen. Die Zugabe von weiterem Salz oder Brühwürfeln erübrigt sich.

Quitten

Vielleicht waren die goldenen Äpfel aus dem Garten der Hesperiden, die zu holen eine der zwölf Aufgaben des Herakles war, eben jene Quitten.

Die großen zitronen- bis goldgelben Früchte wachsen an einem Strauch, der durch seine lederartigen Blätter und die fast schwarzen Äste auffällt.

Im Altertum wie in der Renaissance regte die elegante Frucht die Maler zu vielfältigen meisterhaften Darstellungen an.

Mit ein bißchen Phantasie lassen sich aus Quitten die wunderbarsten Konserven herstellen. Sie sind nicht nur schmackhaft, sondern auch ausgesprochen ergiebig und daher preiswert: denn man kann die ganze Frucht einschließlich der Schalen, Kerne und Gehäuse (sogar noch von früheren Zubereitungen) verwerten.

Quitten besitzen unter anderem eine leicht adstringierende Wirkung.

Quittenmarmelade

2 kg vollreife Quitten; Saft von 1 Zitrone; Wasser nach Bedarf; Zucker (600 g pro kg gekochter Quitten).

Die Quitten mit einem leicht angefeuchteten Lappen abreiben. Vierteln und eventuell fleckige Stellen herausschneiden (Schalen und Kerngehäuse werden noch nicht entfernt). Die vorbereiteten Viertel sofort in mit Zitronensaft gesäuertes Wasser legen, damit sie sich nicht dunkel verfärben.

Die Quitten im Zitronenwasser aufsetzen und etwa ½ Stunde kochen. Vom Herd nehmen und gut abkühlen lassen. Anschließend von Schalen, Kerngehäusen und harten Stellen befreien.

Die Früchte mit dem Saft wiegen und pro kg Einkochgut 600 g Zucker zufügen. Nun erneut kochen, bis die Marmelade eindickt. Sie ist fertig, wenn ein kleiner Klecks auf einem schräg gehaltenen Teller kaum noch fließt.

Sofort abfüllen und 24 Stunden auskühlen lassen. In jedes Glas ein Stück Pergamentpapier legen, das passend ausgeschnitten und mit 90prozentigem Weingeist befeuchtet wurde. Die Gläser dicht verschließen und an einem kühlen, trockenen Ort lagern.

Quittengelee

3 kg schöne Quitten; Saft von 2 Zitronen; Wasser nach Bedarf; ¾ kg Zucker pro Liter Saft; Wasser nach Bedarf.

In Ihren üblichen Einkochtopf geben Sie 2 l Wasser und den Zitronensaft. Mit einem feuchten Tuch die Früchte gründlich abreiben. Samt Schalen und Kerngehäusen vierteln und die Stücke sofort in das Zitronenwasser legen, damit sie nicht dunkel anlaufen.

Auf den Herd stellen und soviel Wasser nachgießen, bis die Viertel ganz bedeckt sind. Ohne zu rühren, kochen, bis das Fruchtfleisch zerfällt.

Ein Tuch über einen großen Topf spannen und die Quitten daraufschütten. Mindestens 1 Tag stehen lassen, damit der leicht klebrige, rosafarbene Saft ganz ablaufen kann. Die erhaltene Saftmenge messen und pro Liter ¾ kg Zucker zugeben. Erneut auf den Herd stellen und nach dem ersten Aufwallen noch 30–40 Minuten kochen. Nun dürfte das Gelee gut eingedickt sein. Zerreiben Sie zur Probe einen Tropfen zwischen den Fingern. Zieht er Fäden, so können Sie das Gelee in die vorbereiteten Gläser füllen. Mindestens 2 Tage offen stehenlassen, damit überschüssige Feuchtigkeit verdunsten kann. Anschließend mit passenden Pergamentpapierstücken, die Sie mit 90prozentigem Weingeist befeuchtet haben, abdecken und verschließen.

Die gekochten Fruchtstücke können Sie zu Marmelade verarbeiten: durch ein feines Sieb streichen und nach dem zuvor beschriebenen Rezept für Quittenmarmelade weiter verfahren.

Quittenbrot

Quitten; Wasser nach Bedarf; Saft von 1 Zitrone; Zucker (800 g pro kg Fruchtmus).

Die Quitten mit einem feuchten Tuch abreiben. Wasser mit dem Saft von 1 Zitrone in einem Topf mischen. Die ungeschälten Früchte in Stücke schneiden und sofort in das gesäuerte Wasser geben. Aufsetzen und nach dem ersten Aufwallen etwa ½ Stunde garen.

Durch ein feines Sieb streichen, so daß Schalen und Kerngehäuse zurückbleiben. Wiegen, wieder in den Topf füllen und pro kg Quittenmus 800 g Zucker dazugeben. Erneut aufkochen und dabei gründlich rühren, damit nichts ansetzt. Den Kochvorgang nach dem Aufwallen etwa 40 Minuten fortsetzen. Allmählich nimmt die Masse eine leuchtendrosa Farbe an und löst sich zuletzt ohne weiteres vom Topfrand.

Auf ein Stück leicht eingeölte Aluminiumfolie gießen und mit einer Messerklinge zu einer etwa 1 cm dicken Platte ausstreichen. 2 bis 3 Tage an einem kühlen Ort ruhen lassen; nur mit einem Mulltuch bedecken, damit die Feuchtigkeit gut entweichen kann.

Wenn die Masse völlig erstarrt ist, schneiden Sie sie nach Belieben in kleine Rechtecke, Quadrate usw., bestreuen die Stückchen mit Zucker und bewahren sie in Gläsern auf.

Ein ausgezeichneter Energielieferant für kleine Zwischenmahlzeiten.

Dieses Rezept wurde mir freundlicherweise von Frau Maria Testa Garrone mitgeteilt.

Süßsauer eingelegte Quitten

1 kg Quitten (ohne Schalen und Kerngehäuse gewogen); ½ l Wasser; ½ l Weißweinessig; 1 kg Zucker; Schale von 1 unbehandelten Zitrone; einige Gewürznelken; etwas Stangenzimt.

Die geschälten und vom Kerngehäuse befreiten Quitten in dünne, aber nicht zu feine Scheiben schneiden. Mit allen übrigen Zutaten in einen Topf geben und bei milder Hitze garen.

Nach etwa 10 Minuten, wenn sie weich sind, aber trotzdem noch Biß haben, mit dem Schaumlöffel aus der Flüssigkeit nehmen. Erkalten lassen und in Einweckgläser füllen.

Die Flüssigkeit wieder aufsetzen und 10–15 Minuten kochen. Die Quitten damit übergießen, so daß sie völlig bedeckt sind. Ganz auskühlen lassen, verschließen und als Wintervorrat einlagern.

Dieses Rezept stammt aus der Gegend von Trient.

Quittensirup

Quitten; Zucker (¾ kg pro Liter Saft).

Die Quitten sehr gründlich säubern. Auf einer Apfelreibe samt Schalen und Kerngehäuse reiben und in den Elektroentsafter geben. Den gewonnenen Saft durch ein Tuch seihen und mit der angegebenen Zuckermenge in einen Topf (möglichst aus verzinntem Kupfer) füllen.

Erhitzen und nach dem Aufsprudeln etwa ½ Stunde kochen, dabei rühren und, falls nötig, abschäumen.

Den Sirup heiß in Flaschen füllen, diese sofort verkorken und in Wolltücher einwickeln. Zum Auskühlen mindestens 6 Stunden an einen ruhigen Platz stellen.

Quittengrappa

7–8 schöne, vollreife Quitten; guter Grappa nach Bedarf; pro Liter Flüssigkeit 350 g Zucker, 1 Gewürznelke und 1 g Zimt.

Die Quitten gründlich mit einem feuchten Tuch abreiben. Anschließend mit Schalen und Kerngehäusen auf einer Apfelreibe raspeln. In ein Glasgefäß füllen und 4 Tage an einem kühlen Ort ruhen lassen.

Danach in ein Tuch geben und kräftig ausdrücken, um möglichst allen Saft zu gewinnen. Die erhaltene Saftmenge wiegen. Den Saft in ein Einweckglas füllen und dieselbe Menge Grappa dazugeben. Pro Liter Flüssigkeit 350 g Zucker, 1 Gewürznelke und 1 g Zimt ergänzen.

Die Mischung 2 Monate ziehen lassen, dabei gelegentlich das Glas schütteln.

Den Quittengrappa filtrieren, in Flaschen füllen und diese sorgsam zukorken.

Dieses Rezept stammt von Frau Gianna Marinelli Flor aus Trient.

Quittenlikör

7 Quitten (nur die Schalen); 1 l guter Branntwein; ¼ kg Zucker; 150 ml Wasser.

Die Quitten waschen und sorgfältig schälen. Die Schalen in ein Einweckglas geben und mit dem Alkohol übergießen. An einem luftigen, kühlen Ort 6 Wochen ruhen lassen und das Glas gelegentlich schütteln.

Anschließend aus Zucker und Wasser einen Sirup bereiten und diesen nach dem ersten Aufwallen etwa 2 Minuten kochen. Vollständig abkühlen lassen.

Den kalten Sirup zu den Schalen und zum Branntwein gießen. Das Glas gründlich schütteln und dann alles durch ein feines Tuch oder einen Papierfilter gießen. Abfüllen und fest zukorken.

Genehmigen Sie sich diesen exquisiten Likör bei hartnäckigem Husten und Bronchitis. Doch trinken Sie nicht beim ersten Husten gleich alles aus – vielleicht möchten die anderen ihn, mit heißem Wasser verdünnt und mit Honig gesüßt, auch einmal als Punsch genießen.

Schlehen

Über und über von weißen, nach Bittermandeln duftenden Blüten strotzend, bietet der Schlehdorn im Frühjahr einen ausgesprochen hübschen Anblick. Der dornige Strauch, der sonnige Plätze liebt, ist sehr langlebig und bildet mancherorts ein fast undurchdringliches Dickicht.

Seine anfangs grünen Steinfrüchte verfärben sich mit zunehmender Reife schwarzblau und überziehen sich mit einem wachsartigen, weiß schimmernden Reif. Die kleinen, kugeligen Schlehen schmecken roh sehr herb. Sie werden vollreif, am besten erst nach dem ersten Frost geerntet und zu Marmelade und Likör verarbeitet.

Ihr hoher Anteil an Gerbstoffen, Glykosiden und Vitamin C verleiht ihnen adstringierende, reinigende und tonisierende Wirkung.

Schlehenmarmelade

Schlehen; Wasser; Zucker; 1 Apfel (möglichst Renette); 1 große Vanilleschote.

Sammeln Sie nur wirklich ausgereifte Schlehen, da das Fruchtfleisch sonst zu herb schmeckt und seine zusammenziehende Wirkung zu ausgeprägt ist. Und schützen Sie Ihre Hände mit dicken Handschuhen vor den langen Dornen.

Die Schlehen gründlich waschen und an der frischen Luft trocknen. Knapp mit Wasser bedecken und etwa 20 Minuten kochen, bis das Fruchtfleisch zerfällt. Kräftig umrühren und anschließend durch ein Sieb streichen. Verwenden Sie dafür nicht Ihr Passiersieb, denn es würde durch die zurückbleibenden Kerne beschädigt.

Das Fruchtfleisch wiegen und mit derselben Menge Zucker wieder in den Topf füllen. Den Apfel schälen, vom Kerngehäuse befreien, in Stückchen schneiden und mit der Vanilleschote zum Fruchtfleisch geben. Das Ganze bei mäßiger Hitze kochen und dabei fleißig rühren, damit nichts ansetzt.

Wenn Sie den Eindruck haben, daß die Marmelade fertig ist, lassen Sie zur Probe einen Klecks auf einen schief gehaltenen Teller tropfen: fließt er kaum noch, so entfernen Sie die Vanilleschote und füllen die Marmelade sofort ab.

Erst nach dem völligen Erkalten am folgenden Tag verschließen und zuvor mit Pergamentpapier abdecken, das passend ausgeschnitten und mit 90prozentigem Weingeist befeuchtet wurde.

Schlehenlikör

1 kg Schlehen; 900 g Zucker; 1 l Weingeist (90% Vol.); 12 frisch geröstete Kaffeebohnen; 1 l guter trockener Weißwein.

Die vollreifen Schlehen sorgfältig mit einem Tuch abreiben. Mit dem Zucker, dem Weingeist und den Kaffeebohnen in ein großes Einweckglas geben. Verschlossen an einen gut zugänglichen Platz stellen; 60 Tage ziehen lassen und das Glas mehrmals täglich schütteln.

Am 61. Tag den Weißwein dazugießen, wieder verschließen und schütteln. Weitere 2 Tage ruhen lassen. Anschließend durch ein Tuch seihen und die festen Bestandteile kräftig ausdrücken.

Den Likör erneut 1 Tag stehenlassen und dann durch einen Papierfilter gießen. Falls nötig, zwei- bis dreimal filtern, bis der Likör ganz klar wird.

Dieser kräftigende Trunk bietet sich zu jeder Gelegenheit an.

Frau Jucci Gino und Frau Fiore Baldi aus Mailand arbeiteten dieses Rezept aus, das auf eine uralte Tradition in der Familie zurückgeht.

Topinambur

Die eigentliche Heimat des Topinamburs liegt in Kanada und den nordöstlichen Gebieten der Vereinigten Staaten.

Bereits im 17. Jahrhundert verbreitete er sich in ganz Europa nicht nur als Futterpflanze, sondern auch als Nahrungsmittel: zunächst sogar schneller als die Kartoffel, doch gewann diese letztlich die Oberhand. Erst in Notzeiten besannen sich die Menschen wieder auf den Topinambur.

Die Knollen, der eßbare Teil der zur Familie der Sonnenblumen gehörenden Pflanze, sind entweder glatt oder knorrig, von rötlicher, brauner oder weißlicher Farbe; geschmacklich erinnern sie an die Artischocke.

Topinambur in Öl

Topinambur; 1 l Wasser; 1 EL Salz; 1 Glas Weißweinessig; Lorbeerblätter und Pfefferkörner nach Geschmack; Olivenöl.

Topinambur wird im Spätherbst nach dem ersten Frost geerntet. Verwenden Sie für diese Zubereitung möglichst glatte Knollen.

Von den Knollen die Erde abschütteln und die Stengelansätze abtrennen. Das Gemüse unter fließendem Wasser gründlich mit einer weichen Bürste reinigen, um sämtliche Erdrückstände zu entfernen. Eventuelle Würzelchen abschneiden.

Das Wasser unter Zugabe von Salz und Essig aufkochen. Sobald es sprudelt, ungeschälten Topinambur hineinlegen und ¼ Stunde garen. Abtropfen lassen und zum Trocknen auf ein Tuch legen.

Ordentlich in Gläser schichten, mit Lorbeer und Pfeffer würzen und mit Olivenöl bedecken. Vor dem Verzehr 2 Monate ruhen lassen.

In Öl eingelegter Topinambur wird in Scheiben geschnitten und als Vorspeise oder Beilage serviert oder zu reizvollen Salaten verarbeitet.

Vogelbeeren

Seinen Namen erhielt der Vogelbeerbaum, weil seine kleinen Beeren von Vögeln sehr gerne gepickt werden und man früher die mit üppigen Dolden behängten Zweige als Köder beim Vogelfang verwendete.

Der auch als Eberesche bekannte halbhohe, wildwachsende Baum trägt weiße Blüten, deren Duft an den blühenden Weißdorn erinnert. Im Laufe des Sommers entwickeln sich daraus die weinroten Beeren, die jedoch erst gegen Ende September geerntet und zu Marmelade oder Gelee verarbeitet werden können; roh sind sie ungenießbar.

Vogelbeeren sind äußerst reich an Gerbstoffen, Zucker, Zitrussäure und Vitamin C und besitzen demzufolge blutstillende, adstringierende und harntreibende Eigenschaften.

Vogelbeermarmelade

2 kg Vogelbeeren; Wasser nach Bedarf; Zucker nach Bedarf; 2 Päckchen Vanillinzucker.

Gut ausgereifte Beeren pflücken, unter fließendem Wasser waschen und gründlich trockentupfen.

Mit Wasser bedecken und ½ Stunde kochen. Abkühlen lassen und anschließend durch ein Sieb streichen. Das erhaltene Püree wiegen und mit derselben Menge Zucker wieder in den Topf geben. Gut durchmischen und den Vanillinzucker unterziehen.

Erneut aufkochen und den Vorgang noch ½ Stunde fortsetzen. Die Gelierprobe machen: Wenn ein Klecks Marmelade, auf einen schräg gehaltenen Teller getropft, kaum noch zerläuft, können Sie die Marmelade abfüllen; andernfalls muß sie noch eine Weile weiterkochen, wobei Sie ständig rühren.

Die Marmelade kochendheiß abfüllen. Nach dem völligen Erkalten am nächsten Tag mit Pergamentpapier abdecken, das Sie passend ausgeschnitten und mit 90prozentigem Weingeist befeuchtet haben, und die Gläser verschließen.

Vogelbeergelee

2 kg Vogelbeeren; Zucker nach Bedarf; 1 Vanilleschote.

Die Beeren sollten nicht zu reif sein, damit sie besser gelieren.

Die Beeren in den Elektroentsafter geben und darauf achten, daß möglichst kein Saft verlorengeht. Den Saft wiegen und mit derselben Menge Zucker und 1 dicken Vanilleschote in einen Topf füllen. Bei mäßiger Hitze kochen, dabei gründlich umrühren und, falls nötig, abschäumen.

Nach etwa 50 Minuten dürfte das Gelee ausreichend eingedickt sein. Zerreiben Sie zur Probe einen Tropfen zwischen den Fingern: zieht er Fäden, so ist der Kochvorgang vollendet.

Das heiße Gelee in die vorbereiteten Gläser füllen und unverschlossen 2 Tage auskühlen lassen. Anschließend mit passenden Pergamentpapierstücken abdecken, die mit 90prozentigem Weingeist befeuchtet wurden, und die Gläser dicht verschließen.

Weintrauben

Wissenswertes zum Thema findet sich im Kapitel Frühling auf S. 54 ff., wo der Wein und die für diese Jahreszeit typischen Rezepte abgehandelt werden.

Traubenmarmelade

1 kg reife, aromatische Trauben; 400 g Zucker.

Die Trauben abzupfen und einzeln mit einem weichen, leicht angefeuchteten Tuch abreiben. In einer Schüssel zerquetschen und anschließend durch ein Sieb streichen, so daß Haut und Kerne zurückbleiben.

Saft und Fruchtfleisch mit dem Zucker in einen Topf geben und unter Rühren aufkochen. Den Vorgang so lange fortsetzen, bis die Marmelade stark eindickt, dabei häufig abschäumen. Sobald ein Klecks Marmelade, auf einen schief gehaltenen Teller getropft, kaum noch läuft, ist die Marmelade fertig.

Heiß abfüllen und am nächsten Tag verschließen. Zuvor in jedes Glas ein passendes Stück Pergamentpapier legen, das mit 90prozentigem Weingeist befeuchtet wurde. Die Marmelade an einem kühlen und trokkenen Ort aufbewahren.

Trauben-Pfirsich-Apfel-Marmelade

1 kg süße, aromatische weiße und blaue Trauben; 4 Gewürznelken; 6 Äpfel; 6 Pfirsiche; Zucker (600 g pro kg gekochte Früchte).

Die Trauben waschen, sofort abtrocknen und mit den Gewürznelken in einen Topf geben. Bei niedriger Temperatur kochen, bis sie eine saucenähnliche Beschaffenheit annehmen.

Inzwischen die Äpfel schälen und vom Kerngehäuse befreien, die Pfirsiche häuten und entsteinen.

Die Trauben durch ein Sieb streichen, um die Kerne zu entfernen, und mit den zerkleinerten Äpfeln und Pfirsichen wieder in den Topf geben.

Aufsprudeln lassen und etwa 1 Stunde auf kleiner Flamme kochen, dabei ständig rühren. Die Fruchtmischung wiegen und pro kg 600 g Zucker zufügen.

Wieder auf den Herd stellen und bei schwacher Hitze unter ständigem Rühren kochen, bis Sie mit dem Holzlöffel einen gewissen Widerstand spüren. Machen Sie sicherheitshalber die Gelierprobe und tropfen Sie einen kleinen Löffel Marmelade auf einen schräg gehaltenen Teller. Wenn sie kaum noch fließt, wird sie sofort abgefüllt.

Bis zum folgenden Tag offen auskühlen lassen. In jedes Glas ein passend zurechtgeschnittenes und in 90prozentigem Weingeist getränktes Stück Pergamentpapier legen und die Gläser verschließen.

Schnelles Traubengelee

Süße, reife Trauben; Zucker (300 g pro Liter ausgepreßtem Saft).

Die Trauben waschen, trockentupfen und entkernen. In den Elektroentsafter geben bzw. im Mixer pürieren und anschließend durch ein doppeltes Mulltuch filtern, so daß nur der klare Saft gewonnen wird.

Den Saft mit Zucker im oben angegebenen Mengenverhältnis in einen geschmacksneutralen Topf geben. Bei milder Hitze kochen, dabei gründlich umrühren und immer wieder abschäumen. Sobald der Saft um ein Drittel eingekocht ist, machen Sie die Gelierprobe: zieht ein Tropfen Saft, den Sie zwischen den Fingern zerreiben, Fäden, so ist das Gelee fertig.

Sofort abfüllen, die Gläser jedoch erst am folgenden Tag verschließen und das Gelee zuvor mit Pergamentpapier abdecken, das Sie passend ausgeschnitten und in 90prozentigem Weingeist getränkt haben. Die Gläser an einen kühlen, trockenen Platz stellen.

Frischerhaltene Weintrauben

Weiße oder blaue Trauben; Zucker nach Bedarf; Gewürznelken; Stangenzimt.

Die Trauben mehrere Millimeter über dem Stielansatz abschneiden. Nur einwandfreie, pralle Beeren verarbeiten und diese behutsam mit einem feuchten Tuch abreiben.

In die Gläser füllen und jeweils 3 EL Zucker, 2 Gewürznelken und ein Stückchen Zimt dazugeben. Die Gläser fest verschließen, in Tücher wikkeln und in den Sterilisationstopf stellen. Wasser zugießen und zum Kochen bringen. Die Trauben nach dem Aufwallen ½ Stunde sterilisieren und anschließend im Wasser erkalten lassen.

Am folgenden Tag die Gläser aus dem Wasser nehmen, sorgfältig abtrocknen und an einen kühlen, trockenen Platz stellen.

So konservierte Trauben lassen sich in allen Rezepten verwenden, die frische Früchte erfordern, beispielsweise Obstsalate, Obstkuchen, Eis und Sorbet.

Weintrauben in Grappa

Trauben; Stangenzimt; Grappa.

Die Trauben etwa 1 cm über dem Stielansatz abschneiden. Behutsam einzeln mit einem Tuch abwischen, ohne sie zu zerdrücken. Danach mit einer sehr dünnen Nadel zwei- bis dreimal einstechen.

Mit jeweils einigen Stückchen Zimt in die vorbereiteten Gläser füllen. Bis zum Rand mit Grappa auffüllen und die Gläser fest verschließen. Vor dem Genuß 2 Monate ruhen lassen.

Wenn Ihnen der Geschmack von Zimt nicht zusagt, lassen Sie ihn weg und ersetzen den einfachen Grappa durch solche aus Muskatellertrauben.

Weintrauben in Weingeist

Dickschalige Trauben; Wasser; Zucker; Koriander; Gewürznelken; Stangenzimt (nach Geschmack); Weingeist (90% Vol.).

Nach Belieben können Sie weiße oder blaue Weintrauben verwenden. Wichtig ist nur, daß die Früchte von einwandfreier Qualität sind.

Die Beeren etwa 1 cm über dem Stielansatz abschneiden (er kann auch etwas kürzer geraten, nur muß er unbedingt noch vorhanden sein). Die Beeren mit einem feuchten Tuch abreiben und dicht nebeneinander, allerdings ohne sie zu zerdrücken, in Gläser füllen.

Zucker in lauwarmem Wasser gründlich verrühren (pro Traube rechnet man ½ Glas Wasser und 1 EL Zucker) und den Sirup über die Beeren gießen. Pro Glas einige Koriandersamen, 2 Gewürznelken und ein Stückchen Stangenzimt dazugeben und das Ganze mit Weingeist auffüllen, so daß die Früchte völlig bedeckt sind und die Flüssigkeit bis an den Glasrand reicht. Die Gläser luftdicht verschließen und die Trauben bis zum Verzehr mindestens 2 Monate ruhen lassen.

Sultaninen in Brandy

Sultaninen; guter Brandy nach Bedarf.

Wählen Sie große, gut gedörrte Sultaninen, gerne auch mit Stiel.

Die Sultaninen gründlich in warmem Wasser waschen und zum Aufsaugen der Feuchtigkeit auf einem sauberen Tuch ausbreiten. Die gut getrockneten Sultaninen in Einweckgläser füllen und Brandy bis zum Rand darübergießen, so daß der Glasinhalt ganz bedeckt ist.

Reichen Sie die Sultaninen »mit Geist« – allerdings erst nach mindestens 2 Monaten! – anstelle des üblichen Likörs zum Abschluß einer Mahlzeit. Auch können Sie damit Eisbechern den letzten Pfiff verleihen oder sie in Puddings und Kuchen verwenden.

Eingedickter Traubenmost

2 l ganz frischer Traubenmost; 200 g Zucker.

Den Most süßen (wenn Sie mehr Most verarbeiten, wird die angegebene Menge entsprechend erhöht). Sobald Sie den Zucker zufügen, bildet der Most sofort starken Schaum. Dieser wird schnell mit der Schaumkelle abgeschöpft, womit gleichzeitig alle Verunreinigungen, die der frische Most noch enthält, beseitigt werden.

Nachdem Sie den ganzen Schaum entfernt haben und kein neuer mehr entsteht, werden Sie sehen, daß sich auf dem Gefäßboden eine Schicht abgesetzt hat. Um diese Substanz nicht aufzuwirbeln, zapfen Sie den Most mit Hilfe eines Gummischlauches ab und lassen ihn in einen Kochtopf fließen.

Bei milder Hitze 12 Stunden kochen und dabei immer wieder umrühren. Wenn sich die Flüssigkeitsmenge etwa um ein Drittel verringert hat, beenden Sie den Kochvorgang.

Im allgemeinen werden dem Most während der Zubereitung Früchte zugesetzt, da er pur zu gehaltvoll ist.

Eingedickter Traubenmost mit Birnen

Nach vorstehendem Rezept vorgehen und den Most 5 Stunden kochen. Sie können beliebig viele Birnen hinzufügen, die allerdings stets mit Most bedeckt sein müssen. Zuvor werden die Früchte geschält, vom Kerngehäuse befreit und je nach Größe in vier bis sechs Stücke geschnitten. Häufig umrühren, damit der Most nicht ansetzt und den Geschmack von Angebranntem annimmt.

Wenn ein durchgeschnittenes Fruchtstück ganz durchgefärbt ist, beenden Sie den Kochvorgang. Die Mischung vom Herd nehmen und lauwarm abfüllen. Erst nach dem völligen Erkalten verschließen und zuvor mit passend ausgeschnittenem Pergamentpapier abdecken, das mit 90prozentigem Weingeist befeuchtet wurde.

Eingedickter Traubenmost mit Mischobst

Für vorstehendes Rezept können Sie ebenso alle möglichen anderen Früchte verwenden: Äpfel, Quitten, späte Pfirsiche, nicht zu reife Feigen, Walnußkerne, Mandeln, festen Kürbis usw.

Verfahren Sie nach der zuvor beschriebenen Anleitung und setzen Sie den Kochvorgang fort, bis die Fruchtstücke, wie an der Schnittfläche zu erkennen, vollständig mit Most getränkt sind. Der Most muß noch flüssig sein, und die Früchte dürfen nicht zerfallen, sondern sollen noch Biß haben.

Auch das Abfüllen erfolgt wie oben erläutert.

Senfsirup

Wenn Sie den eingedickten Traubenmost mit 2 EL Senfmehl würzen (bei empfindlichem Gaumen etwas weniger), erhalten Sie einen Senfsirup, der ausgezeichnet zu Polenta paßt.

Gemischtes Kompott in Traubenmost (Savor*)

1 kg frischer Traubenmost; 1 kg gemischte Früchte (Äpfel, Birnen, Quitten, Pfirsiche, Feigen, Kürbis); 1 Stückchen getrocknete Zitronenschale; 1 Stückchen getrocknete Orangenschale; 2 Walnußkerne; 2 Mandeln.

Wenn Sie keinen frischen Traubenmost bekommen, zerdrücken Sie schöne saftige und süße Trauben in einem Behälter, der jedoch nicht aus Metall sein darf. Mit einem Tuch abdecken und 24 Stunden ruhen lassen, so daß der Gärungsprozeß einsetzen kann.

Durch ein feines Sieb gießen und möglichst allen Saft auffangen. Wiegen und pro kg Saft insgesamt 1 kg Früchte vorbereiten: schälen bzw. häuten und in Stückchen schneiden, die Nüsse und Zitrusschalen grob hacken.

Alles zusammen in einen Topf (möglichst aus Steingut, zumindest aber aus geschmacksneutralem Material) geben. Auf niedrigster Stufe unter häufigem Rühren kochen, bis es stark eindickt, was normalerweise nach 3–4 Stunden geschieht.

Die Mischung heiß in kleine Gläser füllen und bis zum nächsten Tag offen auskühlen lassen. Dann in jedes Glas ein passendes und mit 90prozentigem Weingeist angefeuchtetes Stück Pergamentpapier legen. Die Gläser verschließen und an einen kühlen, trockenen Platz stellen.

Traubensirup

Schöne, süße Trauben; Zucker (1½ kg pro kg Traubensaft).

Nicht ganz einwandfreie Früchte aussortieren, die übrigen gründlich waschen. In einer Schüssel mit den Händen zerdrücken und an einem kühlen Ort 5–6 Stunden gären lassen. Den Most durch ein feines Sieb gießen, anschließend wiegen.

In einen geschmacksneutralen Topf (möglichst aus verzinntem Kupfer) füllen und Zucker im angegebenen Mengenverhältnis zufügen. Auf kleiner Flamme aufsetzen und nach dem ersten Aufsprudeln 10 Minuten kochen.

Heiß in die vorbereiteten Gläser bzw. Flaschen füllen und sofort verschließen. In Wolltücher wickeln und an einem ruhigen Platz 36 Stunden auskühlen lassen. Beschriftet an einen kühlen, trockenen Ort stellen.

* Ein typisches emilianisches Rezept; Savor wird als Ergänzung zu gekochtem Fleisch und Polenta gereicht oder zur Herstellung von Süßspeisen und Tortelettes verwendet.

Traubensaft (sterilisiert)

Trauben; Zucker (200 g pro Liter Traubensaft).

Makellose, saftige und aromatische Trauben auswählen. Gründlich waschen und trockentupfen. Zum Entsaften durch ein feines Sieb streichen (bzw. im Mixer pürieren und anschließend passieren oder auch in den Elektroentsafter geben).

Pro Liter Saft 200 g Zucker zufügen und rühren, bis sich der Zucker ganz aufgelöst hat. In luftdichte Gläser oder Flaschen füllen.

Diese in Tücher wickeln und in den Sterilisationstopf stellen. Mit Wasser auffüllen und erhitzen. Nach dem Aufsprudeln 45 Minuten sterilisieren. Den Topf vom Herd nehmen und auskühlen lassen. Die kalten Gläser aus dem Wasser nehmen, abtrocknen, beschriften und in die Vorratskammer stellen.

Aromatische Weintraubencreme

2 l frischer Traubensaft; Weizenmehl nach Bedarf; 4 Gewürznelken; 1 Zimtstange.

Besorgen Sie fertigen, ganz frischen Traubensaft oder stellen Sie ihn selbst her. Durch ein Sieb gießen und anschließend Glas für Glas in einen Topf (möglichst aus Steingut oder Kupfer) füllen. Die Anzahl der Gläser ist wichtig: hiervon hängt die später benötigte Menge Mehl ab.

Gewürznelken und Zimtstange in ein Mullsäckchen füllen und dieses zum Saft geben. Das Ganze bei sehr niedriger Temperatur unter Rühren aufkochen. Nach dem ersten Aufsprudeln nach und nach pro Glas Saft 1 EL Mehl gründlich darunterrühren, so daß sich keine Klümpchen bilden. Den Kochvorgang noch etwa 1 Stunde fortsetzen und dabei ständig rühren, bis sich allmählich eine geschmeidige Creme bildet.

Das Mullsäckchen entfernen. Die Creme sofort in Gläschen füllen und offen erkalten lassen. Am folgenden Tag mit Pergamentpapier abdekken, das Sie entsprechend zurechtgeschnitten und mit 90prozentigem Weingeist getränkt haben, und die Gläser sorgfältig verschließen. Kühl und trocken lagern.

Wenn Sie die Creme gleich verbrauchen wollen, können Sie sie auch in kleine Förmchen gießen. Sie ist ebenso lecker zum Dessert wie als kleine Zwischenmahlzeit auf Brot oder als Füllung für süße Ravioli und Torten.

Eingekochter Traubenmost (Vincotto)

Trauben.

Nach Belieben weiße, blaue oder gemischte Trauben verwenden, die allerdings vollreif und süß sein sollen.

Die Früchte gründlich waschen und trockentupfen. Entsaften und durch ein doppeltes Mulltuch seihen, so daß Sie eine klare Flüssigkeit erhalten.

Diese in einem Edelstahl- oder Steinguttopf auf kleiner Flamme kochen. Ständig mit einem Holzlöffel umrühren. Sobald der Most die Konsistenz von dickem Honig angenommen hat, wird er heiß in luftdicht verschließbare Gläser gefüllt. Verschließen, in Wolltücher wickeln und vor der endgültigen Lagerung 36 Stunden ungestört auskühlen lassen.

Weißdorn

Zu allen Zeiten besangen Dichter den Weißdorn als Sinnbild der Schönheit, Jugend und Anmut. Der hartholzige, dornige Strauch wird bis zu 500 Jahre alt. Einst dienten seine Früchte den Menschen als Nahrung, wie die Samen der leuchtendroten Beeren bezeugen, die Archäologen in vorgeschichtlichen Pfahlbauten fanden.

Schon früh erkannte die Medizin die harntreibende und adstringierende Wirkung des Weißdorns, dessen Heilkräfte unter anderem bei leichten Herzbeschwerden ihre Wirkung zeigen.

Gegen Ende September werden die vollreifen Früchte geerntet und nach folgendem Rezept zu Marmelade verarbeitet:

Weißdornmarmelade

2 kg Weißdornfrüchte; Zucker nach Bedarf; Wasser nach Bedarf; 1 Vanilleschote.

Sammeln Sie die größten und rötesten Früchte, die Sie zu Hause sorgfältig waschen. Anschließend in den üblichen Einkochtopf füllen und mit Wasser bedecken. Aufsetzen und nach dem Aufwallen etwa ½ Stunde kochen. Durch ein feines Sieb streichen, so daß die Samen zurückbleiben, und das erhaltene Püree wiegen.

Mit derselben Menge Zucker und der Vanilleschote wieder in den Topf geben. Unter häufigem Rühren so lange kochen, bis die Marmelade genügend eingedickt ist. Tropfen Sie zur Probe einen kleinen Löffel Marmelade auf einen schief gehaltenen Teller. Wenn sie kaum noch läuft, ist sie fertig. Nun die Vanilleschote entfernen und die Marmelade heiß in die vorbereiteten Gläser füllen. Frühestens nach einem Tag verschließen und zuvor in jedes Glas ein passendes Stück Pergamentpapier legen, das mit 90prozentigem Weingeist getränkt wurde.

Winter

Ananas

Aus ihrer ursprünglichen Heimat Brasilien verbreitete sich die Ananas dank der Seeleute, die unter spanischer, portugiesischer und englischer Flagge auf Entdeckungsfahrt unterwegs waren, in allen tropischen Ländern. Nach Hawaii gelangte sie Anfang des vergangenen Jahrhunderts, in Europa ist sie bereits seit Mitte des 18. Jahrhunderts bekannt.

Die Ananas wächst an einer staudigen Pflanze, die eine Höhe von nur etwa 70 cm erreicht und im dritten Jahr einen kugeligen blauen Blütenstand hervorbringt. Aus diesem geht später die süße Frucht hervor, die sich nicht nur durch ein köstliches Aroma auszeichnet, sondern daneben wertvolle Vitamine, Kohlenhydrate und ein besonderes verdauungsanregendes Enzym enthält. Sie wirkt stark entwässernd und empfiehlt sich für Schlankheits- und Entschlackungskuren sowie bei Arteriosklerose.

Ananasmarmelade

2 kg Ananas; 1 Zitrone; Zucker nach Bedarf.

Die Ananas sorgfältig schälen und holzige Stellen herausschneiden. Das Fruchtfleisch zerkleinern, im Mixer pürieren oder durchpassieren und anschließend wiegen. In einen geschmacksneutralen Topf füllen.

Bei milder Hitze 10 Minuten kochen, dann die dem Gewicht des Fruchtpürees entsprechende Menge Zucker und den Zitronensaft zufügen. Den Kochvorgang unter häufigem Rühren fortsetzen, bis ein Klecks Marmelade, auf einen schief gehaltenen Teller getropft, kaum noch fließt.

Die Marmelade lauwarm abfüllen und am folgenden Tag verschließen. Vergessen Sie nicht, zuvor ein passendes Stück Pergamentpapier in 90prozentigem Weingeist zu tränken und über die Marmelade zu breiten.

Bananen

Als größtes Kraut der Erde gedeiht die ursprünglich in Südamerika beheimatete Banane heute weltweit in tropischen und subtropischen Regionen. Der kräftige Scheinstamm dieser Pflanze trägt bis zu 4 m lange Blätter und einen bunt beblätterten, ährenähnlichen Blütenstand. Hieraus entwickelt sich der Fruchtstand, bestehend aus acht bis vierzehn Bananenhänden mit je zehn bis zwanzig Bananen.

Die Früchte sind äußerst nahrhaft und weisen eine hohe Konzentration an Vitaminen, Stärke und Zucker auf.

Bananenmarmelade

1 kg nicht zu reife Bananen (ohne Schalen); ½ kg Zucker; Wasser nach Bedarf; Saft von 2 Zitronen; Saft von 2 Orangen.

Die Bananen in Stücke schneiden, mit dem Zucker in einen Topf geben und knapp mit Wasser bedecken. Kochen, bis sie zart sind, mit der Schaumkelle aus dem Topf nehmen und durchpassieren.

Den Zitronen- und Orangensaft zur Kochflüssigkeit geben und das Ganze erneut aufkochen. Den Vorgang bei schwacher Hitze etwa ¼ Stunde fortsetzen. Nun die pürierten Bananen zufügen und alles erneut aufkochen. Sobald ein kleiner Klecks Marmelade auf einem schräg gehaltenen Teller kaum noch läuft, ist sie fertig.

Heiß abfüllen und vor dem Verschließen völlig erkalten lassen. Zuvor mit passenden Pergamentpapierstücken abdecken, die mit 90prozentigem Weingeist befeuchtet wurden.

Bataten

Die Batate oder Süßkartoffel ist ihrer schlichten Verwandten, unserer guten alten Kartoffel, sehr ähnlich. Wie diese kam sie durch die Spanier und Portugiesen, die sie von ihren Entdeckungsfahrten und Eroberungszügen nach Südamerika mitbrachten, in unsere Breiten.

In den USA, wo sie sehr populär ist, weiß man aus ihr die köstlichsten Torten und Aufläufe zu bereiten.

Meist weisen die länglichen Knollen eine helle, leicht rosafarbene, ziemlich dicke Schale auf, das gekochte Fruchtfleisch ist weißlichgrau und etwas faserig.

Batatenmarmelade

1 kg Bataten; 1 kg Zucker; 1 Glas Wasser; Saft von 1 Zitrone.

Die Knollen weich kochen, schälen und fein zerstampfen, solange sie noch warm sind.

Aus Zucker und Wasser einen Sirup bereiten und diesen 10 Minuten kochen. Das Batatenpüree unterziehen und das Ganze kochen, bis die richtige Konsistenz erreicht ist. Ständig rühren, da die Masse leicht ansetzt. Nach Beendigung des Kochvorgangs auf der abgeschalteten Herdplatte sofort den Zitronensaft gut unterziehen.

Die Marmelade heiß abfüllen und bis zum nächsten Tag offen auskühlen lassen. Mit Pergamentpapier abdecken, das Sie passend zurechtgeschnitten und in 90prozentigem Weingeist getränkt haben; die Gläser verschließen.

Datteln

Die stattliche Dattelpalme, die eine Höhe von 20 m erreichen kann, liebt subtropisches Klima – aus der typischen Szenerie einer Oase ist sie kaum wegzudenken.

In Europa gilt sie als Zierpflanze und trägt, mit Ausnahme der in Südspanien heimischen Art, niemals Früchte. In ihrem natürlichen Habitat hingegen bringt sie enorme verzweigte Blütenstände hervor, aus denen sich ebenso üppige Fruchtstände mit traubenartig angeordneten süßen Datteln entwickeln.

Die Früchte sind sehr nahrhaft, zuckerhaltig sowie reich an Kalzium, Phosphor und Vitaminen und somit besonders bei Anämie, Appetitlosigkeit und in der Rekonvaleszenz zu empfehlen.

Dattel-Ratafia

2 kg Datteln; 2 l Weingeist (90% Vol.); 2 l Wasser; 2 kg Zucker.

Die Datteln entkernen. Mit dem Alkohol in ein großes Einweckglas füllen und 10 Tage ziehen lassen, hin und wieder schütteln.

Am 11. Tag Wasser und Zucker zu Sirup verkochen und diesen nach 5 Minuten vom Herd nehmen; völlig erkalten lassen. Zu den Datteln ins Glas gießen, umrühren und weitere 10 Tage ruhen lassen.

Am 21. Tag sorgfältig durchseihen und die Datteln gut ausdrücken. Den Likör noch einmal 10 Tage ruhen lassen, dann durch einen Papierfilter gießen und abfüllen. Fest zugekorkt an einem kühlen, trockenen Platz aufbewahren.

*Italienische Zwiebeln**

Sie gehören, ebenso wie unsere heimischen Zwiebelarten, die Schalotten und der Knoblauch, zur Familie der Lauchgewächse und werden seit Menschengedenken eigentlich überall auf der Welt angepflanzt. Schon die Hebräer beklagten sich nach ihrem Auszug aus Ägypten bei Moses, er habe sie von den »schmackhaften dortigen Zwiebeln« weggeführt.

Die Zwiebel stand immer und bei allen Völkern hoch im Kurs und zählt heute in der Mittelmeerküche zu den meistverwendeten Gemüse- und Würzpflanzen.

Älteste wie moderne medizinische Abhandlungen bescheinigen ihr entwässernde Eigenschaften, wobei die rote Zwiebel mit ihrem erhöhten Gehalt an ätherischen Ölen für Heilzwecke bevorzugt wird.

Verwenden Sie dieses Gemüse, wie es Ihnen am meisten behagt, vor allem aber reichlich. Denn nicht umsonst sagt ein altes Sprichwort: »Die Zwiebel ersetzt eine ganze Apotheke.«

Zwiebeln in Essig

Italienische Zwiebeln; Wasser; Salz; 1 l Essig; 2 Gewürznelken; Lorbeerblätter.

Die von der äußeren Schale befreiten Zwiebeln in leicht gesalzenes sprudelndes Wasser werfen und 5 Minuten kochen. Abgießen, kalt abbrausen und zum Trocknen ausbreiten; anschließend in eine Schüssel füllen.

* Gemeint sind die kleinen und gedrungenen, milden Zwiebeln, die man in Italien gerne eingelegt oder gekocht und mit Essig und Öl angemacht ißt und die bei uns als italienische Zwiebeln oder Steckzwiebeln angeboten werden. (A.d.Ü.)

Den Essig mit den Gewürzen aufkochen; sobald er aufwallt, über die Zwiebeln gießen; diese über Nacht im Essig ruhen lassen.

Am folgenden Tag mit der Schaumkelle herausnehmen und in Gläser füllen. Den Essig erneut erhitzen und kochendheiß über die Zwiebeln geben. Vollständig erkalten lassen. Sollten die Zwiebeln danach nicht mehr ganz mit Flüssigkeit bedeckt sein, gießen Sie weiteren gekochten Essig nach.

Die Gläser dicht verschließen und vor dem Öffnen mindestens 1 Monat an einen kühlen, luftigen Platz stellen.

Zwiebeln in Öl

Italienische Zwiebeln; 1 l guter Weinessig; 1 EL grobes Meersalz; Öl.

Die Zwiebeln schälen. Unterdessen den Essig mit Salz zum Kochen bringen. Sobald er sprudelt, die Zwiebeln hineingeben und nach dem erneuten Aufwallen 5 Minuten kochen. Abgießen und gut trocknen lassen.

In Gläser schichten, so daß möglichst wenig Zwischenraum bleibt, und mit Oliven- oder Sonnenblumenöl bedecken.

Am folgenden Tag, falls nötig, noch einmal Öl nachgießen und die Gläser verschließen.

Süßsauer eingelegte Zwiebeln

1 ½ kg italienische Zwiebeln; 1 l Weinessig (möglichst Weißweinessig); Salz; Saft von 4 Zitronen; 1 Glas Öl; 1 Glas Zucker; 1 Glas Wasser; Gewürznelken; Lorbeerblätter.

Zwiebeln schälen. Alle übrigen Zutaten mit Ausnahme von Lorbeer und Nelken in einen geschmacksneutralen Topf geben und aufkochen. Die Zwiebeln in die sprudelnde Flüssigkeit legen und den Kochvorgang nach dem erneuten Aufwallen 5 Minuten fortsetzen.

Den Herd abschalten und die Zwiebeln mit der Schaumkelle aus der Flüssigkeit nehmen. Sobald die Oberfläche getrocknet ist, dicht nebeneinander in Gläser füllen, ohne sie aber zu zerdrücken.

Jedes Glas mit 1 Gewürznelke und 1 Lorbeerblatt würzen und mit der weitgehend erkalteten Kochflüssigkeit auffüllen. Zuletzt etwas Öl auf die Oberfläche gießen und die Gläser sorgfältig verschließen. Nach 1 Monat können Sie die Zwiebeln verwenden.

Piccalilli (Senfpickles)

Italienische Zwiebeln; Stangensellerie; Mohrrüben; Blumenkohlröschen; grüne Bohnen; 2 l Weinessig; 40 g Pfefferschoten; 2 gewöhnliche Zwiebeln, in Scheiben geschnitten; 4 ganze Knoblauchzehen; 6 weiße und 6 schwarze Pfefferkörner; je 2 Wacholderbeeren, Lorbeerblätter und Gewürznelken; 1 EL Senfmehl; 1 EL grobes Meersalz.

Zwiebeln, Sellerie und Mohrrüben zerteilen und zusammen mit den Bohnen und Blumenkohlröschen einige Minuten in kochendem Salzwasser blanchieren (das Gemüse soll knackig bleiben); gut abtropfen lassen.

2 l guten Weinessig mit den genannten Gewürzen und Aromaten aufsetzen und nach dem ersten Aufwallen 4 Minuten kochen, dann den Herd abschalten. Das Gemüse in die vorgesehenen Gläser füllen. Die erkaltete Marinade durch ein feines Tuch seihen und die Gläser damit auffüllen. Verschlossen an einen kühlen, trockenen Ort stellen.

Mixed Pickles

1 l Essig; 1 Glas Öl; 1 EL grobes Meersalz; 1 Glas Zucker; 2 Gewürznelken; 2 Lorbeerblätter; 300 g grüne Bohnen; 300 g Mohrrüben; 100 g Selleriestangen; 1 kg gelbe und rote Paprikaschoten; 300 g italienische Zwiebeln.

Den Essig mit Öl, Salz, Zucker, Gewürznelken und Lorbeerblättern 5 Minuten kochen.

Anschließend die Bohnen und die gewürfelten Mohrrüben hineingeben und 5 Minuten garen. Nun folgt der Sellerie mit den in Streifen geschnittenen Paprikaschoten. Nach 5 Minuten werden schließlich die ganzen Zwiebeln hinzugefügt; nach weiteren 3 Minuten ist der Kochvorgang beendet. Den Herd abschalten und das Ganze völlig erkalten lassen.

In Gläser füllen und diese fest verschließen. Vor dem Genuß 40 Tage ruhen lassen.

Kiwis

Wie zahlreiche Exoten wird diese ursprünglich aus China stammende Frucht heute auch in vielen anderen Ländern wie Frankreich, Spanien und Italien und vor allem in Neuseeland angebaut.

Wegen ihres dekorativen, mit schwarzen Kernen durchsetzten grünen Fruchtfleischs und des feinen Aromas sind Kiwis sehr beliebt. Mit ihrem hohen Vitamin-C-Anteil bieten sie wirksamen Schutz gegen Erkältungskrankheiten.

Die Pflanze selbst ist pflegeleicht und ziert mit ihrem dichten Blattwerk und den hübschen Blüten Mauern und Lauben. Da es sich um ein zweihäusiges Gewächs handelt, das also jeweils nur Blüten des einen oder des anderen Geschlechts aufweist, müssen Sie, wenn es Ihnen auf die Früchte ankommt, zwischen mehrere weibliche Pflanzen stets eine männliche setzen.

Kiwimarmelade

1 kg Kiwis; 700 g Zucker; Saft von 2 Zitronen; 2 EL Grappa.

Die Früchte dünn schälen und mit den übrigen Zutaten in einen geschmacksneutralen Topf füllen. Zugedeckt einige Stunden ziehen lassen, dabei ab und zu vermischen.

Anschließend bei milder Hitze unter gelegentlichem Rühren kochen, bis ein kleiner Löffel Marmelade auf einem schräg gehaltenen Teller kaum noch zerläuft.

Die Marmelade heiß abfüllen und erkalten lassen. Mit passend ausgeschnittenem und in 90prozentigem Weingeist getränkten Pergamentpapier abdecken und die Gläser sorgfältig verschließen.

Kiwimarmelade ist eine hochwertige Energiequelle.

Kiwigelee

1 kg Kiwis; 2 EL Grappa; ¼ l Wasser; 700 g Zucker.

Die Früchte sorgfältig schälen, in dünne Scheiben schneiden und mit dem Grappa und dem Wasser in einen Topf geben. Bei mittlerer Hitze unter ständigem Rühren musig kochen.

Die Mischung passieren oder im Mixer pürieren und durch ein feines Tuch seihen. Nachdem der ganze Saft abgetropft ist, den Zucker hinzufügen. Erneut auf kleiner Flamme kochen, dabei immer wieder rühren und, falls nötig, abschäumen.

Sobald das Gelee, zwischen zwei Fingern zerrieben, Fäden zieht, wird abgefüllt. 2 Tage lang offen auskühlen lassen. Dann mit Pergamentpapier abdecken, das entsprechend zurechtgeschnitten und in 90prozentigem Weingeist getränkt wurde. Die Gläser fest verschließen.

Kohl

Zweifellos stammt der Kohl aus Europa: wildwachsenden Vertretern dieser Gemüsepflanze begegnet man hierzulande nahezu überall. Durch Kreuzung gingen aus ihnen Hunderte von Spielarten hervor, die heute weltweit verbreitet sind und sich, nicht selten auch als Zierpflanzen gezogen, in den unglaublichsten Farbnuancen präsentieren: das Spektrum reicht von Lachsrosa über Zartlila bis hin zu Dunkelviolett.

Seit frühester Zeit stand der Kohl nicht nur als Nahrungsmittel, sondern auch wegen seiner Heilwirkung bei offenen Wunden in hohem Ansehen. Eine Auflistung all der Eigenschaften, die ihm in der Antike zugeschrieben wurden, wäre zwar interessant, würde aber an dieser Stelle zu weit führen. Jedenfalls bestätigt die moderne Wissenschaft alles, was die Ärzte schon vor 2000 Jahren behaupteten. Wegen seines hohen Vitamin-A-Gehalts gilt dieses Gemüse seit jeher als das Skorbutheilmittel schlechthin.

Weißkohl in Essig

1 fester Weißkohl; Salz; Weinessig; 10 g Zucker; Pfefferkörner; ½ Zimtstange.

Den Kohl in feine Streifen schneiden. In einen geschmacksneutralen Topf füllen und, mit reichlich Salz bestreut, über Nacht ruhen lassen.

Den Essig mit dem Zucker, einigen Pfefferkörnern und dem Zimt erhitzen und 3 bis 4 Minuten sprudelnd kochen. Vollständig erkalten lassen. Den Kohl in ein Sieb geben und energisch schütteln, um das Salz zu entfernen. Anschließend dicht in die vorbereiteten Gläser füllen, mit dem kalten Essig bedecken und die Gläser verschließen. An einem kühlen, trockenen und dunklen Platz aufbewahren.

Rotkohl in Essig

Das Einlegen erfolgt nach vorstehender Anleitung. Eingelegter Rotkohl paßt vorzüglich zu Schweinsfüßen, Bratwürsten und anderen deftigen Gerichten.

Eingelegter Blumenkohl

Blumenkohl; Wasser; Salz.

Verarbeiten Sie nach Möglichkeit den ersten Blumenkohl, der auf den Markt kommt, da dieser noch schön fest ist. Die Köpfe von den Blättern befreien und in mittelgroße Stücke teilen.

Währenddessen Wasser unter Zugabe von grobem Meersalz (8 g pro Liter aufkochen) und die Salzlake völlig erkalten lassen.

In einem zweiten Topf leicht gesalzenes Wasser aufkochen, die Blumenkohlröschen hineingeben und nach dem erneuten Aufwallen 6 Minuten garen.

Gut abtropfen lassen und zum Trocknen in ein Sieb oder auf ein Tuch geben. Sobald das Gemüse weitgehend trocken ist, die bereitgestellten Einweckgläser zu drei Vierteln damit füllen. Soviel Salzlake dazugießen, bis alles gut bedeckt ist.

Die Gläser in Tücher wickeln, in einen großen Topf stellen und reichlich Wasser zugießen. Erhitzen und nach dem Aufsprudeln 50 Minuten kochend sterilisieren. Anschließend im Wasser erkalten lassen. Herausnehmen, abtrocknen und an einen dunklen, trockenen und gut belüfteten Platz stellen.

Blumenkohl in Essig

Blumenkohl; Wasser; Salz; Essig; Lorbeerblätter; Gewürznelken; Pfefferkörner.

Legen Sie Blumenkohl am besten zu Beginn der Saison ein, wenn er noch schön knackig ist.

Leicht gesalzenes Wasser zum Kochen bringen und den in Röschen zerteilten Blumenkohl 5–6 Minuten darin garen. Abgießen und zum Trocknen in ein Sieb geben oder auf einem Tuch ausbreiten.

Inzwischen guten Weinessig, den Sie mit einigen Lorbeerblättern, Gewürznelken und Pfefferkörnern würzen, aufkochen und danach völlig erkalten lassen.

Die möglichst trockenen Blumenkohlröschen in Gläser füllen und ganz mit dem Essig bedecken. Die Gläser an einem kühlen, trockenen und dunklen Standort lagern.

Kokosnüsse

Die große, dekorative Kokospalme gedeiht in tropischen Gegenden rund um den Globus, freilich nur an den Küsten. Sie ist einer der Bäume, die vom Menschen am intensivsten genutzt werden: Aus dem Holz macht man Lagerschuppen, Ruder, Griffe für Messer und Werkzeuge; mit den Blättern werden Hütten gedeckt und Matten geflochten; aus den Fasern entstehen Seile, Teppiche, Bürsten und Hüte; die harten Schalen der Früchte werden von den Eingeborenen als Gefäße benutzt. Die vergorene Milch wird als alkoholisches Getränk genossen, das weiße Mark frisch gegessen oder geraspelt als Backzutat verwendet; es wird auch getrocknet und stellt – unter der Bezeichnung »Kopra« – das Ausgangsprodukt für Kokosfett dar. Ausgepreßt liefert es ein Öl, das zu Seife, Margarine, Kerzen und sogar Schmiermitteln verarbeitet wird.

Das Fruchtfleisch besitzt einen äußerst angenehmen Geschmack und ist sehr nahrhaft: schließlich handelt es sich hierbei um eine Reserve für das Wachstum der neuen Pflanze.

Nach einem alten orientalischen Sprichwort findet der Mensch in der Kokosnuß »Essen, Kleidung und Obdach«.

Kokosnußmarmelade

2 Kokosnüsse; Zucker nach Bedarf; 1 EL Wasser; 1 Päckchen Vanillinzucker.

Die Kokosnüsse von der Faserschicht befreien. Die nun völlig glatte Schale aufbrechen, die Kokosmilch auffangen und kühl stellen. Das Samenfleisch aus den Schalen lösen, raspeln und wiegen.

Die entsprechende Menge Zucker in den Einkochtopf geben und zusammen mit der Kokosmilch sowie 1 EL Wasser schmelzen. Nun die Kokosraspeln und den Vanillinzucker hinzufügen und alles etwa 2 Stunden kochen, bis die Marmelade ein transparent schimmerndes Aussehen annimmt.

Noch heiß in kleine Gläser füllen. Bis zum nächsten Tag auskühlen lassen. Wie gewohnt mit passenden Pergamentpapierstücken abdecken, die in 90prozentigem Weingeist getränkt wurden, und die Gläser verschließen.

Mandarinen

Wie alle Zitrusfrüchte findet die Mandarine auch beim Kochen und Backen vielfältige Verwendung. Durch Auspressen der Schalen gewinnt man ein ätherisches Öl, das für die Parfum- und Likörherstellung von Bedeutung ist.

Einem italienischen Abt namens Clemente gelang durch die Kreuzung von Mandarine und Orange eine Neuzüchtung: die Klementine.

Mandarinenmarmelade

1 kg unbehandelte Mandarinen; 1 kg Zucker.

Die Mandarinen sorgfältig waschen und schälen. Die Schalen in ½ l Wasser kochen; sobald sie weich sind, mit einem Schaumlöffel herausnehmen und beiseite stellen.

Den Zucker in das Kochwasser einrühren und den Sirup 10 Minuten kochen. Die Mandarinen von weißen Fasern und Häutchen befreien und in den Sirup geben. Die Hälfte der gekochten Schalen passieren und ebenfalls dazugeben.

Den Kochvorgang auf kleiner Flamme unter ständigem Rühren fortsetzen, bis die Marmelade nach etwa 1 Stunde die richtige Konsistenz erreicht hat: ein kleiner Klecks darf auf einem schräg gehaltenen Teller kaum noch fließen.

Die Marmelade kochendheiß abfüllen und 24 Stunden offen auskühlen lassen. Dann mit passend zurechtgeschnittenem Pergamentpapier abdecken, das in 90prozentigem Weingeist getränkt wurde, und die Gläser verschließen.

Kumquatmarmelade*

1 kg Kumquats; 2 unbehandelte Orangen; Wasser nach Bedarf; Saft von 1 Zitrone; Zucker nach Bedarf.

Die Kumquats gründlich waschen, trockenreiben und samt der Schale in sehr feine Scheiben schneiden. Die Orangen ebenso behandeln und zusätzlich entkernen.

Beides wiegen und in der dreifachen Wassermenge zugedeckt über Nacht ziehen lassen.

Am nächsten Tag auf kleiner Flamme kochen, bis die Früchte ein glasiges Aussehen annehmen. Wiegen und dieselbe Menge Zucker sowie den Zitronensaft hinzufügen. Den Kochvorgang auf kleiner Flamme fortsetzen, bis ein Tropfen Marmelade zwischen zwei Fingern Fäden zieht.

Unverzüglich abfüllen und gut auskühlen lassen. Am folgenden Tag mit Pergamentpapier abdecken, das passend geschnitten und mit 90prozentigem Weingeist angefeuchtet wurde, und die Gläser verschließen.

Trunkene Mandarinen

Mandarinen; Zucker, Wasser; Alkohol (nach Belieben 90%iger Weingeist, guter Cognac, Brandy oder Grappa).

Wählen Sie kompakte Mandarinen mit dünner, fest anliegender Schale. Die Früchte sorgfältig schälen und dabei so gut wie möglich von allen wei-

* Die pflaumengroßen Kumquats, auch als japanische Orangen bekannt, stammen aus China und Japan und kommen ungefähr einen Monat vor den Mandarinen auf den Markt. Man ißt sie samt der dicken Schale.

ßen Fasern befreien. In Scheiben schneiden und entkernen, ohne die Scheiben zu zerdrücken oder zu zerpflücken.

Aus Zucker und Wasser im Verhältnis 5 : 1 (z. B. ½ kg Zucker und 1 dl Wasser) einen dicken Sirup bereiten und diesen 7 bis 8 Minuten kochen. Die Mandarinenscheiben einlegen und nach dem Aufsprudeln etwa ¼ Stunde garen. Behutsam herausnehmen, ohne sie auseinanderzureißen, und zum Abtropfen auf einen Rost oder ein Tuch legen.

Anschließend in Einweckgläser mit weiter Öffnung geben. Die Gläser bis zum Rand mit einer Mischung aus 3 Teilen Alkohol und 1 Teil Sirup füllen und verschließen.

Mandarinenlikör

50 g dünn abgeschälte unbehandelte Mandarinenschalen; ½ l Weingeist (90% Vol.); ½ l Wasser; ½ kg Zucker.

In einem fest verschlossenen Glas die Schalen 10 Tage im Alkohol ziehen lassen. Am 11. Tag Wasser und Zucker erhitzen und den Sirup 5 Minuten kochen, anschließend völlig erkalten lassen.

Die Schalen aus dem Alkohol nehmen und kräftig ausdrücken. Den kalten Sirup ins Glas geben und gründlich mit dem Alkohol verrühren. Den Likör durch einen Papierfilter gießen und in Flaschen füllen. Fest zugekorkt einige Monate reifen lassen.

Mandarinetto

Erste Variante

1 kg feste, dünnschalige unbehandelte Mandarinen; 300 g Zucker; 6 dl Wasser; ½ l Weingeist (95% Vol.).

Bereiten Sie diesen Likör nach Möglichkeit erst im Februar aus den späten Mandarinen. Die Früchte sorgfältig waschen und mit dem Kartoffelschäler hauchdünn abschälen, ohne die weiße Schicht mit abzulösen.

Den Zucker im Wasser, ohne zu kochen, verrühren, bis er sich gelöst hat. Mandarinenschalen, Sirup und Weingeist in ein Einweckglas geben, durchmischen und völlig ungestört 40 Tage ziehen lassen.

Am 41. Tag den Likör filtern, abfüllen und fest zukorken. Auch dieser Likör benötigt ene gewisse Reifezeit: streichen Sie ihn zunächst für mindestens 1 Jahr aus Ihrem Gedächtnis.

Zweite Variante

10 kleine unbehandelte Mandarinen; 150 g Zucker; 4 dl Wasser; 4,5 dl Weingeist (90% Vol.); 6 Gewürznelken; 1 Stückchen Stangenzimt.

Die ausgiebig gewaschenen Mandarinen ordentlich in ein Einweckglas mit weiter Öffnung schichten. Mit dem Zucker bestreuen, Wasser und Alkohol dazugießen und die Gewürze hineingeben. Das Glas verschließen und 6 Monate an einen dunklen Platz stellen.

Nach Ablauf dieser Zeit den Glasinhalt durch ein Sieb gießen und die festen Bestandteile leicht ausdrücken. Den Likör noch 1 Tag ruhen lassen; danach durch einen Papierfilter gießen und abfüllen. Zukorken und in den nächsten 6 Monaten nicht anrühren. Sie werden sehen, daß sich Ihre Geduld lohnt.

Mispeln

Auch wenn sie derselben Familie angehören, darf doch unsere heimische Art nicht mit der japanischen Mispel oder Loquat verwechselt werden.

Es ist wahrscheinlich leichter, verwilderte Formen dieses kräftigen, baumartigen Gewächses in freier Natur anzutreffen, als ihm im Garten zu begegnen. Sein Stamm ist gewunden, die Blätter sind dunkelgrün. Aus den recht auffälligen weißen Blüten entwickeln sich kleine, apfelähnliche braune Früchte, die von einem Kranz immergrüner Kelchblätter geschützt werden. Die Früchte gelangen im Spätherbst oder frühen Winter zur Reife und müssen, um genießbar zu sein, am Baum oder nach der Ernte an einem warmen Ort mürbe werden.

Sie zeichnen sich durch viel Vitamin C und verdauungsfördernde Substanzen aus, wirken zusammenziehend und entwässernd.

Marmelade aus wilden Mispeln

1 kg Mispeln; Zucker nach Bedarf; abgeriebene Schale von 1 unbehandelten Zitrone.

Pflücken Sie die Mispeln erst dann, wenn sie eine schöne braune Färbung angenommen haben und auf Druck leicht nachgeben, denn nur dann sind sie richtig reif.

Die Früchte schälen, entkernen, den Blütenansatz entfernen. Das Fruchtfleisch wiegen und mit derselben Menge Zucker und der Zitronenschale in einen Topf geben.

Bei milder Hitze unter häufigem Rühren kochen, bis die Marmelade die gewünschte Konsistenz angenommen hat.

Heiß abfüllen und erst am folgenden Tag verschließen. Zuvor über jedes Glas ein Passendes Stück Pergamentpapier legen, das mit 90prozentigem Weingeist angefeuchtet wurde.

Orangen und Pomeranzen

Seit undenklichen Zeiten werden diese Früchte im gesamten Orient kultiviert. Schon früh gelangten sie über Arabien und den Nahen Osten nach Kleinasien und von dort schließlich in den Mittelmeerraum, wo sie inzwischen weit verbreitet sind.

Zunächst wurde die Pomeranze (oder Bitterorange) dort heimisch; erst im 15. Jahrhundert brachten die Araber die Orange nach Nordafrika, Sizilien, Spanien und Portugal. Interessanterweise heißt die Orange in vielen italienischen Dialekten noch heute »purtugal«.

In Italien konzentrieren sich die Anbaugebiete von Zitrusfrüchten auf Sizilien, Kalabrien, Kampanien und Ligurien. Doch gedeihen Orangen und Zitronen auch in weniger warmen Regionen, beispielsweise am Gardasee, und zwar in speziellen, nach Süden ausgerichteten Gewächshäusern, deren Dächer in der warmen Jahreszeit abgenommen werden.

Zitrusfrüchte generell – und insbesondere Orangen – liefern zahlreiche lebenswichtige Vitamine, weiterhin Zucker, organische Säuren, Aminosäuren, Pektin und Mineralsalze.

Im allgemeinen werden sie gut vertragen, und selbst Diabetiker dürfen sie in Maßen genießen. Süß- wie Bitterorangen werden in der Konservenindustrie, bei der Likörherstellung, für Kosmetik und Parfums intensiv genutzt.

Destilliert liefern die Blüten der Bitterorange einen der Bestandteile für »Kölnisch Wasser«; aus Blättern und Blüten läßt sich ein beruhigender, krampflösender Tee bereiten.

Es versteht sich von selbst, daß bei allen nachfolgenden Rezepten grundsätzlich unbehandelte *Früchte verwendet werden sollten, auf jeden Fall aber bei Zubereitungen, für die auch die Schalen erforderlich sind.*

Feine Orangenmarmelade

2 kg unbehandelte Orangen; 2 Natur-Zitronen; 1½ l Wasser; 2 Äpfel; 1½ kg Zucker.

Orangen und Zitronen mit einem Kartoffelschäler oder scharfen Messer dünn abschälen. Die Orangen von allen weißen Fasern befreien, in Spalten teilen und diese sorgfältig häuten. Zitronen- und Orangenkerne in ein Mullsäckchen füllen; die Schalen feinstreifig schneiden.

Die Schalen mit dem Fruchtfleisch der Orangen und dem Wasser in einen geschmacksneutralen Topf geben. Die Äpfel vierteln, schälen und von den Kerngehäusen befreien. Die Viertel in den Topf geben; Kerne in das Mullsäckchen füllen, das ebenfalls in den Topf gelegt wird.

Das Ganze aufkochen; nach 40minütiger Kochzeit den Zucker gründlich einrühren. Erneut aufkochen und den Vorgang noch etwa 20 Minuten fortsetzen. Sobald die gewünschte Konsistenz erreicht ist, das Mullsäckchen entfernen und die Marmelade lauwarm abkühlen lassen.

In die vorbereiteten Gläser füllen. Am folgenden Tag jeweils mit einem passend zurechtgeschnittenen und in 90prozentigem Weingeist getränkten Stück Pergamentpapier bedecken und die Gläser verschließen.

Orange Jam

1 kg unbehandelte Orangen; 1 l kaltes Wasser; 1 kg Zucker.

Die Orangen in dünne Scheiben schneiden, die Kerne in ein Mullsäckchen füllen. Beides zusammen mit dem Wasser in einen geschmacksneutralen Topf geben. Zugedeckt 24 Stunden ruhen lassen. Aufsetzen und bei mäßiger Hitze kochen, bis die Schale weich wird. Vom Herd nehmen und 12 Stunden an einem kühlen Ort ziehen lassen.

Am folgenden Tag erneut 10 Minuten kochen. Vom Herd nehmen und den Zucker gründlich einarbeiten, so daß er sich völlig auflöst. Den Kochvorgang unter häufigem Rühren fortsetzen und, falls nötig, abschäumen.

Wenn die Mischung eine geleeartige Konsistenz annimmt, schäumen Sie ein letztes Mal ab, füllen die Marmelade in Gläser und lassen sie 12 Stunden auskühlen. Anschließend bedecken Sie sie mit Pergamentpapier, das Sie passend ausgeschnitten und mit 90prozentigem Weingeist befeuchtet haben, und verschließen die Gläser.

Vergewissern Sie sich, daß die Orangen nicht mit Diphenyl behandelt wurden.

Marmelade aus gemischten Zitrusfrüchten (Ambra)

Je 1 unbehandelte Pampelmuse, Zitrone, Orange; Wasser nach Bedarf; Zucker; 1 Prise Salz.

Natürlich können Sie die angegebenen Mengen nach Belieben vervielfachen. Wählen Sie Früchte mit makelloser, dünner und aromatischer Schale.

Die Früchte sorgfältig abschälen und die Schalen feinstreifig schneiden. Mit etwas Wasser aufsetzen und nach 10minütigem Kochen abgießen. Erneut mit ein wenig frischem Wasser aufsetzen und 5 Minuten kochen; den Vorgang ein drittes Mal wiederholen.

Die Früchte weitgehend von weißen Teilen und Häuten befreien und in dünne Scheiben schneiden. Zusammen mit den gekochten Schalen wiegen. In einen Topf füllen und zweimal soviel Wasser zugießen, wie das Gewicht der Früchte beträgt. Das Ganze erhitzen und nach dem ersten Aufwallen 40 Minuten kochen. Erneut wiegen und dieselbe Menge Zukker sowie ein wenig Salz hinzufügen. Den Kochvorgang bei mittlerer Hitze wieder aufnehmen und nach dem Aufsprudeln etwa ½ Stunde fortsetzen. Dabei häufig rühren, damit die Marmelade nicht ansetzt.

Sie ist fertig, wenn sie eine Bernsteinfarbe annimmt. Heiß abfüllen und bis zum nächsten Tag offen auskühlen lassen. Vor dem Verschließen mit passenden Pergamentpapierstücken abdecken, die in 90prozentigem Weingeist getränkt wurden.

Gelee aus gemischten Zitrusfrüchten

Je 2 unbehandelte Zitronen, Orangen, Pampelmusen, Mandarinen; 2½ l Wasser; Zucker.

Die Früchte gründlich waschen, trockenreiben und sorgfältig abschälen. Die Schalen in ½ l Wasser zugedeckt kochen, abgießen und das Kochwasser aufbewahren.

Das gesäuberte Fruchtfleisch in Stückchen schneiden und unter Zugabe von 2 l Wasser 2 Stunden kochen. Nun das Kochwasser der Schalen dazugießen. Die Mischung erneut erhitzen und nach dem Aufsprudeln 20 Minuten kochen. Durch ein Tuch seihen, anschließend wiegen und pro 1½ kg Flüssigkeit 1 kg Zucker zufügen. Wieder auf den Herd stellen und unter ständigem Rühren kochen, bis die Flüssigkeit geleeartig eindickt. Falls nötig, zwischendurch abschäumen.

Das Gelee heiß abfüllen und unverschlossen vollständig erkalten lassen. Mit passend ausgeschnittenem und in 90%igem Weingeist getränktem Pergamentpapier abdecken und die Gläser verschließen.

Orangengelee

600 g unbehandelte Orangen; 1 unbehandelte Zitrone; 2½ l Wasser; 900 g Zucker.

Die Früchte sorgfältig waschen und abschälen. Die Schalen in Streifchen schneiden und diese in ½ l Wasser zugedeckt etwa 1 Stunde kochen.

Das Fruchtfleisch von weißen Fasern und der Außenhaut befreien. In dicke Scheiben schneiden und mit dem dabei austretenden Saft in einen Topf geben. 2 l Wasser zugießen und das Ganze zugedeckt 2 Stunden kochen.

Die Schalen abseihen, ohne sie auszudrücken; das Kochwasser zu den Früchten gießen, die Schalen kühl stellen. Die Mischung erneut etwa 20 Minuten kochen. Durch ein Tuch seihen und gut abtropfen lassen, aber auch diesmal die festen Bestandteile nicht ausdrücken. Die Flüssigkeit wieder in den Topf geben, den Zucker dazuschütten und gründlich rühren, bis er sich gelöst hat. Die Schalen hinzufügen und alles auf lebhafter Flamme aufkochen. Den Vorgang erst dann beenden, wenn der Topfinhalt stark eingedickt ist und sich leicht vom Holzlöffel löst.

Abschäumen und abkühlen lassen. Das nur noch lauwarme Gelee abfüllen und ganz erkalten lassen. Vor dem Verschließen wie üblich mit in 90prozentigem Weingeist getränktem Pergamentpapier abdecken.

Orangenkompott

1 kg unbehandelte Orangen; Saft von 1 Zitrone; ½ kg Zucker; ½ l Wasser; 4 EL Rum.

Die Schale der Orangen mit einer dicken Nadel mehrmals einstechen. Die Früchte 3 Tage in Wasser legen und dieses dreimal täglich wechseln.

Am 4. Tag die Orangen in dünne Scheiben schneiden und entkernen. Wiegen und mit soviel Wasser in einen Topf füllen, wie dem halben Gewicht der Früchte entspricht. Etwa ¼ Stunde kochen, dann den Zitronensaft und Zucker in der halben Menge des Fruchtgewichts hinzufügen. Ständig rühren, damit die Mischung nicht ansetzt, und auf lebhafter Flamme kochen, bis ein Klecks, auf einen schräggehaltenen Teller getropft, kaum noch zerläuft. Zuletzt mit dem Rum parfümieren und erneut durchmischen.

Das Kompott heiß abfüllen und mindestens 12 Stunden lang auskühlen lassen. Danach wie gewohnt mit weingeistgetränktem Pergamentpapier bedecken und verschließen.

Pomeranzenkompott

Pomeranzen (Bitterorangen, unbehandelt); Zucker (1½ kg pro kg gekochter Frucht).

Die Früchte so lange in Wasser kochen, bis sie sich mit einer Nadel ganz durchstechen lassen. Abgießen und 3 Tage in kaltes Wasser legen, das mehrmals täglich gewechselt wird.

Am 4. Tag gut abtropfen lassen und möglichst gründlich trockenreiben. Schälen, von den weißen Häuten und Kernen befreien und in feine Scheiben schneiden.

Die Früchte wiegen und mit 1 ½ kg Zucker pro kg Frucht in einen Topf geben. Unter häufigem Rühren kochen, bis die gewünschte Konsistenz erreicht ist.

Lauwarm in Gläser füllen und erst am folgenden Tag verschließen; zuvor mit passend ausgeschnittenem und in 90prozentigem Weingeist getränktem Pergamentpapier abdecken.

Ganze Orangen in Sirup

8 dickschalige, unbehandelte Orangen; 2½ l Wasser; 2 kg Zucker; 5 Eiweiß.

Die Orangen, ganz mit Wasser bedeckt, 24 Stunden ziehen lassen; am folgenden Tag abspülen.

In einen Topf mit sprudelndem Wasser werfen und kochen, bis sie unter leichtem Druck mit dem Holzlöffel nachgeben. Abgießen, anschließend 1 Tag in sehr kaltes Wasser legen und dieses mindestens viermal wechseln.

Am nächsten Tag 2 ½ l Wasser mit 2 kg Zucker aufkochen. Sobald es aufwallt, die zu steifem Schnee geschlagenen Eiweiße hineingeben; sorgfältig abschäumen.

Die Orangen in Schnitze schneiden, entkernen und im Sirup kochen, bis dieser eindickt.

Das Ganze in die vorbereiteten Gläser füllen und 2 Tage ruhen lassen. Mit Pergamentpapier abdecken, das entsprechend zurechtgeschnitten und mit 90prozentigem Weingeist befeuchtet wurde, und verschließen.

Kandierte Orangenschalen

Unbehandelte Orangen; Zucker.

Die Früchte 3 Tage in kaltes Wasser einlegen, das häufig gewechselt wird; am 2. Tag mehrmals mit einer dicken Nadel einstechen.

Am 4. Tag die Schalen ablösen, so daß möglichst viel von der weißen Innenhaut daran haftenbleibt. Die Schalen in etwa 5 mm breite Streifen schneiden und wiegen.

Mit derselben Menge Zucker in einen Topf geben und auf kleiner Flamme aufsetzen; ständig behutsam mit dem Holzlöffel durchmischen. Wasser muß nicht hinzugefügt werden, denn der geschmolzene Zucker ergibt genügend Flüssigkeit.

Den Vorgang beenden, wenn die Schalen zu karamelisieren beginnen.

Den Topf sofort vom Herd ziehen und die Schalen auf einer feuchten Marmorplatte ausbreiten. Wenn sie erkaltet und erstarrt sind, in Blechdosen oder in möglichst lichtundurchlässige Gläser füllen.

Orangenschalen in Läuterzucker

Dickschalige unbehandelte Orangen; 3 Tassen Wasser; ½ kg Zucker.

Die Orangen spiral- oder segmentförmig abschälen. Die Schalen mit kaltem Wasser bedecken und mindestens 1 Stunde ruhen lassen. Danach mit frischem Wasser aufkochen und anschließend abtropfen lassen.

Aus 3 Tassen Wasser und dem Zucker einen Sirup bereiten und diesen kochen, bis er dicke Blasen wirft; danach vom Herd nehmen. Die gut abgetropften Schalen hineingeben, so daß sie völlig eintauchen, und über Nacht ruhen lassen. Am folgenden Tag herausnehmen. Den Sirup aufkochen, gründlich abschäumen und die Schalen erneut hineingeben. Den Topf vom Herd ziehen und das Ganze über Nacht ruhen lassen. Den Vorgang ein drittes Mal wiederholen.

Am 4. Tag den Sirup kochend eindicken, dann die Schalen zufügen und alles 10 Minuten kochen. Vom Herd nehmen und erkalten lassen. In Gläser füllen und diese dicht verschließen.

Für diese Zubereitung können Sie ebenso dicke Zitronenschalen verwenden. Da sie durch den Sirup schön weich bleiben, ergeben sie, gewürfelt oder in Streifchen geschnitten, eine aparte Zutat für Ihre Süßspeisen.

»Geistvolle« Orangenschalen

1 kg unbehandelte Orangen; 800 g Zucker; 1 Glas Wasser; 4 dl Weingeist (90% Vol.).

Die Orangen mit einem scharfen Messer dünn abschälen, die Schalen in feine Streifen schneiden. Den Zucker bei milder Hitze im Wasser auflösen. Zusammen mit dem Weingeist in ein fest verschließbares Glas geben und kräftig schütteln. Die Orangenschalen zufügen, das Glas verschließen und 40 Tage »vergessen«.

Verrühren Sie 1 El davon in einem Glas heißem Tee oder Wasser und genießen Sie diesen einmaligen Punsch.

Pomeranzenlikör

20 g Pomeranzenschale; 100 ml Weingeist (80% Vol.); l Wasser; 180 g Zucker.

Wenn Ihnen keine frischen, unbehandelten Pomeranzen zur Verfügung stehen, besorgen Sie sich die Schalen in einer Kräuterhandlung.

Die Schalen mit dem Weingeist in einem verschlossenen Glas 6 Stunden ziehen lassen. Das Wasser aufkochen, ins Glas gießen und das Ganze weitere 12 Stunden ruhen lassen. Anschließend durchseihen.

Im Wasserbad den Zucker mit der Flüssigkeit verrühren und den Likör erkalten lassen. Abfüllen und zukorken.

Selbstverständlich können Sie die Mengen nach Belieben verdoppeln oder verdreifachen.

Orangen-Rosolio

Auf nachstehende Weise bereitete Liköre, die man in Italien »Rosolio« nennt (weil früher Rosenöl und Rosenwasser zugesetzt wurden), besitzen das Flair der guten alten Zeit und sind noch immer sehr beliebt.

1 unbehandelte Orange; ¼ l Weingeist (36% Vol.); 1 Tütchen Safran; 350 ml Wasser; 650 g sehr feiner Zucker.

Die Orange fein abschälen, ohne die weiße Innenhaut abzulösen.

Die Schalen mit Weingeist und Safran in ein Glas geben und zugedeckt 3 Tage ziehen lassen. In ein zweites Glas das Wasser und den Zucker füllen. Dieses Glas ab und zu schütteln, damit sich im Verlauf der 3 Tage der Zucker löst und Sie auf diese Weise ohne Kochen einen trüben Sirup erhalten.

Am 4. Tag beides in einem größeren Glas durch Schütteln vermischen. Verschließen und 8 Tage ruhen lassen.

Am 9. Tag die Mischung durch einen Papierfilter gießen und abfüllen.

Orangenlikör auf andere Art

1 unbehandelte Orange; 1 l Weinbrand; 250 g Zucker.

Das nachstehende Rezept mag etwas sonderbar anmuten, das Ergebnis wird Sie jedoch überzeugen.

Sie benötigen dazu eine schöne, große Orange mit dünner Schale und noch festsitzendem Stiel, dazu ein Gefäß mit weiter Öffnung, das möglichst einen Schraubdeckel besitzen sollte, der innen mit Kork ausgelegt ist. Falls Sie einen solchen nicht im Hause haben, besorgen Sie sich einen passenden Korken, den Sie in der Mitte mit einer Stopfnadel durchbohren.

In dieses Loch wird der Fruchtstiel eingefädelt, den Sie mit einem dünnen Faden festbinden. Zur Sicherheit fixieren Sie Faden und Stiel mit etwas Klebeband.

Verwenden Sie unbedingt hochwertigen Weinbrand, den Sie zusammen mit dem Zucker in das Glas füllen. Lösen Sie den Zucker durch gründliches Rühren vollständig auf. Verschließen Sie das Glas mit dem Deckel/Korken, so daß die Orange im Glas hängt, ohne mit diesem oder dem Weinbrand in Kontakt zu kommen. Falls Sie einen Korken verwenden, überziehen Sie ihn mit einer Schicht Paraffin oder Kerzenwachs.

Stellen Sie das Glas vorsichtig an einen dunklen Ort und lassen Sie es absolut ungestört 2 Monate ruhen.

In dieser Zeit trocknet die Orange nach und nach völlig aus und gibt dabei die in Schalen und Fruchtfleisch enthaltenen Essenzen an den Weinbrand ab, der dadurch ein sehr volles, fruchtiges Aroma erhält.

Orangen-Kaffee-Likör

2 unbehandelte Orangen; 40 Kaffeebohnen; 1 l Branntwein; 20 Zuckerwürfel; 1 Vanilleschote.

Die mit den Kaffeebohnen gespickten Orangen mit den übrigen Zutaten in ein Glas füllen. 2 Monate ziehen lassen und gelegentlich schütteln. Anschließend die Orangen herausnehmen, auspressen und den Saft zum Alkohol geben.

Das Ganze filtern, abfüllen und an einem dunklen Ort aufbewahren. Gut gekühlt pur genießen.

Orangenwein

Schalen von 12 unbehandelten Orangen; 1 l Weingeist (45% Vol.); 1 l Weißwein; 1 kg Zucker; 1 geviertelte 1 Natur-Zitrone; 2 EL Rum; 2 TL Angostura.

Sämtliche Zutaten in ein großes, luftdicht verschließbares Glas füllen. Nach 40 Tagen filtern und abfüllen. Dunkel lagern.

Servieren Sie das Getränk eisgekühlt als Aperitif.

Curaçao

100 g Pomeranzenschalen (ersatzweise unbehandelte Orangenschalen); 2 g gemahlener Zimt; 1 g gemahlene Gewürznelken; 1 l Weingeist (45% Vol.); etwa 1 l Wasser; 1 kg Zucker.

Schalen, Gewürze und Alkohol in ein dicht verschließbares Glasgefäß geben und 1 Woche ziehen lassen.

Das Wasser erhitzen, den Zucker hineinschütten und gründlich rühren, bis er sich völlig gelöst hat und ein klarer Sirup entsteht. Falls nötig, eßlöffelweise heißes Wasser zugießen. Den Sirup erkalten lassen, in ein 2-l-Gefäß füllen und inzwischen kühl stellen.

Den Alkohol durchseihen und zum Sirup gießen. Kräftig schütteln und den Likör weitere 8 Tage an einen dunklen, kühlen Ort stellen, dabei hin und wieder schütteln.

Abfüllen und vor dem Genuß noch eine kleine Weile ruhen lassen.

Orangentee

Wenn Sie unbehandelte Orangen essen, werfen Sie die Schalen nicht weg. Trocknen Sie sie auf der Heizung oder neben dem Herd bzw. Ofen und füllen Sie sie dann in dichte Gläser.

Übergießen Sie 1 TL der Schalen mit einer Tasse heißem Wasser, lassen Sie den Tee 4 bis 5 Minuten ziehen und süßen Sie nach Belieben. Damit haben Sie eine wirksame Medizin gegen Erkältungen. Heiß während der Mahlzeit getrunken, regt der Tee die Verdauung an und unterstützt die natürliche Schlankheitskur.

Pampelmusen

Auch sie gehören der großen Familie der Zitrusfrüchte an und sind ursprünglich in Südostasien beheimatet. Ihr Name leitet sich von dem tamilischen Wort »bambolmas« ab.

Pampelmusen werden heute auch in Kalifornien, im Mittelmeerraum, insbesondere in Israel angebaut, wo die bekannten Jaffas herstammen.

Die bis zu 6 kg schweren, kopfgroßen Früchte besitzen eine dicke gelbe Schale und saftiges Fruchtfleisch. Wegen ihres bitter-sauren Geschmacks sind sie in warmen Ländern als Durstlöscher sehr beliebt.

Aufgrund ihres hohen Anteils an Vitaminen und Mineralsalzen sind sie aus Schlankheitsdiäten oder Saftkuren nicht wegzudenken.

Achten Sie darauf, ausschließlich unbehandelte Früchte zu verwenden, insbesondere bei Rezepten, für die Sie auch die Schale benötigen.

Pampelmusenmarmelade

1 kg schöne, reife Pampelmusen (unbehandelt); 1 kg Zucker.

Die Pampelmusen sorgfältig waschen und trockenreiben. Mit dem Kartoffelschäler oder einem scharfen Messer die gelbe Schale dünn abtrennen, ohne daß die weiße Haut daran haftet. Die Schale feinstreifig schneiden und in kochendes Wasser werfen. Nach einigen Minuten abgießen und in frisches, wiederum kochendes Wasser geben.

Diesen Vorgang mindestens dreimal wiederholen: dadurch verlieren die Schalen ihren charakteristischen bitteren Geschmack.

Möchten Sie diesen dagegen bewahren, so kochen Sie die Schalen nur einmal 10 Minuten.

Das Fruchtfleisch von seinen weißen Fasern und Häutchen befreien und entkernen. Mit den Schalen und dem Zucker in einen Topf geben. Unter häufigem Rühren bei mittlerer Temperatur aufkochen. Sobald die Mischung aufwallt und der Zucker sich gelöst hat, schalten Sie den Herd eine Stufe höher, aber rühren nach wie vor ständig um.

Den Kochvorgang fortsetzen, bis die Marmelade geleeartig und goldgelb wird. Heiß in Gläser füllen. Auf die völlig erkaltete Marmelade jeweils ein passendes Stück Pergamentpapier legen, das mit 90prozentigem Alkohol getränkt wurde, und die Gläser fest verschließen.

Pampelmusengelee

Pampelmusen; Wasser; Zucker.

Die nicht zu reifen Pampelmusen schälen. In Stückchen schneiden und den austretenden Saft auffangen. Das Fruchtfleisch wiegen und mit 1 l Wasser pro kg Frucht in einen Topf geben.

Bei mittlerer Hitze so lange kochen, bis das Fruchtfleisch zerfällt. Die Masse über einen zweiten, sauberen und trockenen Topf durch ein Tuch seihen; die festen Bestandteile kräftig ausdrücken.

Den so erhaltenen Saft wiegen und pro kg 300 g Zucker dazugeben. Erneut auf den Herd stellen und unter ständigem Rühren kochen, bis die richtige Konsistenz erreicht ist.

Das Gelee noch heiß abfüllen. Am folgenden Tag, wenn es völlig ausgekühlt ist, mit passend zurechtgeschnittenem und in 90%igem Weingeist getränktem Pergamentpapier abdecken, die Gläser verschließen.

Pampelmusengelee mit Goldspänen

Pampelmusen (unbehandelt); Wasser; Zucker.

Das Gelee wird nach vorstehender Anleitung zubereitet. Der Unterschied besteht darin, daß Sie die Pampelmusen zunächst hauchdünn abschälen. Die Schalen in sprudelndes Wasser werfen und ½ Stunde kochen. Abgießen und in etwas kaltes Wasser einlegen. Gut abtropfen und völlig trocknen lassen.

Die Schalen in feinste Stifte schneiden und unmittelbar vor Ende des Kochvorgangs in das Gelee rühren. Sie dürfen weder an der Oberfläche schwimmen noch sich auf dem Boden absetzen, sondern müssen, um den gewünschten »Glitzereffekt« zu erzielen, im Gelee schweben.

Wacholder

Wildwachsend begegnet man dem Wacholder als Strauch oder Baum in ganz Europa, sogar noch in 2500 m Höhe; jenseits der Baumgrenze allerdings als Teppichstrauch in gedrungener bis kriechender Form.

Er trägt sehr spitze Nadeln und kugelige, blauschwarze Beeren, die im zweiten Jahr zur Reife gelangen.

Wacholderbeeren verleihen mit ihrem würzigen, süß-bitteren Geschmack Wildgerichten, Braten und Eingemachtem eine besondere Note. Darüber hinaus bilden sie die Grundsubstanz für Gin, den berühmten Wacholderbranntwein irischen Ursprungs.

Wacholderbeeren wirken unter anderem appetitanregend, entschlakkend und harntreibend.

Wacholderlikör

Erste Variante

80 g Wacholderbeeren; 1 l guter, hochprozentiger Branntwein; 700 g Zucker; 300 g Wasser.

Wenn Sie die Wacholderbeeren selbst sammeln möchten, nehmen Sie unbedingt dicke Handschuhe mit. Erntereife Beeren erkennen Sie an ihrem bläulichen Schimmer, dem prallen Aussehen und dem würzigen, süß-bitteren Duft.

Die Wacholderbeeren in einem Einweckglas 20 Tage im Alkohol ziehen lassen.

Danach aus Zucker und Wasser einen Sirup bereiten und diesen auf kleiner Flamme 10 Minuten kochen. Nachdem er völlig erkaltet ist, ebenfalls ins Glas gießen. Gründlich umrühren und das Ganze durchseihen, die Beeren dabei ausdrücken.

Die Mischung weitere 2 Tage ziehen lassen. Erneut filtern, in Flaschen füllen und fest zukorken. Vor dem Genuß einige Monate ruhen lassen.

Zweite Variante (Gin nach Art des Hauses)

1 große Handvoll Wacholderbeeren; ½ l Weingeist (90% Vol.); 350 ml Wasser; 350 g Zucker.

Die vollreifen Beeren in einem Einmachglas mit dem Weingeist übergießen und fest verschlossen 40 Tage ziehen lassen; täglich schütteln.

Am 41. Tag das Wasser sprudelnd aufkochen und den Zucker unter Rühren darin auflösen; den Sirup auskühlen lassen. Den Glasinhalt sorgfältig durch ein Tuch seihen, die Beeren kräftig ausdrücken. Den Alkohol mit dem kalten Sirup vermischen und erneut filtern. Abfüllen und fest zugekorkt einige Monate reifen lassen.

Zitronen

Zitronen sind das ganze Jahr über erhältlich, doch ist die kalte Jahreszeit zweifellos die Hauptsaison für alle Zitrusfrüchte, wie das im Winter schlagartig wachsende Angebot an Orangen, Mandarinen und Klementinen, Pomeranzen und Kumquats unschwer erkennen läßt. Daher wählen wir auch diese Jahreszeit, um aus Zitronen Gelees und Marmeladen, kandierte Früchte, Sirups und Liköre herzustellen.

Dabei ist folgender Hinweis unbedingt zu beachten: Die Schalen von Zitrusfrüchten sind zum Schutz gegen Schimmelbefall meist mit Diphenyl behandelt. Zwar müßte die Ware entsprechend ausgewiesen sein, doch ist dies nur selten der Fall. Verwenden Sie also grundsätzlich nur unbehandelte Früchte, die ausdrücklich als solche gekennzeichnet sind. Waschen Sie trotzdem die Früchte sehr gründlich, wenn Sie für ein Rezept Schalen benötigen. Legen Sie sie einen Tag lang in Wasser, das Sie häufig wechseln. Vor der Verwendung werden die Früchte dann mit einer weichen Bürste bearbeitet und anschließend unter fließendem Wasser noch einmal abgespült.

Zitronenmarmelade

600 g unbehandelte Zitronen; 2 l Wasser; 1,2 kg Zucker.

Die Zitronen in reichlich Wasser gründlich waschen, am besten längere Zeit darin einlegen; halbieren und auspressen.

Das in den Schalen verbliebene Fruchtfleisch, die Häute und die Kerne in ein Mullsäckchen füllen. Die Zitronenschale in möglichst feine Streifen schneiden.

Die Schalen, den Saft und das Säckchen zusammen mit dem Wasser in einen Topf geben. Bei mäßiger Hitze zugedeckt 2 Stunden kochen. Vom Herd nehmen, sobald die Schalen zart sind. Das Mullsäckchen entfernen, kräftig ausdrücken und den Zucker gründlich unterrühren.

Die Marmelade erneut aufsetzen und kochen, bis sich der Zucker ganz gelöst hat und ein Klecks Marmelade, auf einen schräg gehaltenen Teller getropft, kaum noch zerläuft.

¼ Stunde auskühlen lassen, abfüllen und erst am folgenden Tag verschließen. Zuvor jedoch mit Pergamentpapier abdecken, das passend ausgeschnitten und mit 90prozentigem Weingeist angefeuchtet wurde.

Schnelle Zitronenmarmelade

1 kg unbehandelte Zitronen; 800 g Zucker.

Die gründlich gewaschenen und trockengeriebenen Früchte in dünne Scheiben schneiden. Mit dem Zucker in eine Schüssel oder ein anderes geschmacksneutrales Gefäß geben. Gut durchmischen und zugedeckt 12 Stunden ziehen lassen.

Am nächsten Tag bei milder Hitze unter häufigem Rühren kochen, bis die Mischung eindickt. Tropfen Sie zur Probe einen Klecks davon auf einen schief gehaltenen Teller: wenn die Marmelade kaum noch fließt, ist sie fertig.

Ein wenig abkühlen lassen und noch warm abfüllen. Erst am folgenden Tag mit passend zurechtgeschnittenem und in 90prozentigem Weingeist getränktem Pergamentpapier abdecken und die Gläser verschließen.

Zitronengelee

Zitronen für 1 l Saft; 1 kg Zucker; 1 Glas Wasser.

Den frisch gepreßten Zitronensaft in den Mixer geben und anschließend durch ein feines Tuch seihen. Mit dem Zucker und dem Wasser auf kleiner Flamme kochen und, falls nötig, abschäumen, damit Sie ein kristallklares Gelee erhalten.

Sobald die Flüssigkeit merklich eindickt, den Kochvorgang beenden. Das Gelee heiß abfüllen und mindestens 2 Tage unverschlossen beiseite stellen.

Pergamentpapier dem Glasdurchmesser entsprechend ausschneiden. Mit 90prozentigem Weingeist tränken, über das Gelee breiten und die Gläser sorgfältig verschließen.

Zitronengelee mit Streifchen

Die Zubereitung erfolgt wie im vorhergehenden Rezept beschrieben, wobei Sie allerdings die dünn abgeschälten Schalen von 2 Natur-Zitronen zurückbehalten. Diese werden ½ Stunde in 1 l Wasser gekocht und anschließend völlig getrocknet. Man schneidet sie in feinste Streifchen und rührt sie unmittelbar vor Ende der Gelee-Kochzeit unter. Auf diese Weise sieht es so aus, als schwebten sie im Gelee.

Zitronengelee schmeckt besonders gut auf Zwieback oder Brot zum Frühstück. Es ist reich an Nährstoffen und enthält in konzentrierter Form die Vitamine, mit denen man Erkältungskrankheiten und körperlichen Erschöpfungszuständen entgegenwirkt.

Kandierte Zitronen

Zitronen (unbehandelt) und Zucker im Verhältnis 1:1 (z.B. jeweils 1 kg).

Ebenmäßige Zitronen etwa gleicher Größe einige Stunden in Wasser legen, anschließend gründlich abspülen. Die Schalen nur oberflächlich leicht abschaben. Mit einem scharfen Messer an beiden Spitzen jeweils einen Deckel abschneiden. Einen feinen Einschnitt vornehmen. Aus diesem so gut wie möglich den Saft und die Kerne herauspressen, ohne jedoch die Schalen zu verletzen.

Die Zitronen 24 Stunden in kaltes Wasser legen, das mindestens dreimal gewechselt wird. Anschließend mit kaltem Wasser bedecken und kochen, bis sie weich sind; abtropfen lassen und zum Trocknen auf ein Tuch legen.

Die nahezu völlig getrockneten Zitronen in einen Topf (möglichst aus verzinntem Kupfer) legen und mit Zucker überstreuen. Behutsam soviel Wasser zugießen, bis alles bedeckt ist, und das Ganze kochen, bis die Flüssigkeit im Topf sich klärt und eindickt. Die Zitronen mit dem Sirup in Einweckgläser füllen.

Kandierte Zitronen können Sie für Torten, Eis und Sorbets verwenden.

Kandierte Zitronenschalen

Zitronen (unbehandelt); Zucker.

Verwenden Sie dickschalige Zitronen, die Sie gründlich waschen und abbürsten. Die Schale mit einem scharfen Messer bis zum Fruchtfleisch einritzen und so ablösen, daß die innere weiße Schicht daran haften bleibt.

Wasser in einem Topf erhitzen; sobald es sprudelt, die Schalen hineinwerfen und kochen, bis sie zart sind. Abgießen und in einer Schüssel mit kaltem Wasser bedecken. 4 bis 5 Stunden ziehen lassen; danach gut abtropfen lassen und zum Trocknen auf ein Tuch legen.

Nach einigen Stunden wiegen und in feine Stifte schneiden. Mit soviel Zucker, wie dem Gewicht der Schalen entspricht, unter ständigem Rühren mit dem Holzlöffel erhitzen. Allmählich beginnt der Zucker zu schmelzen und sich um die Schalen zu legen. Wenn alles gleichmäßig überzogen ist, den Topf vom Herd nehmen und die kandierten Schalen auf einer Holz- oder Marmorfläche ausbreiten. Erst wenn sie völlig erkaltet sind, in Blechdosen oder dunkle Gläser füllen und als Zutat für Süßspeisen und Kuchen verwenden.

Zitronensirup

3 dicke (unbehandelte) Zitronen; 300 ml Wasser; 600 g Zucker.

Die Zitronen mit einem Kartoffelschäler oder scharfen Messer fein abschälen. Die Schalen im Wasser aufkochen und nach dem Aufwallen den Zucker hinzugeben. Erneut aufkochen; nach 2 bis 3 Minuten den Topf beiseite stellen, die Schalen herausnehmen und kräftig ausdrücken.

Das Zitronenfruchtfleisch von weißen Fasern, Häutchen und Kernen befreien und zum Sirup geben. Den Topf wieder auf den Herd stellen und den Kochvorgang unter ständigem Rühren fortsetzen, bis der Sirup stark eindickt und einen kräftigen Gelbton annimmt. Abfüllen, die Gläser aber erst nach dem vollständigen Erkalten verschließen.

Zum Aromatisieren von Gebäck eignet sich der Sirup ebenso wie als Grundlage für leckere Erfrischungsdrinks.

Sirup aus Zitronenschalen

100 g fein abgeschälte und zerkleinerte Zitronenschale; ½ l Weingeist (90% Vol.); 600 ml Wasser; 950 g Zucker.

In einem größeren, fest verschließbaren Glas die Zitronenschale 12 Stunden in Weingeist ziehen lassen.

Das Wasser zum Kochen bringen, ins Glas gießen und alles zusammen weitere 12 Stunden ziehen lassen. Filtern und anschließend im Wasserbad den Zucker unterziehen. Sobald er sich völlig aufgelöst hat, den Sirup bis zum Erkalten beiseite stellen.

Abfüllen und sorgfältig verkorken. Die Flaschen an einen kühlen, trockenen Platz stellen.

Claret Cup (Kalter Punsch)

½ l Wasser; ½ kg Zucker; Saft von 5 Zitronen; ½ l kräftiger, unverfälschter Rotwein.

Aus Wasser und Zucker einen Sirup bereiten und diesen 5 Minuten kochen, anschließend vom Herd nehmen.

Zitronensaft und Wein gründlich einrühren und die Mischung durch ein feines Tuch seihen. Erneut auf den Herd stellen und nach dem Aufwallen 25 Minuten kochen.

Völlig erkalten lassen, abfüllen und gut zukorken. Kühl und trocken lagern.

Mit kaltem Wasser und Eis verlängert, ergibt der Claret Cup einen belebenden Drink.

Einfacher Zitronenlikör

10 unbehandelte Zitronen; 1 l Weingeist (90% Vol.).

Die sorgfältig abgebürsteten und gewaschenen Zitronen mit einem Kartoffelschäler oder scharfen Messer sorgfältig abschälen: auf keinen Fall darf an der Schale auch nur eine Spur von der weißen Haut haften.

Die Schalen in hauchfeine Streifchen schneiden, in ein luftdicht verschließbares Glas füllen und mit dem Weingeist übergießen. 1 Monat ziehen lassen. Anschließend durchseihen und die festen Bestandteile kräftig ausdrücken. Ein zweites Mal filtern, in Flaschen füllen und fest zukorken.

Dieser Likör ist ideal zum Aromatisieren von Kuchen und Cremes. 1 EL davon, in einer Tasse mit heißem, gesüßtem Wasser verrührt, ergibt einen vortrefflichen Punsch.

Aromatischer Zitronenlikör

4 große Natur-Zitronen; 4 Gewürznelken; ½ Vanilleschote; 400 ml Weingeist (90% Vol.); ½ l Wasser; ½ kg Zucker; 1 Beutel schwarzer Tee.

Die sorgfältig gewaschenen Zitronen ganz dünn abschälen. Die Schalen, die Gewürznelken und die Vanilleschote in ein fest verschließbares Glas geben und 8 Tage in 100 ml Weingeist ausziehen lassen.

Am 9. Tag aus Wasser und Zucker einen Sirup bereiten. Nach 3minütiger Kochzeit vom Herd nehmen. Den Tee mit 1 Tasse kochendem Wasser aufbrühen, gut ziehen lassen und den Beutel kräftig ausdrücken, so daß der Tee schön stark gerät. Zum Sirup gießen und die Mischung völlig erkalten lassen.

Den Glasinhalt filtern und die Zitronenschalen kräftig ausdrücken. Den restlichen Weingeist und den Sirup dazuschütten, gründlich umrühren und den Likör so oft filtern, bis er sich klärt. Fest verkorkt aufbewahren.

Reichen Sie diesen verdauungsfördernden Likör zum Abschluß einer Mahlzeit. Wenn Sie leichte Halsschmerzen verspüren oder mit nassen Füßen nach Hause kommen, beugen Sie lieber gleich vor: verrühren Sie 1 TL Likör in einer Tasse kochendheißem – und am besten mit Honig gesüßtem – Wasser.

Zitronen-Rosolio

2 ganze, unbehandelte Zitronen; 1 l Weingeist (90% Vol.); 1 l Vollmilch.

Die gründlich gewaschenen Zitronen in schmale Spalten schneiden. Sämtliche Zutaten in ein großes, fest verschließbares Glas geben und 10 Tage ziehen lassen; mindestens zweimal pro Tag kräftig schütteln.

Am 11. Tag filtern; den Vorgang nach Bedarf auch mehrmals wiederholen. Abfüllen und fest zukorken.

Das Rezept für diesen klassischen »Damenlikör« stammt aus dem 19. Jahrhundert. Mit seinem äußerst angenehmen, nicht zu süßen Geschmack wird er aber bestimmt auch den Genießern des anderen Geschlechts zusagen.

Liköre

Bestimmt fragen Sie sich, weshalb diese Likörrezepte nicht wie die anderen auch, unter den jeweiligen Jahreszeiten eingeordnet wurden.

Tatsächlich war das zunächst auch meine Absicht. Doch dann entschloß ich mich, sie in einem eigenen Kapitel zusammenzufassen, und zwar aus mehreren Gründen:

Für jede Pflanze gibt es bestimmte, genau abgegrenzte Zeiten, in denen ihr Aroma am stärksten, ihre Wirkstoffe besonders konzentriert sind. Und genau dann muß man sie, um ihre spezifischen Heilkräfte optimal zu nutzen, sammeln und verarbeiten. Die auf die Likörbereitung spezialisierten Mönche, die ihre Kräuter, Blumen und anderen Gewächse selbst ziehen und pflegen, sind auf diesem Gebiet sehr bewandert.

Doch nicht jeder ist versiert genug, um die Pflanzen mit absoluter Sicherheit bestimmen zu können, ihre idealen Sammelzeiten zu kennen und sie richtig zu behandeln.

Verlassen Sie sich nur bei den allgemein bekannten Pflanzen (wie Veilchen, Primeln, Rosen, Rosmarin, Salbei, Thymian, Origano, Mohn, Jasmin) auf Ihre eigene Erfahrung. Bei allen übrigen, mit denen Sie weniger vertraut sind und die unter Umständen unbekömmlichen oder gar giftigen Gewächsen zum Verwechseln ähnlich sehen, gehen Sie lieber in ein Kräuterhaus oder in die Apotheke. Die Preise, die man dort verlangt, sind durchaus noch annehmbar, und Sie haben dafür ein sicheres Gefühl.

Aber es gibt noch einen weiteren Grund, weshalb Sie sich an den Fachhandel wenden sollten: Wildwachsende Kräuter sind oftmals durch Gifte wie Herbizide oder Pestizide, die auf benachbarten Feldern eingesetzt wurden und zuweilen sogar vom Hubschrauber aus großflächig gesprüht werden, erheblich belastet. Gründliches Waschen des Sammelguts würde hier auch nicht helfen und den Pflanzen darüber hinaus ihre Wirkstoffe entziehen.

Nicht zuletzt bieten Kräuterhandlung und Apotheke das ganze Jahr über alle Zutaten, die Sie für die nachstehenden Rezepte benötigen.

Dagegen sind Fruchtliköre viel unkomplizierter: man bereitet sie einfach dann zu, wenn die entsprechende Obstsorte auf dem Markt angeboten wird.

Angelikalikör

40 g Angelikasamen; 8 g Zimtpulver; 5 g gemahlene Muskatnuß; 1 l guter Marsala.

Alle Zutaten in ein Einweckglas geben und 15 Tage ziehen lassen. Danach zwei- bis dreimal durch einen Papierfilter gießen, so daß sämtliche Trübstoffe, insbesondere der Zimt, ausgefiltert werden. In Flaschen füllen und fest zukorken.

Reichen Sie diesen magenfreundlichen Likör zum Abschluß einer Mahlzeit.

Anislikör (Anisette)

½ l Wasser; ½ kg Zucker; 1 l Weingeist (90% Vol.); 5 Tropfen Anistinktur.

Das Wasser auf kleiner Flamme erhitzen; sobald es aufwallt, den Zucker hineinschütten. Rühren, bis er sich ganz gelöst hat, und den Herd abschalten. Den Sirup völlig erkalten lassen.

Mit dem Weingeist und der Anistinktur in ein fest verschließbares Glas füllen und gründlich vermischen. 10 Tage ruhen lassen, dabei mindestens einmal täglich schütteln. Abfüllen und vor dem Genuß mindestens 2 Monate ruhen lassen.

Genehmigen Sie sich ein Gläschen Anislikör nach einer üppigen Mahlzeit oder bei Völlegefühl.

Anistinktur erhalten Sie in der Apotheke. Kaufen Sie ruhig mehr als die angegebene Menge: Ein Tropfen Anisessenz auf ½ l Wasser ergibt ein zuverlässiges Mundwasser gegen schlechten Atem, mit dem Sie ohne weiteres zwei- bis dreimal täglich gurgeln können.

Anis-Ratafia

2 l Weingeist (40% Vol.); 50 g Anissamen; 2 g Stangenzimt; 30 g Koriandersamen; 1 kg Zucker; 150 ml Wasser.

Den Alkohol mit den Gewürzen in einem großen Einweckglas ansetzen und 1 Monat ziehen lassen.

Danach den Zucker im kochenden Wasser auflösen. Den Sirup völlig auskühlen lassen und ins Glas gießen; gründlich umrühren. Das Ganze durch ein Tuch seihen und die festen Bestandteile kräftig ausdrücken. Den Likör abfüllen, zukorken und vor dem Genuß 1 Woche ruhen lassen.

Schon im Altertum war die verdauungsfördernde Wirkung von Anis bekannt; man trinkt ein Gläschen bei Bedarf.

Beifußlikör

Erste Variante

15 g getrocknete Beifußblätter und -blüten; 5 g getrocknete Blätter des Zitronenstrauchs (Aloysia triphylla); ½ l Weingeist (90% Vol.); ½ l Wasser; ½ kg Zucker.

Die Blätter und Blüten zerreiben, in ein größeres, luftdicht verschließbares Gefäß geben und mit dem Weingeist übergießen. 10 Tage ziehen lassen, das Gefäß jeden Morgen kräftig schütteln.

Am 11. Tag Wasser und Zucker auf kleiner Flamme zu einem Sirup verkochen. Rühren, bis er glasig wird, und auf dem abgeschalteten Herd erkalten lassen.

Den Sirup zu den übrigen Zutaten ins Glas gießen und den Likör verschlossen 3 Tage ruhen lassen. Durch ein Tuch seihen und die Kräuter gut ausdrücken, anschließend durch einen Papierfilter gießen. Den völlig geklärten Likör abfüllen und bis zum Genuß einige Tage verstreichen lassen.

Als Aperitif ist Beifußlikör ebenso bekömmlich wie zum Abschluß einer Mahlzeit.

Zweite Variante

30 g getrockneter Beifuß; 1 l Weingeist (90% Vol.); 600 ml Wasser; 600 g Zucker.

Das Kraut in einem Einmachglas mit dem Alkohol übergießen. Verschlossen 1 Monat ziehen lassen und das Glas einmal pro Tag schütteln.

Nach Ablauf der angegebenen Zeit das Wasser bei milder Hitze aufkochen; beim ersten Aufwallen den Zucker hineingeben und unter Rühren auflösen. Nach dem erneuten Aufsprudeln noch 2 Minuten kochen und auf dem abgeschalteten Herd erkalten lassen.

Zum Alkohol ins Glas gießen und die Mischung einige Minuten kräftig schütteln. Weitere 2 Monate ungestört ruhen lassen.

Anschließend sorgfältig filtern und abfüllen.

Trinken Sie diesen Likör entweder pur oder verdünnt mit heißem, honiggesüßtem Wasser.

Verfeinerter Beifußlikör

5 g getrocknete Beifußblätter; 3 g getrocknete Pfefferminzblätter; insgesamt 4 g Fenchelsamen, Angelikasamen und Gewürznelken; 1 Prise Muskatnuß; ½ l Weingeist (90% Vol.); 300 ml Wasser; 300 g Zucker.

Sämtliche Kräuter und Gewürze mit dem Weingeist in ein fest verschließbares Glas geben. 10 Tage ziehen lassen und das Glas gelegentlich schütteln.

Das Wasser langsam erhitzen und nach dem Aufsprudeln den Zukker hineinschütten. Den Sirup nach dem erneuten Aufwallen weitere 2 Minuten kochen und dann auf abgeschalteter Herdplatte erkalten lassen.

Zu den Kräutern und Gewürzen ins Glas geben. Das Ganze verschlossen 2 Monate an einem dunklen Ort ziehen lassen.

Anschließend durchseihen, in Flaschen füllen und fest zukorken.

Chartreuse, hausgemacht

2 g Anissamen; 0,25 g Safran; 1,5 g Angelikawurzel; 0,5 g Fenchelsamen; 0,5 g Nelkenwurz; 1 l Weingeist (70% Vol.); 1½ l Wasser; ¾ kg Zucker.

Die Gewürze in einem Einweckglas 2 Tage im Weingeist ziehen lassen.

Am 3. Tag das Wasser aufkochen; sobald es sprudelt, den Zucker darin auflösen. Den Sirup völlig erkalten lassen und dann unter den Alkohol und die Gewürze mischen.

Das Ganze einige Stunden ruhen lassen; sorgfältig filtern und abfüllen. Die Flaschen zukorken, beschriften und bis zum Genuß einige Monate beiseite stellen.

Der Name dieses Likörs geht auf das Kartäuser-Stammkloster Grande Chartreuse bei Grenoble zurück, wo er vor über 250 Jahren erstmals hergestellt wurde. Vielleicht, nein bestimmt enthält die Originalrezeptur der Kartäusermönche noch das eine oder andere kleine Geheimnis, doch auch die hier vorgestellte Variante schmeckt ganz ausgezeichnet.

China-Bitter

0,7 l trockener Weißwein; 350 g Zucker; 200 g Chinarinde; 120 g Orangenschalen; 50 g Kakaoschalen; 2 g Enzianwurzel; 2 g gemahlener Zimt; 1 Gewürznelke; 1,2 l Weingeist (90% Vol.).

Den Wein mit dem Zucker aufsetzen; beim ersten Aufsprudeln die Schalen und Wurzeln zufügen. Den Topf nach ¼ Stunde vom Herd nehmen, die Gewürze einrühren und das Ganze zugedeckt völlig erkalten lassen.

Die Abkochung mit dem Weingeist in ein Einweckglas gießen; 5 Tage ziehen lassen. Anschließend durchseihen, die festen Bestandteile aber nicht ausdrücken. Den Magenbitter abfüllen und 40 Tage in Ruhe reifen lassen.

China-Elixier

300 ml Wasser; 350 g Zucker; ¼ l Weingeist (90% Vol.); l Chinatinktur.

Das Wasser aufsetzen; sobald es – bei kleinstmöglicher Flamme – aufwallt, den Zucker hineingeben. Nach dem erneuten Aufsprudeln den Herd abschalten, umrühren und den Sirup ganz auskühlen lassen.

Mit dem Weingeist und der Tinktur in ein Einweckglas gießen und die Mischung verschlossen mindestens 6 Tage ruhen lassen. Filtern und abfüllen.

Diesen Likör können Sie sofort genießen. Mit kochendheißem Wasser verlängert, wirkt er verdauungsfördernd und, pur vor dem Essen getrunken, appetitanregend.

Crème de Café

350 g Zucker; 18 Täßchen guter, starker Espresso; 1 TL Vanillinzucker; 450 ml Weingeist (90% Vol.); ½ Vanilleschote.

Den Zucker in eine große Schüssel füllen. Den Kaffee zubereiten und die fertigen Portionen über den Zucker gießen. Jeweils umrühren und schnell abdecken, damit das Aroma nicht verfliegt.

Schließlich den Vanillinzucker zur Kaffee-Zucker-Mischung geben und erneut gründlich rühren. Das Ganze zugedeckt vollständig erkalten lassen, anschließend den Weingeist einrühren.

Den Likör in eine Flasche füllen und die Vanilleschote dazugeben.

Nach etwa 1 Monat können Sie Ihre Crème de Café genießen. Schütteln Sie jedesmal, bevor Sie sich ein Gläschen genehmigen, die Flasche, damit sich der abgesetzte Alkohol mit dem Rest vermischt.

Einfacher Curaçao

Unbehandelte Orangen; 600 ml Weingeist (90% Vol.); Wasser (1½ l plus 3 EL); 1½ kg Zucker.

Die gründlich gewaschenen und gebürsteten Orangen hauchdünn abschälen, so daß nichts von der weißen Schicht an den Schalen haftet. Die Schalen in feine Streifchen schneiden und in einem kleineren Einweckglas mit 2 dl Weingeist übergießen. Verwenden Sie nur so viele Schalen, daß sie von der Flüssigkeit gut bedeckt sind. Das verschlossene Glas 1 Monat an einen kühlen Ort stellen.

Anschließend 1 ½ l Wasser mit 1 kg Zucker in einen Topf geben und unter gelegentlichem Rühren bei milder Hitze zu einem Sirup verkochen. In einem zweiten Topf den restlichen Zucker in 3 EL Wasser auf kleiner Flamme schmelzen; gründlich mit dem Holzlöffel rühren. Den Vorgang beenden, wenn der Zucker einen leicht dunklen Bernsteinton annimmt. Den Topfinhalt in den leise sprudelnden Sirup gießen, gründlich umrühren und die Mischung völlig erkalten lassen.

Den aromatisierten Weingeist durch ein feines Tuch seihen. Mit dem übrigen Weingeist zum Sirup geben, ein letztes Mal sorgfältig rühren und den Likör abfüllen.

Je länger der Curaçao reift, desto besser wird er: üben Sie sich also einige Monate in Geduld.

Eierlikör

½ l Vollmilch; 1 dicke Vanilleschote; 6 ganz frische Eigelb; 400 g Zucker; 100 ml Weingeist (90% Vol.); 150 ml guter Marsala.

Die Milch mit der Vanilleschote aufkochen und anschließend erkalten lassen. Wenn sie weitgehend abgekühlt ist, die Haut entfernen und die Vanilleschote herausnehmen.

Eigelb mit Zucker schaumig schlagen. Den Weingeist und danach den Marsala unterziehen. Die Milch erneut ganz leicht anwärmen und behutsam unter den Schüsselinhalt rühren.

Den Eierlikör ½ Stunde ruhen lassen. Durch einen Papierfilter gießen und in (möglichst lichtundurchlässige) Flaschen füllen.

Brauchen Sie den Likör innerhalb von 6 Monaten auf und schütteln Sie vor jeder Entnahme die Flasche.

Eierpunsch

6 frische Eier mit Schalen; Saft von 6 Zitronen; 2 Glas Vollmilch; ½ kg Zucker; 100 ml Weingeist (90% Vol.); 1 frische Vanilleschote.

Die Eier waschen und mit der Schale in ein fest verschließbares und möglichst lichtundurchlässiges Glas geben. Mit dem Zitronensaft übergießen und verschlossen 10 Tage an einen kühlen, dunklen Platz stellen. Bis dahin haben sich die Schalen im Zitronensaft aufgelöst.

Die übrigen Zutaten zufügen und das Ganze energisch mit dem Schneebesen bearbeiten, bis eine glatte Mischung entsteht. (Sie können für diesen Arbeitsschritt auch den Mixer verwenden.)

Den Punsch in dunkle Flaschen füllen. Gläschenweise genossen, verleiht er bei Müdigkeit und Erschöpfung neue Kraft. Allerdings muß er bald aufgebraucht und die Flasche vor jedem Öffnen gründlich geschüttelt werden.

Enzian

20 g Enzianwurzel; ¼ l Branntwein; 1 l Weißwein.

In einem Einweckglas den Branntwein mit der Enzianwurzel ansetzen und 8 Tage ziehen lassen.

Am 9. Tag den Wein zugießen und die Mischung 1 Woche ruhen lassen.

Durchseihen, in Flaschen füllen und fest zukorken.

Enzian wird nicht nur gerne als Aperitif getrunken, sondern verschafft auch Linderung bei Erkältung und Gicht.

Enzianlikör

20 g frische bzw. 15 g getrocknete Enzianwurzel; ½ l Wein (nach Belieben rot oder weiß); 1,2 l Wasser; 1 kg Zucker; 450 ml Weingeist (90% Vol.); 20 g Mandelaroma.

Die Enzianwurzel mit dem Wein in ein Einweckglas geben und 8 Tage ziehen lassen.

Am 9. Tag das Wasser erhitzen; beim ersten Aufsprudeln den Zucker darin unter Rühren auflösen und den Sirup erkalten lassen.

Die Enzianwurzel aus dem Wein nehmen. Den Weingeist, danach das Mandelaroma und zuletzt den Wein zum Sirup gießen und gründlich umruhren. Abfüllen und sorgfältig zukorken.

Reichen Sie diesen Likör zum Abschluß einer Mahlzeit.

Hausgemachter Gin

2 l Weingeist (50% Vol.); 100 g Wacholderbeeren; 4 g Anissamen; 2 g Stangenzimt; 150 ml Wasser; ½ kg Zucker.

In einem großen, fest verschließbaren Glas den Weingeist mit den Gewürzen ansetzen und 1 Monat ziehen lassen.

Anschließend das Wasser bei möglichst kleiner Flamme aufsetzen. Sobald es aufwallt, den Zucker hineingeben und auflösen. Den Sirup unter Rühren noch 2 Minuten kochen und dann völlig erkalten lassen.

Zum Weingeist gießen und alles durch Schütteln gut vermischen. Am folgenden Tag durch ein Tuch seihen, die zurückgebliebenen Bestandteile kräftig ausdrücken. Die Flüssigkeit durch einen Papierfilter gießen und abfüllen. Fest zugekorkt mindestens 1 Monat ruhen lassen.

Honiglikör

1 l Branntwein; 50 g feinstreifig geschnittene Orangenschalen; 1 Gewürznelke; 5 g Stangenzimt; 600 g reiner Honig; 600 ml lauwarmes Wasser.

Den Branntwein mit den unbehandelten, gewaschenen und trockengetupften Orangenschalen in einem großen Einweckglas ansetzen und mindestens 15 Tage ruhen lassen.

Am 16. Tag durch ein feines Tuch seihen und die Schalen kräftig ausdrücken. Den Alkohol mit den Gewürzen wieder ins Glas geben. Den Honig im Wasser verrühren und ebenfalls ins Glas gießen.

Das Ganze 5 Tage ruhen lassen, das Glas gelegentlich schütteln.

Anschließend weitere 2 Tage völlig ungestört ruhen lassen. Danach sorgfältig filtern, abfüllen und fest zukorken.

Honiglikör wirkt kräftigend. Mit heißem Wasser aufgegossen und mit Zitronenschale aromatisiert, ist er auch hilfreich bei Husten und Erkältung.

Hypocras

1 l kräftiger Rotwein; 350 g Paprikaschoten; etwas geriebener Ingwer; 1 Apfel (möglichst Renette), in Scheiben geschnitten; 12 samt Schale zerstoßene Mandeln; 12 Gewürznelken; 1 zerstoßene Zimtstange.

Sämtliche Zutaten in ein Einweckglas füllen und 2 Tage ziehen lassen. Durchseihen und abfüllen.

Der Sonnenkönig Ludwig XIV. sei, so heißt es, auf diesen aromatischen Wein geradezu versessen gewesen, so daß seine Untertanen, die davon wußten, immer wieder ein »nützliches« Geschenk für ihn hatten.

Genießen Sie ihn in Maßen, denn er ist recht stark.

Kaffeelikör

125 g ganz frisch gerösteter und gemahlener Kaffee; 200 g Zucker; ½ l guter Branntwein.

Kaffeepulver und Zucker in ein Glas mit dichtem Verschluß geben und mit dem Branntwein übergießen. Verschließen, gründlich schütteln und 3 Wochen ziehen lassen. Das Glas einmal täglich schütteln.

Nach Ablauf der angegebenen Zeit die Flüssigkeit durchseihen, den zurückbleibenden Kaffeesatz kräftig ausdrücken. Den Likör in eine fest verschließbare Flasche füllen.

Dies ist ein recht altes Rezept, das schon zum Repertoire meiner Großmutter gehörte. Ich erinnere mich, daß sie den Likör gegen Schreckhaftigkeit und Schwäche empfahl, aber eigentlich bin ich davon überzeugt, daß sie wegen des Kaffees von ihm so angetan war.

Kakaolikör

2 Vanilleschoten; ½ l Weingeist (90% Vol.); ½ l Wasser; 1 kg Zucker; 150 g Kakaopulver (nicht Schokoladenpulver).

Die in Stückchen geschnittenen Vanilleschoten in einem fest verschließbaren Glas mit dem Weingeist übergießen und 1 Monat ziehen lassen.

Das Wasser aufkochen, den Zucker darin auflösen und den Sirup einige Minuten kochen. Das Kakaopulver unterziehen und gründlich verrühren; die Mischung weitere 5 Minuten kochen lassen. Zugedeckt völlig erkalten lassen.

Den aromatisierten Weingeist durch ein Tuch seihen und die Vanilleschoten kräftig ausdrücken. Den Alkohol zum kalten Sirup gießen. Etwa 10 Minuten rühren, damit sich alles gut vermischt, und den Likör in Flaschen füllen.

Zukorken und bis zum Genuß 1 Monat verstreichen lassen.

Wenn Sie den Likör mit etwas zusätzlichem Sirup verlängern, können Sie damit auch Torten geschmacklich verfeinern.

Grüner Kräuterlikör (Strega verde)

25 Zitronenstrauchblättchen (Aloysia triphylla); 4 Gewürznelken; ¼ Zimtstange, grob zerteilt; 4 Wacholderbeeren; 1 l Weingeist (90% Vol.); 300 g Zucker; 1 l Wasser.

Die Blättchen und Gewürze mit dem Weingeist in ein großes Einmachglas füllen und das Ganze verschlossen 5 Tage ziehen lassen.

Am 6. Tag aus Zucker und Wasser durch gründliches Verrühren auf kaltem Wege einen Sirup bereiten. Diesen ebenfalls ins Glas gießen und die Mischung erneut 3 Tage ziehen lassen.

Durch ein feines Tuch seihen und die Gewürze kräftig ausdrücken. Den Likör ein zweites Mal filtern. Abfüllen und fest verschlossen 1 Monat ruhen lassen. Nun können Sie sich an Ihrem Likör laben, doch wird er immer besser, je mehr Zeit Sie ihm lassen.

Hausgemachter Kräuterlikör

Insgesamt benötigen Sie 100 g der folgenden Kräuter und Gewürze: Angelika, Beifuß, Wermut, Basilikum, Fenchel, Ysop, Lavendel, Majoran, Melisse, Rosmarin, Weinraute, Salbei, Thymian, Lorbeer, Pfefferminze und was immer Ihnen sonst zusagt, außerdem Gewürznelken, Kardamom, Zimt, Koriander, Wacholderbeeren, Anis u. a. m.
Dazu 1 l sehr guten Branntwein oder Weinbrand; ½ l Wasser; ½ kg Zucker.

Sämtliche Kräuter und Gewürze in ein großes, dicht verschließbares Glas geben und mit dem Branntwein übergießen. 10 Tage möglichst an einem sonnigen Ort ziehen lassen und dabei mindestens einmal pro Tag schütteln.

Am 11. Tag das Wasser aufkochen und den Zucker hineinschütten. Zugedeckt ein paar Minuten kochen, bis der Zucker sich ganz gelöst hat. Den Sirup völlig erkalten lassen.

Den aromatisierten Branntwein durch ein Mulltuch in ein anderes Glas gießen; die Kräuter kräftig ausdrücken, damit nichts von ihrem Aroma verlorengeht.

Den kalten Sirup zufügen, das Glas verschließen und ausgiebig schütteln. Den Likör 1 Tag ruhen lassen und anschließend in Flaschen füllen. Fest verschlossen mindestens 10 Tage ruhen lassen.

Dieser Kräuterlikör ist nahezu ein Allheilmittel, wenn es um kleinere Beschwerden wie schlechte Verdauung, Kältegefühl, Müdigkeit und Erschöpfung geht.

Sogar zum Desinfizieren kleiner Wunden und zur Beschleunigung des Heilungsprozesses kann man ihn verwenden.

Er schmeckt nicht nur pur, sondern auch eßlöffelweise mit etwas Zukker in heißem Tee verrührt. Ebenso können Sie ihn mit heißem Wasser verdünnen und mit Honig süßen.

Kümmellikör

40 g ganzer Kümmel; ½ l Weingeist (90% Vol.); 1,2 l Wasser; 300 g Zucker.

Den Kümmel in ein fest verschließbares Glas füllen, mit dem Weingeist übergießen und 10 Tage ziehen lassen; das Glas täglich schütteln.

Nach Ablauf dieser Zeit das Wasser auf möglichst kleiner Flamme zum Kochen bringen und mit dem Zucker einen Sirup bereiten; diesen kochen, bis er dickflüssig und transparent wird.

Den Weingeist durch ein sehr feines Sieb in ein größeres Gefäß umgießen. Den kalten Sirup zufügen und gründlich rühren. Den Likör nach dreitägiger Ruhezeit durch einen Papierfilter seihen und abfüllen. Fest zugekorkt aufbewahren.

Neben seinem gefälligen Geschmack besitzt Kümmellikör verdauungs- und appetitanregende Eigenschaften.

Trientiner Magenbitter (Desgropa*)

Jeweils einige Blätter, Beeren bzw. Stückchen von: Basilikum, Salbei, Lorbeer, Waldmeister, Wacholder, Pfeffer, Chilischote, Rosmarin, Pfefferminze, Koriander, Thymian, Tannennadeln, Enzianwurzel, Chinarinde, Orangenschale, Zitronenschale, Weinraute und, ganz nach Belieben, anderem mehr.
Dazu 1 l Branntwein (60% Vol.).

Die – nach Möglichkeit frischen – Zutaten in eine Flasche füllen, mit dem Branntwein übergießen und eine Weile ziehen lassen. Der Likör wird nicht durchgeseiht, sondern alles bleibt in der Flasche.

Nach einer üppigen Mahlzeit werden Sie die wohltuende Wirkung dieses Likörs besonders zu schätzen wissen.

Gießen Sie, wenn die Flasche sich allmählich leert, einfach wieder Branntwein zu.

* Dieses Rezept, das mir freundlicherweise von Gianna und Renzo Flor überlassen wurde, stammt aus der Gegend um Trient. Der lokal gebräuchliche Name des Likörs, »Desgropa«, bedeutet »Knotenlöser«, was auf seine zuverlässige Wirkung hindeutet.

Milchlikör

Erste Variante

6 unbehandelte Orangen; ¼ kg Zucker; ½ l Rohmilch; ½ l Weingeist (90% Vol.).

Die gründlich gewaschenen, abgebürsteten und trockengeriebenen Orangen hauchdünn abschälen. Die Schalen in ein Einweckglas füllen, mit dem Zucker bestreuen und anschließend mit der Milch und dem Weingeist übergießen.

Das fest verschlossene Glas 6 Wochen an einen kühlen, dunklen Platz stellen; hin und wieder leicht schütteln.

Die Mischung am 43. Tag durch ein feines Tuch seihen, abfüllen und die Flaschen sorgfältig zukorken.

Zweite Variante

2 unbehandelte Zitronen; 2 Gewürznelken; 12 Bittermandeln, im Mörser zerstoßen; 2 Päckchen Vanillinzucker; 1 l gekochte Vollmilch; 1 l Branntwein.

Die Zitronen ausgiebig unter fließendem Wasser abbürsten, anschließend abtrocknen und in Stückchen schneiden.

Diese zusammen mit den Gewürznelken und den Mandeln in ein Einweckglas füllen und mit dem Vanillinzucker bestreuen. Die Milch und den Branntwein dazugießen.

Das Ganze im fest verschlossenen Glas 50 Tage an einem kühlen, trokkenen Platz ziehen lassen.

Am 51. Tag durch ein feines Tuch seihen, die festen Bestandteile kräftig ausdrücken und den Likör noch 1 Tag ruhen lassen.

Danach durch einen Papierfilter gießen, abfüllen und fest zukorken.

Die beiden vorstehenden Rezepte stammen aus der Normandie.

Dritte Variante

1 unbehandelte Zitrone; ½ l Vollmilch; ½ l Weingeist (90% Vol.); ½ kg Zucker; ½ Vanilleschote.

Die gründlich gewaschene Zitrone in Stückchen schneiden. Mit den übrigen Zutaten in ein großes Einmachglas füllen. Fest verschlossen 15 Tage ziehen lassen und mindestens zweimal täglich kräftig schütteln.

Am 16. Tag durch einen Papierfilter gießen und abfüllen. Fest zugekorkt vor dem Genuß 3 Monate ruhen lassen.

Hausgemachter Rum

8 kl. TL Zucker; 4 dl Wasser; hauchdünne Schale von 1 unbehandelten Zitrone; 6 Gewürznelken; 1 Stück Stangenzimt; 360 ml Weingeist (60% Vol.); 2 kl. TL Vanillinzucker.

Den Zucker in einem größeren Topf schmelzen, ohne ihn anbrennen zu lassen. Den Vorgang beenden, sobald leichter Rauch aufsteigt, der Zukker einen dunklen Goldton angenommen hat und den typischen Karamelgeruch verströmt.

Den Topf vom Herd ziehen. Das Wasser, die Zitronenschale, die Gewürznelken und den Zimt hineingeben. Gründlich rühren und das Ganze auf kleiner Flamme zugedeckt erhitzen. Nach dem Aufsprudeln noch 5 Minuten kochen. Anschließend zugedeckt völlig erkalten lassen.

Durchseihen; Weingeist und Vanillinzucker gründlich unterziehen. Eine Weile ruhen lassen und dann abfüllen; in jede Flasche ein Stückchen frischen Stangenzimt geben.

Fest verschließen und etwa ½ Jahr lang aus dem Gedächtnis streichen.

Peruanischer Teelikör

25 g Teeblätter; 1 Vanilleschote; ½ l Wasser; 300 g Zucker; ¼ l Weingeist (90% Vol.).

Verwenden Sie hochprozentigen Weingeist und vor allem reinen Schwarztee ohne aromatische Zusätze.

Teeblätter, Vanilleschote und Wasser in einen geschmacksneutralen Topf geben. Erhitzen und nach dem ersten Aufwallen weitere 10 Minuten kochen. Nach einigen Minuten abgießen und die Teeblätter mit der Vanilleschote kräftig ausdrücken, damit nichts von ihrem Aroma verlorengeht. Den Zucker in die noch heiße Flüssigkeit schütten und ausgiebig rühren. Die Mischung völlig erkalten lassen.

Nun den Weingeist gründlich unterziehen. Den Likör abfüllen, fest zukorken und einige Monate reifen lassen. Am besten wäre es, wenn Sie sich mindestens 1 Jahr geduldeten, denn mit der Zeit wird der Likör besser und besser.

Vanillelikör

Erste Art

6 große Vanilleschoten; 2 l guter Branntwein; 1 Glas Wasser; 1 kg Zucker.

Die kleingeschnittenen Vanilleschoten in einem Einweckglas mit dem Branntwein übergießen. Verschließen und 6 Wochen ziehen lassen. Am 43. Tag das Wasser erhitzen. Den Zucker einrühren; den Sirup einige Minuten kochen und abschäumen. Vollständig erkalten lassen. Den Branntwein filtern und unter den kalten Sirup rühren. Den Likör abfüllen und vor dem Servieren mindestens 1 Monat fest verschlossen lagern.

Zweite Art

1 l guter Branntwein (45% Vol.); 2 große Vanilleschoten; 1 Glas Wasser; ½ kg Zucker.

Branntwein und Vanilleschoten in ein Einweckglas füllen. Den Zucker im lauwarmen Wasser unter Rühren auflösen und den so bereiteten Sirup ebenfalls in das Glas gießen.

Das Ganze einige Tage ziehen lassen und abfüllen. Ein angenehm milder, leichter Likör mit dem Charme der guten alten Zeit.

Vermouth

10 l guter Muskatellerwein; 15 g Wermut; 15 g Koriandersamen; 10 g Kalmuswurzel; 10 g Tausendgüldenkraut; 10 g Zimt; 5 g Enzianwurzel; 5 g Angelikawurzel; 5 g Chinarinde; 2½ g geriebene Muskatnuß.

Auf keinen Fall wollen wir uns mit den großen Herstellern und ihren vorzüglichen Produkten messen. Doch ist der nach folgendem Rezept bereitete Tropfen auch nicht zu verachten.

Sämtliche Zutaten in eine große bauchige Flasche füllen und 15 Tage ziehen lassen.

Am 16. Tag durch ein feines Tuch gießen und die zurückbleibenden Bestandteile kräftig auspressen. Den Vermouth nach einigen Tagen Ruhezeit erneut filtern, so daß er sich völlig klärt. Abfüllen und fest verschlossen mindestens ½ Jahr reifen lassen.

Zabaionelikör

½ l Milch; 1 Vanilleschote; 5 ganz frische Eigelb; ½ kg Zucker; 100 ml Weingeist (90% Vol.); 100 ml guter Marsala; 100 ml Cognac.

Die Milch mit der Vanilleschote aufsetzen. Beim ersten Aufkochen vom Herd nehmen und völlig auskühlen lassen.

Eigelb mit Zucker in eine größere Schüssel geben; mit dem Schneebesen schlagen, bis sich eine helle, schaumige Masse bildet. Nach und nach behutsam mit dem Schneebesen den Weingeist, den Marsala und den Cognac unterziehen. Zugedeckt 10 Minuten ruhen lassen.

Die Vanilleschote aus der Milch entfernen und die Milch mit dem Schneebesen einrühren; das Ganze erneut 10 Minuten ruhen lassen.

Abfüllen und fest verschließen. Die Flasche in der ersten Woche mindestens zweimal täglich schütteln. Nun können Sie die Köstlichkeit genießen.

Bewahren Sie den Likör nicht zu lange auf und schütteln Sie ihn jedesmal, bevor Sie sich ein Gläschen genehmigen. Besonders gut tut dieser Likör bei Überarbeitung und Streß.

Zitronenstrauchlikör

50 g frische Blättchen des Zitronenstrauchs (Aloysia triphylla); 300 ml Weingeist (60% Vol.); ½ l Wasser; 200 g Zucker.

Die Blättchen 3 Wochen in einem Einweckglas im Weingeist ziehen lassen.

Am 22. Tag das Wasser aufkochen und nach dem ersten Aufwallen den Zucker darin verrühren. Den Sirup erkalten lassen. Den Glasinhalt durch ein feines Tuch seihen und das Kraut kräftig ausdrücken. Den Sirup zum Alkohol gießen.

Gut vermischen und bis zum nächsten Tag ruhen lassen. Den Likör filtern, abfüllen und fest zukorken.

Sie können diesen tonisierenden und verdauungsanregenden Likör entweder pur trinken oder aber, mit kochendem gesüßtem Wasser verdünnt, als wärmenden und belebenden Grog genießen.

Das Rezept stammt von Frau Memé Vassani Zaccone.

Verzeichnis der Rezepte

Herbst

Winter

Liköre

Alphabetisches Verzeichnis der Rezepte